그로토프스키 트레이닝

구자혜 지음

KB074412

work
rk
—
ro
om

1부

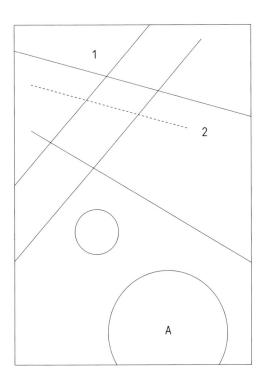

그로토프스키 트레이닝

바닥 아래 바닥에서 개 소리가 들린다.
이 세계에서는 모두가 개다.

등장

델마 혹은 그로토프스키
캐롤
루이스
찰스
레이먼드
홉킨스
린다

혹은, 이름 없는 개

1장

캐롤   그날 밤, 저 아래에서 개가 짖는 소리가 들렸다고
한다.

린다   개가 죽었어요. 어제였죠. 어디였냐면, 그러니까
우리 집 1층 주차장에 차를 대고 있었어요. 우리
아파트는 1층이 주차장이어서 2층을 1층이라고
불러요. 4층은 5층이 되겠죠. 5층은 6층이
되겠죠. 7층은 8층이 되고, 8층은 9층이 되고
혹은 10층은 9층이 되고, 저는 12층에 살고
있어요. 어디선가 개 소리가 들렸어요.

캐롤   What a fucking missing dog. 개 소리가 들린다.
이제, 싸움이 시작된다.

린다   개가 소리를 내니까, 처음에는 개가 있나
싶었죠. 사람 소리가 나면 사람이 있는 것처럼.

이 우주에 인간들만 있다고 생각하는 건
오만이에요. 외계인의 존재를 믿느냐는 질문을
종종 받죠. 믿지 않을 수 있어요? 어떻게 이
우주에 인간만 있다고 생각하는지 모르겠어요.
이것이 제가 연극에서 유일하게 지니고 있는
신념이에요. 저는 그냥, 개가 있나 싶었어요.
아니, 개 소리가 들리나 보다 싶었죠. 개 소리가
들릴 수도 있으니까요. 개가 소리를 낼 수
있으니까요, 내가 연극에서 말할 수 있는 것처럼.
조금 무서웠지만 그냥 들리나 보다 싶었어요.
세상에는 더 무서운 것들도 많으니까요. 그래서
걸었어요. 엘리베이터 쪽으로. 근데, 또 들리는
거예요. 그제야 저는 멈춰 섰습니다. 개 소리도
멈췄습니다. 아니, 개가 멈췄던 걸까요. 다시
걸었어요. 그러자 또 들리기 시작했어요. 제가,
멈췄어요. 귀를 기울였어요. 들리지 않았어요.
들리지 않았지만, 주변 어디에 개가 있다는
걸 알 수 있었어요. 개가 소리를 냈으니까요.
사실, 저는 개를 무서워해요. 단지, 알아차려야
한다고 생각했을 뿐이에요. 개가 나에게 신호를
보내는 걸 수도 있으니. 빠른 걸음으로 걸었어요.
뛰면, 개가 달려들 수도 있으니까요. 하지만
개가 그럴 수 없을 거라는 거 알았어요. 저기
바닥 아래의 바닥에서 들려왔으니까요. 정확히
어디인지는 알 수 없었어요. 멈췄습니다. 다시
걸었어요. 천천히 걷다가, 아주 조금씩 빨리
걸었어요. 발걸음 소리도 더 세게 내면서. 더
빠르게, 더 쿵쾅쿵쾅. 점진적으로. 아시겠어요?

제 발걸음 속도와 크기에 정확하게 비례해서
개 소리가 커집니다. 제가 멈추면 멈추고, 제가
뛰면 울음이 강렬해집니다. 저는 바로, 돌아
버렸어요. 그리고 마치 알고 있었다는 듯이,
어디에 있는지 알고 있었다는 듯이, 개가 울
거라는 것을 알고 있었다는 듯이, 마치 나는 어느
날 밤 개가 짖기만을 기다리면서 살고 있었다는
듯이, 그 순간을 만나기 위해 살아왔다는 듯이,
그렇게 개에게 질주했어요. 어차피 질 수밖에
없는 싸움이라는 거 알았죠. 마침내 하수구 앞에
섰어요. 저는 왜 이렇게 길게 이야기하는 거죠.
쓰러질 거 같아요.

캐롤   울고 있었어요.

린다   울고 있었어요. 학교 다닐 때 음악 선생님이
말했던 게 기억나요. 문득 문을 열었는데, 그
안에서 울고 있던 것과 눈이 마주치는 순간,
퉤! 그런 순간이 백 번이 쌓이면 연극이 된다.
개는 울고 있었어요. 하수구에서. 사람들이
담배꽁초를 버리고 껌을 뱉거나, 소지품을 종종
떨어뜨리곤 하는 그 하수구. 퉤! 개는 울음을
멈추지 않았어요. 다가갔어요. 개 소리가 들리는
하수구 뚜껑을 뜯어냈고 개를 꺼냈습니다.
무섭지 않았어요. 울고 있는 개는 무섭지 않아요.
개와 눈이 마주칩니다. 개는 말하려 해요, 자신의
이름을. 멈춰요. 어디선가 소리가 들려왔다는 듯,
마치 자신은,

지금

죽어야만 한다는 듯, 하지만 너의 질문에 대답도 해 줘야겠다는 듯. 이름이 뭐니?

델마 혹은 그로토프스키   델마 혹은 그로토프스키.

린다   개의 이름은 길고 긴, 델마 혹은 그로토프스키!
그러다 죽어요. 혀를 내밀고 강렬하게 한 번
헐떡거리더니 개는 죽어요. 저는 가만히 있어요.
무릎을 꿇고, 개를 안은 채로. 개는 하수구에
어떻게 들어간 걸까요. 그렇게 개가 죽습니다.
개를 안아 들고 경비실로 가요. "개로군요. 개가
죽었군요." 경비는 며칠 전부터 103동 주민들이
개를 찾고 있었다고, 캐롤이 개를 찾고 있었다고.
계속. 혹은.

캐롤   빈 무대.
한 사람.
걸어 나온다.
빛이 들어온다.
굴무나무서기를 한다.

델마 혹은 그로토프스키   빛이 들어온다.
입술이 벌어진다.
숨을 고른다.
숨이 나온다.
고개를 든다.

침을 삼킨다.

뱉는다. 숨을.

숨을 죽인다. 모두가.

바라본다. 연극에는 이야기가 있고,

우리는 어떠한 것이 됩니다.

「그로토프스키 트레이닝」, 말을 한다.

캐롤   델마 혹은 그로토프스키. 너한테 할
      이야기가 있어.

레이먼드   '연극에는 이야기가 있고, 우리는 어떠한 것이
        됩니다? 말을 한다?' 짧게 한마디로 할 수 있는
        이야기를 왜 이토록 길게 하는 거지? 유난을
        떨죠. 연극이란 건. 아주 흥청망청, 난리 난리,
        야단법석, 구구절절. 여기까지 오는 데 15분이나
        걸리고 말이야. 세상에는 질 나쁜 연극을 만드는
        수백, 아니 수천 가지 방법이 존재하는 법이죠.
        2장? 아, 저는 연극 박사 코트니 심슨의 시범
        조교입니다. 2장. 그 첫 번째 방법. 질 나쁜 연극
        「그로토프스키 트레이닝」을 만드는 수백, 수천
        가지 방법 중 한 가지에 대하여. 말을 한다!

2장

캐롤	델마 혹은 그로토프스키. 너한테 할 이야기가 있어.
레이먼드	캐롤, 무릎이 툭 꺾이며. 캐롤, 무릎이 툭 꺾이며. 캐롤, 무릎이 툭 꺾이며. 캐롤, 무릎이 툭 꺾이며. 말씀드렸죠. 때로는 연극을 망치는 사람도 늘, 아주 약간은 있을 수 있다고.
델마 혹은 그로토프스키	울고 있어요.
레이먼드	여기서 끝내거나 다시 시작하거나 어떻게 해야 할지 몰라 죽겠는 얼굴을 하고 우왕좌왕하다가 맙소사! 다시 시작하려고 하는 개수작이잖아. 나도 개가 죽었어. 근데 뭐? 여기까지 오는 데, 20분이나 걸리고 말이야. 도대체 얼마나 대단한 개라고.

3장

델마 혹은 그로토프스키 제가 그 델마 혹은 그로토프스키이고 여기는 3장의 하수구이고, 저는 열 살이에요. 몸집은 작은 편이죠. 깡말랐고. 저는 도대체 어떻게 굳이 이곳까지 내려오게 된 걸까요? 차라리, 제가 어떻게 이곳까지 내려오게 된 건지 이야기하는 게 나을까요? 하지만 연극은 그 후를 쫓아갈 겁니다. 캐롤이 제가 사라졌다는 혹은 죽는다는 사실을 알면 어떻게 될까 걱정돼요. 캐롤은 계속 학교에 나가지 않았어요. 하수구에서 숨을 죽이고 들었어요. 캐롤의 엄마이자 저의 주인이라 불리는 루이스가 차 앞에 서서 통화하는 걸. 차에 올라타고 싶어 하지 않는 것 같았어요. 차에 탔다가 사고라도 나면, 연극은 더 엉망진창이 될 테니까요. 하지만 루이스가, 자기 발밑에 제가 있다는 것을 모른 채로 통화를 하는 덕분에 연극이 조금은 흥미진진해지겠죠.

캐롤이 학교에 나가지 않고 있다고. 학교에
나가고 싶지 않은 건지, 아니면 사라진 개 덕분에
멜랑콜리에 마음껏 빠질 수 있어서인지, 학교에
마음껏 나가지 않고 있다고. 자기는 직장에
나가고 있는데, 캐롤은 학교에 나가지 않고
있다고. 학교에 나가지 않으면 이곳을 벗어날
수 없다고, 영영 이곳에 남아야 한다고. 걱정이
된다고. 멜랑콜리에 진짜 빠진 건지, 아니면 빠진
척하는 건지, 덕분에 학교에 빠질 수 있어서 내심
좋아하고 있는 건 아닌지. 걱정이 많이 된다며
울었어요. 캐롤은, 그런 게 아니라고 루이스에게
말하고 싶었지만 그러지 못했어요. 이유는
모르겠어요. 내가 여기 있다고 부르고 싶었지만
그러지 못했어요. 나는 울고 있었어요. 듣기만
했어요. 하수구에 있게 된 지, 나흘이 지났을
때였죠. 루이스의 목소리를 들은 것은. 다시, 빈
무대. 아, 저는 연극 박사 코트니 심슨입니다.
루이스가 주차장으로 걸어 들어오고 있는
소리가 들렸어요. 저는 알아요. 그것이 루이스의
발걸음이라는 걸. 루이스와 10년을 살았으니까요.
루이스, 결혼 후 아기를 갖고 싶어 했지만 아기가
생기지 않았고, 그래서 저를 이곳에 데려왔다고
이야기하면 이 연극이 조금은 흥미로워질까요?
루이스는 차가 있지만 운전을 하지 않는 편이죠.
언젠가부터 운전하는 게 무서워졌을 테니까요.
이해해요. 저는 알았어요. 루이스라는 걸.
루이스가 걸어 들어옵니다. 하수구와 내가 있는
이 주차장으로.

걷는다.
루이스.
굴무나무서기를 한다.
잠시 유지,
다시 걷는다.
말을 한다.

루이스　　　개. 델마 나의 델마. 캐롤! 그래 나야. 왜 이렇게
전화를 안 받아? 나라고. 나. 왜 이렇게 전화를
안 받아. 왜 전화를 안 받는 거야. 왜 세상 모든
사람들은 내 전화를 한 번에 받는 법이 없지?
언제부터 이렇게 된 거지? 캐롤! 식탁 위에 돈
두고 왔어. 찰스. 찰스랑 피자 시켜 먹었니? 듣고
있어?

델마 혹은 그로토프스키　　　수화기 너머의 캐롤은, 울고 있어요!

루이스　　　캐롤!

(루이스, 사라진다)

캐롤　　　제가 그 캐롤. 루이스의 딸 혹은 아들이겠죠.
중학생 혹은 고등학생. 학교에 가지 못했습니다.
저는 개가 사라졌어요. 결석 사유를 증명하기
위해, 학교에 전화를 겁니다. 세상에는 저처럼
학교에 갈 수 없는 친구들이 꽤 많아요. 그런
친구들이 각자의 집에서 전화를 거는 중이라
전화는 쉽게 연결되지 않죠. 본인 확인을

21

해요. 학번을 입력합니다. 이어서 그놈의
주민등록번호도 입력합니다. 샵 버튼! 샵 버튼을
눌러야 해요. 매번 샵 버튼을 눌러야 하는 건
아니에요. 늘 다시 질문해요. 입력하신 정보는
숫자
344928422342411929387.

델마 혹은 그로토프스키   344928422342411929387. 맞습니까?

캐롤   네.

델마 혹은 그로토프스키   맞으면 1번을 눌러 주세요. 본인이 맞습니까?
맞으면 1번.

캐롤   1번. 네. 1번.

델마 혹은 그로토프스키   다음입니다.
병결이라면 1번.
누군가의 죽음이라면 2번.

캐롤   결석 사유는 2번까지밖에 없어요. 2번을
누릅니다.

델마 혹은 그로토프스키   누군가의 죽음 맞습니까? 맞으면 1번을
눌러 주십쇼.

캐롤   1번을 누릅니다. 델마 혹은 그로토프스키는
모르겠죠? 저는 단지, 괜찮아요, 우선 누군가의

죽음을 누르고, 우선은, 그다음에 선생님을 직접
만나서 다 설명할 거니까요, 죽은 게 아니라
사라졌다고, 근데 이 ARS에는 1번 아니면
2번밖에 없어서 우선, 우선은, 누군가의 죽음을
눌렀을 뿐, 델마 혹은 그로토프스키는 죽은 게
아니라고,

델마 혹은 그로토프스키 What a fucking, fucking, fucking, fucking,
fucking missing dog!

캐롤 액정 화면에는 1번이 총 열아홉 번 눌렸습니다.
이제, 사망진단서를 제출하라고 합니다.
선생님에게 직접. 선생님과의 면담 날짜와
시간을 잡습니다. 한 시간 단위로 선택할 수
있습니다. 저는 다음 날 2시를 원했습니다. 2시
맞습니까? 1번. 두 번째로 선호하는 시간대를
선택해 주십시오. 저는 3시를 원했습니다.
원하시는 두 번째 시각이 3시 맞습니까?
1번. 다음 날 전화를 다시 걸어 신청 결과를
확인하라고 하더군요. 다음 날 전화했어요. 아직
접수가 안 됐다고 했어요. 다음 날 다시, 다음
날, 다시, 다음 날, 다시, 다음 날, 다시, 다음 날,
다시, 다음 날, 다시, 다음 날 다시, 다음 날 다시
하래요. 다음 날 했어요. 일주일 후에 선생님과
면담할 수 있다고 하네요. 그래서 학교에 못
간 거예요. 교실 앞에 서서 수업이 끝나기를
기다렸다가 불렀어요, 선생님. 홉킨스.

| 홉킨스 | 오랜만이네.

빈 무대.

입을 연다.

캐롤?

바라보고 있다.

말을 한다. |
|---|---|

델마 혹은 그로토프스키	드릴 이야기가 있어요.

| 캐롤 | 델마 혹은 그로토프스키의 실종전단지를 제출합니다. 실종전단지에는 델마 혹은 그로토프스키의 어릴 적 사진이 붙어 있어요. 델마 혹은 그로토프스키가 아주 역동적으로 달려가는 모습을 찍은 것이죠. 총 일곱 개의 동작으로 나뉘어 있어요.

아름다워요?

선생님도 그 모습을 한참을 바라봐요. 저, 저 아까부터 힘들었잖아요, 근데 선생님의 이름은 홉킨스라고 몇 번을 말씀드려야 하는 거죠? 홉킨스 선생님은 델마 혹은 그로토프스키의 역동성을 한참을 바라봐요. 그리고 잠시 후, 홉킨스 선생님은 한 발자국 저에게, 저는, |
|---|---|

델마 혹은 그로토프스키	빈 무대. 멈춰 있다. 모든 것이.

캐롤	저, 홉킨스, 선생님.

델마 혹은 그로토프스키	빈 무대. 홉킨스, 말한다.
캐롤	저, 홉킨스?
델마 혹은 그로토프스키	홉킨스, 말한다. 그제야. 빈 무대.
홉킨스	그래. 내 이름을 몇 번을 말해도 내 이름은 그 홉킨스야. 슬프니?
캐롤	네?
홉킨스	너는 안 좋은 습관이 있어. 예전부터 생각해 왔어. 너의 안 좋은 습관에 대해. 분명히 들었으면서도, "뭐라고요?" "저요?" "네?" 이렇게 되묻는 습관이 있어. "캐롤, 칠십팔 페이지 예이츠의 시를 읽어 볼래?" 너는 늘 "네?" "저요?" 우리 반에 캐롤이 너 말고 또 누가 있니?
캐롤	홉킨스 선생님. 홉킨스 선생님에게는 안 좋은 습관이 있어요. 예전부터 생각해 왔어요. 홉킨스 선생님의 안 좋은 습관에 대해. 홉킨스 선생님은 늘 형편없는 질문을 해 댈 뿐 아니라, 남의 말에 반응이 조금씩 늦어요. 일부러 그러는 거 다 알아요. 다 들었으면서 바로 대답하지 않죠. 시간을 조금씩 밀리게 하고 있어요. 그런 식으로 연극을 망치고 있죠.
홉킨스	더 망치게 해 줄까?
레이먼드	캐롤! 캐롤! 캐롤! 캐롤! 캐롤! 캐롤! 캐롤!
캐롤	엔터.

25

레이먼드	캐롤! 맙소사! 걔가 사라졌다고?
찰스	왜 학교 안 나왔어? 여기서 레이먼드와 너를 기다리고 있었어.
캐롤	홉킨스 선생님이랑 할 이야기가 있어.
레이먼드	그래서 안 나온 거야? 맙소사!
찰스	레이먼드. 여기서는 그냥 지나가야 할 거 같아.
레이먼드	그래.
델마 혹은 그로토프스키	레이먼드는 찰스를,
캐롤	야.
찰스	레이먼드. 여기서는 그냥 지나가야 할 거 같아.
델마 혹은 그로토프스키	앞뒤로 혹은 나란히.
레이먼드	그래.

본인이 맞습니까? 맞으면 1번. 입력하신 정보는 34492842255372384921. 맞습니까? 뭐? 맞으면 1번? 언제까지 맞다고 말해야 하는 거야? 병결이라면 1번. 누군가의 죽음이라면 2번? 결석 사유 접수하는 ARS 통화 기계 새끼 주제에 이렇게 말해? 게다가 대사는 홍청망청에 엉망진창. 너나 나나 이런 대사나 하면서 언제까지고 누워 있어야 한다니. 왜? 뭐? 나흘이나 학교에 결석한 주제에 친구들과 낄낄거리고 웃어서 결석 사유 인정해 줄 수

26

없다고 하지?

찰스   홉킨스 선생님.

레이먼드   그래.

캐롤   왜 전화를 안 받는 거지?

델마 혹은 그로토프스키   4장.

캐롤   전화를 받는 사람이 없으니, 이렇게 혼자 서서
형편없는 대사나 해야 하고, 그런데 내가 도대체
무슨 말을 할 수 있겠어. 쓰러질 거 같아. 나는
개가 사라졌어요. 몇 번을 말해야 해요. 그리고
그 개의 이름은 델마 혹은 그로토프스키라고.
홉킨스, 제발 전화받아.

루이스   캐롤. 도대체 어디 간 거야? 아마 개를 찾으러
다니고 있겠지. 내가 너의 선생님 홉킨스에게
전화를 걸었어. 아니, 찾아갔지. 캐롤, 네가
며칠째 학교에 가지 않았으니까, 학교에서 우리
집 전화벨을 울리든가, 초인종을 눌러 대든가

할 거 아니니. 언젠가 반드시 찾아올 그 소리를 기다리면서 벌벌 떨고 있느니 내가 하는 편이 낫겠다고 생각했어.

델마 혹은 그로토프스키 전화벨 혹은 초인종.

루이스 어서 오세요.   **홉킨스**   여보세요.

루이스 제가 걸었어요.

홉킨스 제가 걸었어요.

루이스 제가.

홉킨스 제가 걸었어요.

루이스 제가 걸었어요.

홉킨스 저도 걸었는데요.

루이스 저도요.

홉킨스 저도 걸었어요. 전화를,

루이스 혹은 길을. 댁네 집까지.

델마 혹은 그로토프스키 홉킨스 혹은 루이스는 어디로 가야 하는 걸까요? 홉킨스의 댁? 혹은 루이스의 댁? 누가 들어야 할까요? 지독하게 울려 대는 초인종 혹은 전화벨 소리를. 누구의 집을 찾아간 걸까요?

홉킨스   초인종이 울립니다.

루이스   전화벨이 울렸어요.

델마 혹은 그로토프스키   소리가 들린다.

빈 무대. 걸어 나온다. 한 사람. 전화를 바라본다. 입술을 연다. 침을 삼킨다. 말을 뱉는다. 전화벨 혹은 초인종 소리가 들린다. "어디죠? 이곳은? 혹은 그곳은?" 어디인지는 모르지만, 연극에서 숨죽여야 하는 순간이겠죠. 빈 무대 어딘가. 루이스의 댁도 홉킨스의 댁도 아닌 곳. 어쩌면 바닥 아래의 바닥. 소리가 들려요. 홉킨스, 홉킨스가 받아야 합니다.

홉킨스   캐롤. 나라고. 나. 왜 이렇게 전화를 안 받아. 왜 전화를 안 받는 거야. 왜 세상 모든 사람들은 내 전화를 한 번에 받는 법, 네, 여보세요, 루이스입니다, 키는 167센티미터이죠.

루이스   그래, 내 이름을 몇 번을 말해도 내 이름은 홉킨스야, 슬프니? 여보세요. 네. 홉킨스입니다. 키는 198센티미터이죠.

델마 혹은 그로토프스키   루이스 혹은 홉킨스는 대학을 수석으로

31

졸업했어요. 둘 다 피전(pigeon) 아파트먼트에
살고 있죠.

캐롤　　루이스 혹은 홉킨스는 개가 있어요. 전 알아요.
　　　　루이스 혹은 홉킨스의 옷에는 늘 개털 묻어
　　　　있으니까요. 아무리 꼼꼼하게 개털 제거해도, 전
　　　　알아요. 스칠 때 나는 개 냄새.

　　　　좋아요.

　　　　델마 혹은 그로토프스키는 울고 있을까요?
　　　　홉킨스, 전화받아요. 제발.

레이먼드　　맙소사! "사라졌다고! 개가? 그래서 학교에
　　　　나오지 않은 거구나! 우선 깊은 애도를
　　　　전해야겠다. 슬프니? 어떡하면 좋으니? 애간장이
　　　　녹아 버리겠구나!"

찰스　　레이먼드.

레이먼드　　그래.

찰스　　레이먼드. 들리니?

레이먼드　　어. 들려. "개가 사라져서 너무 슬프겠구나"라고
　　　　들었는데 못 들었어?

찰스　　레이먼드. 너 지금 울고 있니?

레이먼드	아니. 애간장이,
찰스	전화가, 그러니까, 저쪽 편 이야기가, 들려와. 전화가,
레이먼드	혼선된다.
델마 혹은 그로토프스키	한편, 혹은,
홉킨스	우선 깊은 애도를 전합니다.
루이스	감사합니다.
홉킨스	슬프신가요?
루이스	네.
홉킨스	캐롤도?
루이스	네. 아마도.
홉킨스	걔도 슬퍼하겠죠?
루이스	네. 아마도. 아니요. 거기까진 모르겠어요.
홉킨스	어떻게 모를 수 있죠? 가족이잖아요.
루이스	지금은 곁에 없으니까요.
홉킨스	죄송합니다.
루이스	괜찮아요.
홉킨스	슬퍼하고 있을까요?
루이스	그럴 리가 없잖아요.

개잖아요.

혹시, 홉킨스 선생님, 지금 슬퍼하고 있는 건가요?

홉킨스 그래요. 나는 슬퍼하고 있어요.

루이스 그래요. 홉킨스 선생님, 캐롤이 실종전단지를
       직접 만들었어요. 포토숍으로.

홉킨스 캐롤에게 전해 주세요. 실종전단지는 공적
       효력이 없다고.

루이스 그 말은?

홉킨스 결석 사유가 인정되지 않는다고요.

루이스 그럼, 졸업을 못 할 수도 있잖아요.

홉킨스 그러니까 캐롤이 개가 사라지기 전의 결석 누적
       수가 너무 많아요. 결석 사유가 인정되지도 않는
       결석이 말이죠.

루이스 어머나. 캐롤이 졸업을 못 하면 취업을 어떻게
       할 수 있죠? 물론, 인터넷으로 취업 정보를
       찾아볼 수는 있겠죠. 하지만, 그건 다르잖아요.
       인터넷에 나오는 취업 정보를 보고 사기당한
       사람들도 많다고요. 매달 월급을 줄 테니, 대포
       통장을 만들라며 사기 치는 사람들도 있다고
       해요. 역시, 선배나 선생님의 추천을 받는다든가,
       아니면 학교 사람들만 볼 수 있는 학교 게시판을
       보고 지원한다든가, 그런 식이 아니면 하기 힘든
       거잖아요. 취업이라는 거. 선생님 아시잖아요?
       What a fucking missing dog! 홉킨스 선생님,
       캐롤이 평생 쇼핑몰 후기나 쓰면서 살게 되면
       어떻게 해요? 캐롤이 학교에 돌아가면 취업도 할
       수 있고 그러면 이곳 노스캐롤라이나도 떠날 수
       있을 거예요.

홉킨스 캐롤이 루이스 부인을 데려갈 거라고
       생각하시는군요. 개 이름이,

34

홉킨스   꽤 길다고 들었어요. 외우지도 못할 정도로. 충고
        하나 할게요, 부인. 개 이름을 하나로 정하세요.
        개 이름이 너무 길면 실종전단지의 가독성이
        떨어지는 법이니까요.

루이스   캐롤도 실종전단지 만드느라 애썼어요. 이름이
        너무 긴 거 인정해요. 저도 이번 기회에 이름을
        하나로 정해 보려고 했지만 그럴 수 없었어요.
        델마라고 하면 오지 않아요. 그로토프스키라고
        불러도 오지 않죠. 델마 혹은 그로토프스키라고
        불러야 오거든요. 그 사람 없을 때 그 사람
        이름을 마음대로 정할 수는 없잖아요.

홉킨스   캐롤의 어머니 루이스라고 하셨죠?

루이스   네.

홉킨스   개의 죽음에 대해 나오는 소설들이 있어요.
        이런 것들은, 언제 떠날지 모르는 개의 죽음을
        대비하여 미리 읽어 둬야 하는 거예요. 고전 중의
        고전이죠. 읽어 보셨나요?

루이스   네.

홉킨스   1번.

루이스   『개 중의 개』.

홉킨스   2번.

루이스   『개들』.

홉킨스   3번.

루이스   『개의 기원』.

홉킨스   4번.

루이스   『서랍 속의 개』.

홉킨스　5번.

루이스　『개』.

홉킨스　6번.

루이스　『개와 나』.

홉킨스　7번.

루이스　『개가 있는 부엌』.

홉킨스　8번.

루이스　개에 속고 개에 울고.

홉킨스　9번.

루이스　뜨거운 양철 지붕 위의 개.

홉킨스　10번.

루이스　『개미제라블』.

홉킨스　부인.

루이스　네.

홉킨스　8번과 9번은 존재하지 않아요.

루이스　네. 죄송합니다.

홉킨스　저처럼 미리미리 읽어 봤어야죠. 그래서 더 슬픈 거예요.

루이스　죄송합니다.

홉킨스　미리 대비를 하셨어야죠.

루이스　네.

캐롤　홉킨스. 왜 전화 안 받아요? 실종전단지 제출할 거예요. ARS를 통해서 면담 시간과 날짜를 입력했다고요. 기다렸어요. 접수가 안 됐다고 해서 직접 전화한 거예요. 이 메시지 들으면 연락 줘요. 알겠죠?

홉킨스 유감이지만, 댁의 따님이 학교에 와서
　　　　끽낄거리고 웃는다는 제보가 속출하고 있어요.
　　　　따님이 깔깔거리고 웃는 소재로 네 컷 만화가
　　　　교내 신문에 실렸어요. 아주 인기가 많아 이제
　　　　정식 코너가 됐어요. 정말 즐거워 보였어요.
　　　　그건 개가 죽은 사람의 웃음이라고는 절대 볼 수
　　　　없어요.

루이스 아니요. 캐롤은 웃을 때 아주 살짝 입꼬리가
　　　　올라갈 뿐. 소리 내어 웃는 아이가 아니에요,
　　　　캐롤은.

홉킨스 그게 함정이죠. 너무 슬퍼서, 슬픔을 부러
　　　　털어 내려고 웃는 웃음, 그런 거 아니에요.
　　　　정말로 즐거워서 웃고 있었어요. 신나서
　　　　죽으려고 했다고요. 나는 그런 걸 구분할 수
　　　　있는 사람이에요. 친구들과 함께 진짜로 웃고
　　　　있었어요.

루이스 레이먼드 혹은 찰스?

레이먼드 개가 죽었다고요?

찰스 레이먼드 내 말 들려?

레이먼드 찰스? 어디 있어?

찰스 네 수화기 건너편. 레이먼드 너는?

레이먼드 나는, 아, 캐롤네 개가 죽었대!

델마 혹은 그로토프스키	아직 죽은 게 아니라고 몇 번을 말해야 알아들어.
찰스	아, 그랬지. 이름이 뭐였더라?
델마 혹은 그로토프스키	델마 혹은 <u>그로토프스키</u>.
찰스	레이먼드 잘 들어. What a fucking missing dog. 아직 죽지 않았어.
레이먼드	어떻게 알아?
찰스	네가 말한 거 아니야? 전화가,
레이먼드	혼선된다! 들어간다. 심호흡. 횡격막이 올라간다. 입술이 약간 벌어진다. 날숨. 입술이 다시 붙는다. 들어간다. What a fucking 찰스 그리고 레이먼드 혹은 missing dog!
찰스	들어왔어.
루이스	너희 누구니?
찰스	캐롤의 친구들이에요.
루이스	찰스 혹은 레이먼드?
찰스	우리는 같은 반이에요. 늘 셋이 나란히 앉죠.
레이먼드	저는 레이먼드예요. 저는 캐롤 혹은 찰스 혹은 친구입니다. 우리는 같은 반이고, 늘 앞뒤로 앉죠.
찰스	여기, 캐롤도 있나요? 캐롤이 학교에 나오지 않고 있어요. 며칠째지? 캐롤이 학교에 나오지 않은 지. 혹은 델마 혹은 그로토프스키가 사라진 지.

38

레이먼드 일주일 됐을걸.

캐롤 야, 레이먼드 너는 왜 전화를 받지 않는데?
너희 엄마한테 내 전화 받아서 너 좀 바꿔 주라고
좀 전해 줄래? 레이먼드!

레이먼드 일주일 됐을걸.
찰스 걔는 나흘 전에 사라졌는데, 캐롤이 나오지 않은
지 일주일째라고?

캐롤 레이먼드!

루이스 너희 웃었니?
찰스 네?
레이먼드 네?

델마 혹은 그로토프스키 네?

루이스 학교에서 웃었냐고. 걔가 죽었는데 웃었냐고?

델마 혹은 그로토프스키 저는 아직 죽지 않았어요. What a fucking
missing dog! 도대체 몇 번을 이야기해야
하는 거죠!

루이스 친구가 학교에 나오지 않고 있는데 웃었냐고?

캐롤 레이먼드!

루이스	왜 웃었어?
찰스	웃겨서요. 울어도 뭐라고 하잖아요.
레이먼드	그래. 그냥 잘못했다고 말씀드려 버리자.
	근데 개가 죽었어요?
캐롤	레이!
레이먼드	사라졌다고 했는데? 맙소사! 말도 안 돼!
캐롤	레이!
레이먼드	여기 캐롤 있어요? 캐롤!
캐롤	레이먼드!
레이먼드	캐롤 여기 있어?
찰스	캐롤 혹은 델마 혹은 그로토프스키.
캐롤	레이!
레이먼드	여기 있어?
찰스	캐롤! 여기 있어? 나도.
캐롤	레이!

홉킨스! 내가 너한테 면담 요청을 했는데, 확답을
안 주니까 학교를 못 나가고 있잖아. 왜 전화를
안 받아? 너는 뭐 개가 죽기라도 한 거야? 델마

혹은 그로토프스키는 울고 있었을까요?

델마 혹은 그로토프스키   캐롤은 왜 학교에서 웃고 있었을까요?

레이먼드   여기 있어?
루이스   너희 웃었냐고.
찰스   그런 게 무슨 상관이에요.
루이스   찰스. 내가 너한테 피자를 얼마나 많이 시켜
줬는데 그러니.
찰스   그거랑 이거랑은 상관없어요. 그리고 피자를
챙겨 준 건, 제가 캐롤한테 수학을 가르쳐 줘서
그런 거잖아요.
루이스   하지만 찰스. 네가 캐롤한테 수학을 가르쳐 준 건,
네가 우리 집에 매일 오니까 온 김에 가르쳐 준
것뿐이잖아. 찰스, 너 설마 수학을 가르쳐 주기
위해 우리 집에 온 거라고 말하려는 건 아니지?
그리고 캐롤 수학 성적은 하나도 오르지 않았어.
캐롤이 수학 성적 때문에 졸업 못 하면,
찰스   캐롤은 수학만이 문제가 아니에요.

델마 혹은 그로토프스키   쉿.

델마 혹은 그로토프스키	쉿. 5장? 상승. 실패하는 상승. 상승하지 못하는 상승.
찰스	캐롤.
레이먼드	빈 무대. 캐롤이 걸어 나온다. 쉿. 캐롤이 입을 연다. 말한다. 숨 쉰다. 머리를 만진다. 눈을 깜박인다. 입술을 움직인다. 혀로 윗니를 만진다. 맙소사! 개가 죽었니?
찰스	너희 개가 죽었다고 소문이 쫙 퍼졌어. 아니, 사라졌다고. 죽은 거야 사라진 거야?
레이먼드	캐롤도 사라지면 어떡하지?
찰스	그건 절대 안 돼. 둘은,
캐롤	야.
찰스	둘은 지루할 수밖에 없어, 원래. 결석 사유는 두 개밖에 인정되지 않아. 자신의 질병, 혹은

　　　　　　　　　진짜 가족의 죽음.
레이먼드　　What a fucking missing dog.
찰스　　　　방법이 없을까?

　　　　　　　　　홉킨스.

　　　　　　　　　홉킨스 선생님.
홉킨스　　　캐롤. 가져왔니?
캐롤　　　　네.
찰스　　　　실종전단지 가져왔대요.
홉킨스　　　그런 건 공적 효력이 없단다.

델마 혹은 그로토프스키　　루이스는 아마도 울고 있을 것이다.

찰스　　　　홉킨스 선생님.
캐롤　　　　가져왔어요.
홉킨스　　　실종전단지 말고 사망진단서를 가져와.
찰스　　　　왜죠?
레이먼드　　결석 사유는 두 개밖에 인정되지 않아.

델마 혹은 그로토프스키　　루이스는 아마도 울고 있을 것이다.

찰스　　　　홉킨스 선생님.
캐롤　　　　실종전단지 가져왔어요.
홉킨스　　　사망진단서.

델마 혹은 그로토프스키　　루이스는 아마도 울고 있을 것이다.

찰스	홉킨스 선생님.
레이먼드	가져왔대요.
캐롤	네.
홉킨스	실종전단지는 공적 효력이 없어.
찰스	왜죠?

델마 혹은 그로토프스키	루이스는 아마도 울고 있을 것이다.

찰스	홉킨스 선생님.
캐롤	여기요.
찰스	직접 만들었어요. 포토숍으로. 잘은 아니지만,
홉킨스	찰스, 네가 만들었니?
찰스	아니요. 캐롤이.
홉킨스	캐롤. 공적 효력이 있는 사망진단서를 가져와. 실종전단지는 안 돼.
찰스	도대체 왜죠?
홉킨스	찰스. 네 개가 사라진 거 아니잖니.

찰스	실종전단지.
홉킨스	사망진단서.
찰스	왜요!
레이먼드	찰스! 네가 뭘 안다고 그래?

델마 혹은 그로토프스키	들려요. 레이먼드와 홉킨스의 개가 울고 있는 소리가. 옆 하수구에서.

찰스	홉킨스 선생님.
캐롤	찰스, 고맙지만 이제 내가 부를게. 어이!

	홉킨스 선생.
홉킨스	그래. 캐롤. 듣던 대로 개가 사라졌구나.
	잘 만들었네. 역시 가독성이 좀 떨어지긴 해.
캐롤	왜 내 전화 안 받아요?

홉킨스.

홉킨스	그래. 내 이름을 몇 번을 말해도 나는 그
	홉킨스야. 나는 개가 죽었어.
캐롤	죽은 게 아니라고 몇 번을 말해요. 사라졌을 뿐.
홉킨스	나는 전화를 받았어.
캐롤	내 전화는 안 받았잖아요.
홉킨스	**우리는, 개는, 죽었다,** 전화를 받았어.
캐롤	말도 안 돼. 언제요?
홉킨스	오늘.
레이먼드	캐롤. 왜 말이 안 된다는 거야.
캐롤	사건이 두 개일 순 없어. 연극에서.
찰스	캐롤.
캐롤	또 개가 죽었는데 학교에는 어떻게 오신 거예요?
홉킨스	수업하려고.
캐롤	그래요.
레이먼드	너도, 온 김에 수업을 들을래?
찰스	캐롤. 너 지리랑 윤리 낙제래.
캐롤	난 이 실종전단지 붙이러 다녀야 해.
홉킨스	사망진단서를 가지고 와. 아니면, 결석은
	인정되지 않아.

(캐롤, 사라진다. 찰스, 사라진다)

레이먼드   엄마!

(사이)

            개 소리 들리는 거 같지 않아요?
홉킨스   난 잘 모르겠는데.
레이먼드   조용히 해 봐요.
홉킨스   들려?
레이먼드   쉿! 쉿. 제발.

(사이)

홉킨스   레이.

(사이)

            저기. 미안. 들리니? 아직도?
레이먼드   엄마.
홉킨스   그래. 레이.
레이먼드   인내심을 가져 봐요.
홉킨스   지구력?
레이먼드   네. 굴무나무서기라도 하고 있어요.

델마 혹은 그로토프스키   들려요. 레이먼드와 홉킨스의 개가 울고 있는
            소리가. 옆 하수구에서.

레이먼드   들려요.
홉킨스   나는 들리지 않아.

47

찰스	퉤!

레이먼드	거기 누구 있어요?
홉킨스	레이먼드니?
레이먼드	저, 여기 있잖아요. 누구세요?
캐롤	나야 나. 디스 이즈 캐롤 스피킹.
레이먼드	4장 끝난 지가 언젠데 그런 대사를 해.
홉킨스	캐롤. 내려와.
레이먼드	어떻게 된 거야?
캐롤	델마 혹은 그로토프스키가 사라졌어. 그래서 찾고 있었어. 선생님, 실종전단지 갖고 왔어요. 기다렸어요. 계속. 수업 끝날 때까지. 전화도 안 받고. 오늘 수업은 어땠어요?
레이먼드	오늘은 근의 공식을 가르쳐 주셨어. 2a분의 마이너스 b 플러스마이너스 루트 b 제곱 마이너스 4 에이씨!
캐롤	아, 피타고라스의 삼각함수.
레이먼드	얼마나 됐지?
캐롤	3주 정도 됐어.
레이먼드	벌써? 맙소사. 이제 어떡할 거야?
캐롤	선생님?

델마 혹은 그로토프스키	빈 무대. 멈춰 있다. 모든 것이. 여전히.

찰스	저, 홉킨스 선생님?

델마 혹은 그로토프스키	멈춰 있다. 모든 것이. 여전히.

찰스	저, 홉킨스?
델마 혹은 그로토프스키	멈춰 있다. 모든 것이.
홉킨스	그래. 내 이름을 몇 번을 말해도 나는 그 홉킨스야.
캐롤	왜 아직도 이러고 있어요?
홉킨스	인내력과 지구력과 집중력을 키우려고.
캐롤	인내력과 지구력과 집중력. 어디서 개 소리 들리는 거 같지 않아요?
홉킨스	네 마음은 이해해. 하지만 이건 개소리 아니야. 개 소리 아니지!
델마 혹은 그로토프스키	나는 들어요. 옆 하수구에서 개가 울고 있는 소리를.

"레이먼드!"　　　　"홉킨스!"

캐롤	들리죠?
홉킨스	사망진단서를 가지고 와. 공적 효력이 있는. 그래야 결석 사유가 인정돼. 공식적으로.
캐롤	죽지 않았는데 어떻게 사망진단서를 발급받을 수 있죠?
홉킨스	죽었을 수도 있잖아.
캐롤	죽지 않았을 수도 있잖아요.
홉킨스	죽었을 수도 있어.
캐롤	죽지 않았을 수도 있다고요.
홉킨스	만약에 죽었다면?

캐롤	안 죽었다면요?
홉킨스	어떻게 알아? 그런 걸.
캐롤	나는 들어요. 하수구에서 개가 울고 있는 소리를.
홉킨스	그런 건 거짓말이야.
캐롤	백신 맞으라고, 연락이 왔어요. 동물병원에서.
찰스	결석 사유를 인정해 줘요!
캐롤	찰스! 네가 뭘 안다고 그래!

[사이]

홉킨스	캐롤. 결석 사유 인정받아야 한다고 말만 잘하면, 사망진단서를 발급해 준다더라. 내가 잘 말해 줄 수 있어.
캐롤	그런 식으로 사망진단서 발급받은 거예요?
홉킨스	나는 개가 사라진 후에도 계속 학교에 나왔어. 개가 죽은 후에도 계속 학교에 나왔고. 캐롤. 너는 불효하고 싶어 안달 난 개 같아. 졸업을 못 하는 게 뭘 의미하는지 알아? 평생 이곳 노스캐롤라이나에 머물러 있어야 한다는 거야. 린다 알지? 떠날 수도 남을 수도 없어서 남는 것을 선택한 사람. 그렇게 살고 싶어? 게다가 넌 이미 너무 많이 결석했어. **네가, 개가, 죽을 거라는 거,** 알았다면, 그 전에 결석을 아껴 썼어야지. 아니면,
캐롤	홉킨스. 말한다.
홉킨스	게시판에 올려. 부고를. 반드시 꺾쇠표 표시하는 거 잊지 말고. 전교생과 교직원이 모두 다 너의 개가 죽었다는 걸 알게 되는 거야. 네가 엔터

버튼을 누르는 순간, 전체 문자도 발송되거든.
그런 걸 거짓으로 올릴 사람은 없으니까, 그것도
공적 효력을 가지지. 사망진단서가 싫다면,
그렇게 해. 개의 사체 사진을 들고 갈 필요도
없고, 의사의 소견도 필요 없지. 개가 왜, 어떻게,
어디서 죽었는지, 자연사인지, 사고사인지, 개가
죽어서 네 마음이 어떤지, 자세하게 적어야 해.
슬픔의 정도를 1에서 10 사이에서 선택해야
해. 보통은 10을 클릭하더라고. 네 손으로 그런
걸 하기는 쉽지 않을 테니, 공적 효력이 있는
사망진단서를 제출하라고 한 거야. 타이핑 몇
번과 엔터 버튼 한 번이면 끝나. 단, 네가 직접
해야 해. 지문 인식이 되기 때문에 다른 사람이
쓰면 등록이 안 돼. 아무리 엔터 버튼을 눌러도.

캐롤   차라리 사망진단서가 더 낫겠네요.

레이먼드   캐롤. 게시판에 부고를 올리는 게 더 나아.

캐롤   나는 그런 거 못 해. 레이먼드.

레이먼드   네 손으로 써. 네 개잖아. 나도 내가 직접 썼어.
부고를.

캐롤   너희 개도 알아?

〔사이〕

레이먼드   알지.

캐롤   그래. 그리고 너희 개는 진짜로 죽었으니까.

레이먼드   진짜로 죽어서 부고를 쓴 게 아니야.

캐롤   그럼?

51

〔사이〕

|레이먼드|레이먼드. 말 한다! 또 연극 망칠 셈이야?|
|홉킨스|그렇게 쉽게 망쳐지는 게 아니야.
캐롤. 어떻게 할래? 하루 더 결석하게 되면,
졸업을 못 하게 된다.|

〔캐롤, 사라진다〕

|루이스|왜 이렇게 전화를 안 받아. 나, 우는 거 아니야.
아무도 내 전화를 한 번에 받은 적이 한 번도
없어. 내가 왜 울어? 우리 동에 린다라는 사람이
있어. 우리 집 위층에 사는데, 자꾸 쿵쾅쿵쾅해.
여기 노스캐롤라이나 피전 아파트먼트에 글쎄,
20년 넘게 살았대. 위층 때문에 나도 이사 갈까
생각했지. 하지만 어떻게 이사를 하겠어? 캐롤이
학교에 다니고 있잖아. 너 근데 위층 사람 직업이
뭔지 알아? 나도 몰라. 내가 파는 행어에 계속
후기를 쓰는데, 점수를 1점부터 10점까지 선택할
수 있는데, 늘 2점을 주는 거 있지. 일부러 그러는
거 같아. 행어가 계속 쓰러진다나 뭐라나. 그럼
비싼 걸 사야지 왜 우리 행어를 사 놓고 옷을
수백 벌이나 거는지 모르겠어. 우리 행어를 사
놓고, 자꾸 게시판에 후기를 쓰는 거야. 작성자
이름은 린다. 캐롤은 자고 있어.|

|델마 혹은 그로토프스키|루이스는 울고 있다.|

6장

델마 혹은 그로토프스키   한편, 혹은, 아마도 6장일 것이다. 천둥 번개가
내리치는 밤. 린다가 부엌에 앉아 글을 쓰고 있다.
쓰고 지운다. 지우고 쓴다. 누군가 문 두들기는
소리.

린다   당신!

델마 혹은 그로토프스키   당신.

다 젖었네요.
린다   당신이, 나를, 찾아온 거 아닌가요?
델마 혹은 그로토프스키   당신이, 나를, 찾아온 거 아닌가요?
린다   여기 어디죠?
델마 혹은 그로토프스키   빈 무대의 어딘가. 얘도 같이 왔어요.
린다   퉤! 이름이 뭐니?

찰스   제 이름은 찰스에요.

델마 혹은 그로토프스키   애는 우리 집에 자주 왔어요. 거의 매일 왔죠. 캐롤이랑 피자를 시켜 먹고, 캐롤한테 수학을 가르쳐 줬는데, 야, 근데 너도 수학 그렇게 잘하지는 않지?

찰스   그래도 상관없었어요.

델마 혹은 그로토프스키   캐롤이 워낙 수학을

찰스, 델마 혹은 그로토프스키

못하니까.

델마 혹은 그로토프스키   찰스. 너 정도면 가르치기에 충분하다. 그지? 저, 찰스랑 같이 있어도 되나요?

린다   코코아 먹을래?

찰스   좋죠.

델마 혹은 그로토프스키   당신이, 구했네요.

린다   네.

델마 혹은 그로토프스키   미안해요.

린다   기껏 구해 줬더니 죽어서요?

델마 혹은 그로토프스키   그건 어쩔 수 없죠. 최대한 버틴 거예요. 당신이랑 더 마주치고 있으려고. 3주 만에 마주친 거예요. 눈.

린다   뭐라고 말하려 했던 거예요?

델마 혹은 그로토프스키	당신이 물었잖아요.
	내 이름.
린다	내가 물었죠.
	당신 이름.
델마 혹은 그로토프스키	말하고 싶었어요.
	당신이 물었으니까.
	내 이름은,

(사이)

린다	그래요.
	당신 이름은 짧지 않아요.
델마 혹은 그로토프스키	당신은 어떻게 알죠? 모두가, 델마인지
	그로토프스키인지를 묻는데.
린다	당신이 그렇게 말했으니까요.
델마 혹은 그로토프스키	당신은 좋은 사람인가요.
린다	제가 등장하면 개가 죽어요. 그래서 자주 등장할
	수 없나 봐요. 게다가 저는 늘 한발 늦어요.
	당신이 나를 부르기 전에, 내가 먼저 당신을
	찾았어야 했는데. 너무 늦게 도착했죠. 개가
	죽었어요. 델마 혹은 그로토프스키. 당신은,
	당신이 그렇게 말했어요. '혹은'이 이름인 것처럼.
델마 혹은 그로토프스키	당신은 그때뿐 아니라, 아까 14페이지에서도
	나를 불러 줬어요. 다 듣고 있었어요. 고마워요.
	그리고 미안해요. 당신 얼굴에 흉터 내서. 당신이
	나를 꺼낸 순간, 내 목덜미를 집어서 나를 들어
	올리는 순간, 너무 기뻐서, 이제 살았구나 싶어서,
	나도 모르게 앞발로 당신 얼굴을 만졌어요.

55

	할퀴려던 게 아니었어요.
린다	알고 있어요. 나를 꽉 잡았잖아요.
델마 혹은 그로토프스키	미안해요. 당신 옷에 오줌 싸서. 나도 모르게 흘러나왔어요. 오줌.
린다	괜찮아요. 당신의 오줌 냄새가 남아 있어요.
델마 혹은 그로토프스키	옆 하수구에 다른 개가 있었어요. 저는 들었어요. 그 개가 울고 있는 소리를. "홉킨스. 레이먼드." 이렇게 울고 있었어요. 누군가 그 개를 꺼내면서 그랬어요. 무슨 개가 개돼지같이 무겁냐며, 소리를 낮추지도 않고 욕을 해 댔어요. 그리고 곧, 레이먼드와 홉킨스가 달려오는 소리가 들렸죠. 저는 운이 좋았어요. 뭘 쓰고 있었어요?
린다	후기.
델마 혹은 그로토프스키	후기? 역자 후기 같은 거?
린다	쇼핑몰에서 행어를 하나 샀어요. 그 행어에 대한 이야기에요. 옷을 걸면 자꾸만 쓰러지는 행어에 대해서 쓰고 있었어요. 무릎에 힘이 풀린 것처럼 툭툭 쓰러지는 행어에 대해서.
찰스	시 같네요.
린다	자꾸 삭제돼요. 그래서 계속 써야 해요.

[모두, 캐롤을 바라보며]

찰스	가독성이 좋네요.
델마 혹은 그로토프스키	사진 해상도도 높고요.
린다	거의 다 썼어요.
찰스	마지막 문장 뭐라고 할 거예요?

(사이)

델마 혹은 그로토프스키 좋네요.

린다 엔터 버튼을 누를게요.

델마 혹은 그로토프스키 개는 말하려 해요, 자신의 이름을.
"개는 말하려 해요. 자신의 이름을. 멈춰요.
어디선가 소리가 들려왔다는 듯, 마치 자신은"

지금

"죽어야만 한다는 듯."

델마 혹은 그로토프스키, 린다

그때 들었던 소리와 같은 소리네요.

캐롤 델마 혹은 그로토프스키. 너한테 할 이야기가
있어.

린다 당신을 찾아올 사람이 있나요?

(린다, 사라진다)

델마 혹은 그로토프스키 소리가 들려요. 문 앞에 귀를 대고, 우리의
대화를 듣고 있는 캐롤의 숨소리가.

찰스 캐롤!

린다 내가 산 행어 이름이 캐롤 행어였어요.

루이스 캐롤! 나는 동사무소에 갔어. 네가 포토숍으로

	만든 실종전단지를 들고.
캐롤	그건 좋지 않은 행동이에요. 델마 혹은 그로토프스키는 죽지 않았어요.
루이스	죽었을 수도 있어.
캐롤	어떻게 알아요?
루이스	너는 어떻게 알아?
캐롤	죽은 걸 모르는데 어떻게 죽었다는 걸 알 수 있죠?
루이스	그래. 네 말이 맞을 수도 있어. 근데 사망진단서는 발급해 줄 수 없대. 개의 사체 사진을 들고 오든가 실종된 지 3년이 지나든가, 둘 중 하나래. 그래서 말했어. 진짜로 사라졌다고! 캐롤. 그런 사람들이 많대. 거짓으로 실종 신고를 하거나 개를 일부러 죽인 다음에 사진을 찍어서 사망진단서를 발급받는 사람들. 결석 사유를 인정받은 다음에, 집에서 몰래 고액 과외를 받거나 해외여행을 간대. 우리는 졌어. 캐롤.
캐롤	차라리 지는 게 나아. 엄마. 나는 예전부터 알고 있었어요. 델마 혹은 그로토프스키는 우리를 만나기 훨씬 전부터, 우리를 사랑하고 있었다는 걸.
루이스	그런 걸 어떻게 알아?
캐롤	우리는 만났었어요.
루이스	어디서.
캐롤	내가 태어나기 전 혹은 델마 혹은 그로토프스키가 우리에게 입양되기를 선택하기 전.
루이스	어떻게?

캐롤   산책을 하다가.

루이스 그래서?

캐롤   커피를 마셨죠.

루이스 어디서?

캐롤   자판기 앞. 델마 혹은 그로토프스키가 커피를
      샀어요.

루이스 무슨 이야기를 했어?

캐롤   싸우지 말자고.

루이스 지키지도 못할 약속을 하는 건 똑같구나.
      델마 혹은 그로토프스키. 그때도 덤불 아래에
      갇혀 있었어. 목줄도 있었는데, 누가 버린 거
      같다라. 내가 내려가서 목을 잡고 집어 들고
      기어 올라왔어. 덤불에 생채기가 나서 오른쪽
      뺨에서 피가 흐르고 있더라. 눈이 마주쳤어. 눈이
      마주치는 순간 물었어. 이름을. 델마였다고 했어.
      앞으로는 그로토프스키라고 불리길 원한다고
      하더라. 하지만 당장은 결정하지 못하겠대.
      언제부터 그로토프스키라고 불릴지는. 금방
      결정한다더니. 그때 데려오는 게 아니었어.

캐롤   엄마. 델마 혹은 그로토프스키는 이렇게
      말했어요. "만약, 나에게 무슨 일이 생겨도, 예를
      들면 내가 사라지거나 해도, 나는 7장에는 반드시
      나타날 거야. 너를 만나기 위해."

루이스 캐롤! 똑똑. 너 지금, 어디에 있는 거니?

캐롤   저는 지금, 델마 혹은 그로토프스키가 있는 곳
      문 앞에 서 있어요. 문을 두들기기 직전이에요.
      누군가와 차를 마시며 이야기를 나누고 있어요.
      같이 들어갈래요?

59

루이스	거기에 있는지 어떻게 알아?
캐롤	전 알아요. 잘 들어 봐요. 인내력, 집중력, 지구력.
루이스	사람들이 그러는데, 그런 건 거짓말이래더라.
캐롤	전 몰라요. 그런 거.
루이스	캐롤! 문득 문을 열었는데 울고 있으면 어떻게 할 거니? 눈이 마주치면?
캐롤	웃어 줘야죠.
루이스	그래. 자판기 앞에서는 무슨 이야기를 나눴니?
캐롤	별거 없었어요. 그냥, 같이 살게 되면 싸우지 말자고. 질투하지 말자고. 누가 사랑을 더 많이 받건, 싸우지 말고 잘 지내자고. 어차피 패배하는 싸움이라고, 델마 혹은 그로토프스키가 말했어요.
루이스	맨날 싸워 놓고.
캐롤	자주는 아니었잖아요.
루이스	그때도 싸우고 들어왔잖아.
캐롤	왜 그렇게 말해요?
루이스	그 흉터. 네 뺨에.
캐롤	아! 이거!
루이스	그래 그거. 속상하게. 델마 혹은 그로토프스키가 할퀴던?
캐롤	아니요. 커피를 마시면서 델마 혹은 그로토프스키가 담배를 피웠어요. 멋있었어요. 담배를 입에 꼬나물고 일곱 가지 동작을 선보였어요. 그리고 멋있게 착지.
루이스	담배를 피우면서?
캐롤	엄마, 델마 혹은 그로토프스키는 맥주도 아주 잘 마셔요.

델마 혹은 그로토프스키	야, 이 개새끼야.

(델마 혹은 그로토프스키와 캐롤의 눈이
마주친다)

	얘, 담배 피웠대요.
캐롤	야, 이 개새끼야!
루이스	싸우지 않기로 했다며?
캐롤	말만 그렇게 하는 거죠.
루이스	너 담배 피우고 다녔던 거야? 불효도 이런 불효가 없다.
델마 혹은 그로토프스키	술도 마셨어요, 그날 우리. 맥주, 노래방도 갔어요.
캐롤	씨발, 좆됐다.
루이스	그래서 전화를 안 받았구만. 내가 전화를 그렇게 많이 했는데. 그날 이후로 세상 모든 사람들은 내 전화를 한 번에 받은 적이 없어, 단 한 번도. 너, 무슨 노래 불렀어?
델마 혹은 그로토프스키	조동진 노래요. 최근에 죽었잖아요. 그래서 부르고 싶었어요.
루이스	조동진? 설마 지금 부르려고 하는 건 아니지? 노래 같은 거 부를 생각 하지 마. 오해는 하지 마. 조동진 노래는 좋아. 나도 알아. 너무 좋다는 거.
캐롤	조금만 흥얼거릴게요.
델마 혹은 그로토프스키	아, 조금만.
루이스	연극 더 이상 망치지 않을 자신 있어? 게다가 레이먼드 같은 놈이 잽싸게 나타나서 큰 소리로 부를 수도 있어. 찰스. 찰스. 찰스! 피자는 누가 다

	먹은 거야? 캐롤! 흉터는 왜 생긴 거야?
캐롤	침을 뱉었어요.
루이스	어머나.
델마 혹은 그로토프스키	침을 뱉은 건 캐롤이에요.
루이스	델마 혹은 그로토프스키. 네가 때린 거야?

(델마 혹은 그로토프스키와 루이스의 눈이
마주친다)

델마 혹은 그로토프스키	네. 캐롤이 화장실 갔다가, 노래방으로 다시 들어왔는데, 착각했대요. 문을 열고 들어오는 순간, 밖에서 안으로 들어온 건데, 안에서 밖으로 나간 걸로 착각해서, 침을 뱉었대요. 너무 놀라서 자기가 자기 뺨을 때렸어요. 남의 뺨을 때릴 순 없는 법이니까요. 춤다. 이제 사진을 찍어. 여러 버전을 준비했어. 혀를 내밀고 죽을까. 눈을 까뒤집고 죽을까. 가슴에 손을 올리고 죽을까. 입에 거품을 물고 죽을까. 몸을 잔뜩 웅크리고 죽을까. 눈을 부릅뜨고 죽을까. 캐롤. 죽을까. 이제 여기서 나가. 돌아가. 학교도 가고.
캐롤	델마 혹은 그로토프스키. 학교는 안 갈 거야. 여기서 밖으로 나가면 사람들이 쳐다본다고. 걔가 죽었다고 쳐다본다고. 어떻게 쳐다보는 줄 알아? 나는 걔가 사라진 거지, 나는 걔가 죽은 게 아니야. 근데 사람들은 걔가 죽었다 말해. 내가 죽였어? 너를? 그런데도 쳐다본다고. 내가 몇 번을 말해야 해. 내 이름은 캐롤이라고 몇 번을 말해야 알아들어 처먹냐고. 너는 죽지 않았다고

62

몇 번을 말해야 해.
내가 너를 죽였어?

(델마 혹은 그로토프스키, 사라진다)

빈 무대. 멈춰 있다. 모든 것이. 여전히. 숨을
뱉는다. 입술을 움직인다. 침을 삼킨다. 델마 혹은
그로토프스키. 말한다.

찰스　화내지 말아 줘요.

홉킨스　너를 많이 경멸하니?

찰스　알고 있었어요?

홉킨스　레이먼드가 누군가를 경멸하고 있다는 건
　　　알았지만, 그게 너인 줄은 몰랐어. 너희 둘은 늘
　　　붙어 다니잖아.

찰스　셋이었죠. 레이먼드가 말하던가요?
　　　저를 경멸한다고?

홉킨스　레이먼드는 늘, "그래"라고 하더구나.

찰스　이거 보여요? 레이먼드가 그랬어요. "그래"라고
　　　하면서. 오늘부터라도 묶어 두면 안 돼요?

홉킨스　우리 레이먼드는 물지 않아. 언제부터였니?
　　　알고 있지?

찰스　알고 있죠. 그냥 어느 순간 그렇게 되어 버렸어요.
　　　캐롤이 돌아오면 저를 덜 경멸할 거예요. 셋이
　　　있을 땐 안 그랬거든요.

홉킨스　무섭니?

찰스　슬퍼요.

홉킨스　슬프니?

63

찰스   무섭죠.

홉킨스   얼마나?

찰스   늘 형편없는 질문만 해 대는군요.

홉킨스   어쩔 수 없어.

찰스   캐롤의 결석 사유 인정해 주지 마요.

캐롤   (가까이 있는 듯 작은 소리로) 찰스.

     (캐롤과 찰스의 눈이 마주친다)

홉킨스   캐롤이 사망진단서를 가져오거나 게시판에
     부고를 올리면,

찰스   인정해 주지 마요. 결석 사유. 그래야 캐롤이
     돌아올 수 있어요.

홉킨스   어쩔 수 없어.

     (홉킨스, 사라진다)

레이먼드 무섭니? 슬퍼요. 슬프니? 무섭죠?

찰스   모두가 알고 있니? 린다도 알아?

레이먼드 알고 있어.

찰스   루이스는?

레이먼드 루이스도 알아.

찰스   조동진 아저씨도 알아?

레이먼드 알지.

찰스   델마 혹은 그로토프스키도 알아?

레이먼드　그래.

찰스　관객도 알고 있었어?

레이먼드　당연하지.

찰스　그럼,

레이먼드　그래. 캐롤도 알아. 델마 혹은 그로토프스키가
알고 있으니까.

찰스　What a fucking missing dog. 어차피 패배할
싸움이었어. 린다는 행어를 샀어. 18만 9천
원이나 주고. 린다 월급이 얼만지 알아? 그냥
사고 싶었대. 그럴 때 있잖아요. 필요하지도
않고 비싼 물건인데 갖고 싶을 때. 그런데 이
행어가 자꾸 쓰러지는 거야. 처음에는 옷을 너무
많이 걸어서 쓰러지는 거라고 생각했대. 그래서
하나씩 줄였대. 행어가 쓰러지지 않도록 하나씩
하나씩 무게를 덜어 낸 거지. 100개에서 99개로,
98개, 97개, 다섯 개. 그런데도 쓰러졌어. 두
개를 걸었는데도 쓰러졌어. 한 개를 걸었는데도
쓰러졌어. 그마저 빼 봤지. 아무것도 걸려 있지
않은데도, 쓰러졌어. 툭 하고 그렇게 쓰러졌어.

찰스, 레이먼드　무릎이 툭 하고 꺾인다.

찰스　그래서 그 행어에 대해 계속 글을 쓸 수밖에
없대. 퉤. 바닥 아래의 바닥으로. 깊이. 캐롤.
어디죠? 이곳은? 혹은 그곳은?

레이먼드　빈 무대. 캐롤이 걸어 나온다. 헛. 캐롤이 입을
연다. 말한다. 숨 쉰다. 머리를 만진다. 눈을
깜박인다. 입술을 움직인다. 혀로 윗니를 만진다.

65

맙소사!

찰스   너희 개가 죽었다고 소문이 쫙 퍼졌어. 아니.
       사라졌다고. 죽은 거야, 사라진 거야?

레이먼드 캐롤도 사라지면 어떡하지?

찰스   퉤. 바닥 아래의 바닥으로.

레이먼드 델마 혹은 그로토프스키. 말을 한다. 빈 무대.
       멈춰 있다. 모든 것이.

찰스   퉤.

레이먼드 델마 혹은 그로토프스키. 말을 한다. 멈춰 있다.
       여전히.

찰스   퉤.

레이먼드 델마 혹은 그로토프스키. 말을 한다. 여전히.
       멈춰 있다.

찰스   퉤.

레이먼드 델마 혹은 그로토프스키. 말을 한다. 모든 것이.
       여전히.

찰스   퉤.

레이먼드 델마 혹은 그로토프스키. 말을 한다. 멈춰 있다.

찰스   퉤.

레이먼드 델마 혹은 그로토프스키. 말을 한다. 여전히.

찰스   퉤.

레이먼드 델마 혹은 그로토프스키.

(레이먼드, 찰스, 사라진다)

캐롤   이제, 내가 부를게. 델마 혹은 그로토프스키.

66

너는 죽었어? 죽였어? 너를? 내가?

델마 혹은 그로토프스키	캐롤. 여기, 내 사체 사진 있어. 이걸 가지고 동사무소에 가. 다음에 결석하고 싶을 때 개 이름을 바꿔서 내면 될 거야. 얼굴을 알아보지 못하게 찍었으니, 아마 다른 개인 줄 알 거야. 개가 죽고 나서 새 개를 입양했는데 그 개도 죽었다 말해. 이렇게 끔찍한 사진을 보면, 누구라도 바로 사망진단서를 발급해 줄 테니, 막강한 공적 효력이 있을 거야. 평생 학교에 가지 않아도 될 정도야. 혹시 몰라서 샘플을 하나 만들어 왔어. 린다 알지? 우리 쇼핑몰에 자꾸 행어 후기를 적는 사람. 그 사람의 후기를 참고해서 만들었어. 빈 무대, 걸어 나온다. 말한다. 춥다. 나, 델마 혹은 그로토프스키는 눈이 마주친다, 린다와. 린다는 내 이름을 묻는다. 델마 혹은 그로토프스키!, 라고 말하고 싶은데, 내 이름이 자꾸 짧아져. 기다려 줘. 우선, 빈 무대. 걸어 나온다. 손을 뻗는다. 그 사람의 이름은 린다일 것이다. 린다는 행어를 샀다. 자꾸만 쓰러지는 행어를, 행어의 이름은 캐롤 행어. 빈 무대. 걸어 나온다. 캐롤. **개가,**
캐롤	**내가,**
델마 혹은 그로토프스키	왜 어떻게 어디서 죽었는지, 자연사인지 사고사인지, **내가,**
캐롤	**개가,**
델마 혹은 그로토프스키	죽어서 마음이 어떤지 자세하게 적는다. 슬픔의 정도를 1에서 10 사이에서 선택한다. 모두 다

델마 혹은 그로토프스키가 죽었다는 걸 알게
된다. 꺾쇠표 표시하는 거 잊지 말고. 캐롤. 쓰고,
올린다. 부고를.

캐롤   엔터.

[이름 없는 개, 암전]

7장

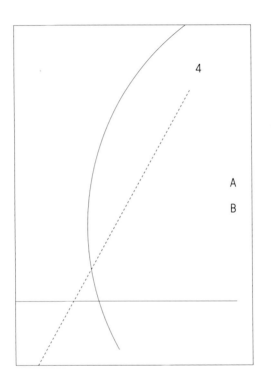

4

A

B

Commercial, Definitely—
마카다미아, 검열, 사과 그리고 맨스플레인

등장

주석
맨스플레인
마카다미아
검열
토마스 오스터마이어와 박지원

고딕체로 표기된 부분은 영상에 나오는 내용이다.
토마스 오스터마이어와 박지원은 소리로만 등장한다.

(62분 24초부터 0초를 향해 거꾸로 가는
디지털시계가 영상으로 나온다)

토마스 오스터마이어   (독일어로) 작년에 이 공연을 연극실험실
혜화동1번지라는 곳에서 한다는 이야기를 들었을
때, 아, 네 저는 연극 연출가,

주석   Thomas Ostermeier,

토마스 오스터마이어   라고 합니다. 솔직히 말하자면, 그때는
이 공연에 딱히 흥미를 느끼지 못해 바빴다고
거짓말을 했죠. 진심으로 사과드리는 바입니다.
그런데 올해에는 대한민국 최고의 공공 극장인
남산예술센터에서 연락이 왔습니다. 연출이
Khoo? 팀 이름은 theatre, defi, what? 별로라고
생각했지만 이번에는 남산예술센터에서 직접
연락을 주셨으니 추천 멘트를 하지 않을 수
없었습니다. 이 공연 「Commercial, Definitely」가
세라 케인이라는 사람이 쓰고 제가 연출한
「기어」(Gier)라는 작품의 모티프를 따와 네
개의 스탠드 마이크를 사용한다고 들었습니다.
굉장히 영민한 선택입니다. 기대됩니다. 굉장히
흥미롭습니다. 추천하는 바입니다. 아, 그런데
설마 한국의 관객들이 저, 그러니까 토마스
오스터마이어를 모르는 건 아니겠죠?

주석   몰라도 상관없습니다. 그리고 당신이 누구인지도
상관없습니다. 세계적으로 유명한 당신을
섭외했다는 것만으로 충분히 상업적이니까요.

토마스 오스터마이어   아, 그렇군요. 아, 그런데 저는 지금 독일어로
말하고 있는데 이건 한국의 관객들에게 어떻게

전달되죠?

주석　생각해 보십쇼. 자막이죠. 이런 식의 공연에서
텍스트가 깔끔하게 나오는 프로젝터의 사용은
필수니까요. (디지털시계가 나오는 영상을 힐끗
본다) 아, 그리고 저것. 사람들이 지루해하기
전에 끝낼 생각입니다. 조금만 기다리십시오.
어쨌든, 사람들은 평균적으로 62분 24초가
지나면 지루해질 것이라고 예측했습니다.

맨스플레인　제가 말씀드리죠. 기준이 필요했습니다. 아실지
모르겠지만 기준을 설정하고 비교를 통해
차이를 도출해 내는 것은 인지과학적으로 가장
훌륭한 방법입니다. 연극실험실 혜화동1번지와
남산예술센터의 비교를 통해 62분 24초가
도출되는 과정을 보여 드리겠습니다.
(수학식을 활용한 화려한 영상이 나온다)

**연극실험실 혜화동1번지 평균 객석 수
50석. 객석이 편안한 정도 40점. 연출력
70점. 기술력+디자인력 99점. 극성 99점.
재미 70점. 주제 의식 89점. 동시대성 50점.
배우 인지도 50점. 공연팀 인지도 50점.
화장실 쾌적도 10점. 티켓 2만 원. 제작비
천만 원. 5일 5회 공연. ▶ 58분 32초.**

**남산예술센터 평균 객석 수 450석(+400석).
객석이 편안한 정도 90점(+50점). 연출력
68점(-2점). 기술력+디자인력 100점(+1점).
극성 80점(-19점). 재미 54점(-16점). 주제**

의식 89점(+0점). 동시대성 53점(+3점). 배우 인지도 57점(+7점). 공연팀 인지도 65점(+15점). 화장실 쾌적도 98점(+88점). 티켓 3만 원(+1만 원). 제작비 3천만 원 상회(+약 2천만 원). 4일 4회 공연(-1회). ▶ 62분 24초.

주석	(영상을 보며) 상당히 상업적이군요. 게다가 이 모든 과정을 렉처 퍼포먼스까지 곁들여 보여 드렸습니다.
맨스플레인	제가 알려 드리죠. 러닝타임을 60분으로 딱 맞추기에는 민망하기 때문에 아무 의미 없는 3분 52초를 추가하여 62분 24초를 도출해 냈습니다. (토마스 오스터마이어의 기침 소리)
주석	Ah, schuldigung. 어쨌든, 자막을 사용하여 당신의 언어가 전달될 겁니다.
토마스 오스터마이어	아 그렇군요. 어쨌든, 이번에는 이 공연을 추천하는 바입니다. This is, this is just a commercial thing.
주석	네. 이 공연은 유니버설, 컨템퍼러리 앤드 포스트 드라마틱한 단지 상업적인 공연일 뿐 그 이상도 그 이하도 아닙니다.
토마스 오스터마이어	Wow! Interactive and commercial! 그럼 이제부터 독일 최고의 레퍼토리 극장 샤우뷔네에서 제가 연출한 「기어」의 한 장면을 보시겠습니다. 제 입으로 말하기는 곤란하지만 굉장히 뭐랄까, 미니멀하면서도 핫한 공연이었습니다. 그리고 한 달 후 한국의 엘지아트센터에서 올라갈 저의

공연 「민중의 적」에도 많은 관심 부탁드립니다.
하지만 이미 매진이라 못 보신다는 점이
아쉽군요. 게다가 가장 좋은 자리는 가격이
상당합니다. 이 공연만큼이나 상업적입니다.
아, 몇 년 전에 제 작품을 이곳 남산예술센터가
다른 단체와 함께 한국에서는 처음으로 사
왔는데요, 「햄릿」이라는 공연이었죠. 이번에는
아쉽게도 엘지아트센터보다 한발 늦었군요.
남산예술센터, 엘지아트센터에 밀린 건가요?
어쨌든 몇 년 전 이곳에서 공연된 「햄릿」 역시
엄청난 공연이었습니다. 한 인간존재의 고뇌를
흙이라는 오브제를 통해 강렬하게 드러냈죠.
그의 얼굴에 붙어 있는 흙은 그를 영원히
따라다닐 아버지라는 유령을 의미합니다. 아,
셰익스피어라는 사람이 썼죠.
(토마스 오스터마이어의 「햄릿」 중 가장 강렬한
장면이 영상으로 나온다)

마카다미아 2016년 5월. 당신의 지성을 뒤흔드는 압도적인
연극 @엘지아트센터.

주석 (기침을 하며) 네. 이제 얼굴에 흙 묻히고 폼 잡는
얘기는 그만해도 될 것 같습니다.
(「햄릿」 영상이 사라진다)

토마스 오스터마이어 네. 그러면 이 공연 「Commercial, Definitely」가
영민하게 표방하고 있는 「기어」의 한 장면을
보시겠습니다. 아, 이 영상은 누구나 쉽게 찾아볼
수 있도록 유튜브에 올라가 있는 샤우뷔네의
트레일러입니다.
(「기어」의 한 장면이 나오고, 이 영상을 지켜본

배우들은 「Commercial, Definitely」에서 한
부분을 골라 본인의 연기를 펼친다)

Which do you think is the least commercial?

마카다미아 마카다미아. 신이시여 이제 만족하십니까. 제가
이렇게 짓밟히며 무릎 꿇고 있습니다. 예스! 그
사람, 제 손으로 파면시키겠습니다.

맨스플레인 제가 말씀드리죠. 왜 그런 개구린 떨떨이 같은
사람의 폭로에 반응하고 진실을 요구하는
예술인들의 요청에 응답해야 하죠? 당신은 더
좋은 곳으로 가게 될 겁니다.

주석 011-8714-8434. 서울시 마포구 삼선동
3가 81번지 지하 2층. 주민등록번호 84****-
*******. 이메일 주소 redneckpresent@gmail.
com. 카카오톡 아이디 명륜옴프파탈. 카카오톡
친구 수 578명. 텔레그램 친구 수 1천51명.
텔레그램 알림음 땡땡때대땡. 자주 가는 카페
시어터 카페. 자주 쓰는 은행 농협. 계좌 번호
595-04-020188. 잔고 27만 5천687원. 도어 록
비밀번호 0908. 이것이 그 사람을 공익적으로
제보한, 내부에서 고발한 그 애송이에 대한
정보입니다.

검열 하지만, 제가 절대 포기할 수 없는 건 저의
손가락, 저의 서명, 저의 숫자들입니다. 다른 건
다 포기해도 숫자들은 절대 포기할 수 없습니다.

Which do you think is the least commercial?

맨스플레인	제가 말씀드리죠. 무엇이 가장 상업적이지 않다고 생각하십니까?
주석	아까 말씀드렸다시피, 이런 식의 공연에서 아무도 안 읽을 쓸데없는 영어 자막은 센스죠. 〔영상, 사라진다〕 그리고 저는 방금, 또 인터랙티브를 했습니다. 한 번 더 해 볼까요? 〔영상, 반응한다〕 제가 아까 말씀드렸죠? 이런 식의 공연에서 인터랙티브는 필수라는 걸. 생각을 해 보십쇼. 혹시 아까 독일어로 말한 연극 연출자 이름 기억나시나요? 그 사람 이름이 뭐였더라? 토, 토마스?
토마스 오스터마이어	토마스 오스터마이어.
주석	네. 누구의 연기가 가장 상업적이지 못했나요?

Mamihlapinatapai

여러분도 아시다시피, 제 연기가 가장
상업적이지 못했던 거 같습니다. 가장
별로였다는 거겠죠. 그런데 어떤 기준으로
별로라고 하는 거죠? 어쨌든, 역시
인터랙티브하죠. 최초의 의도가 어쨌든, 제가
가장 별로였다는 점 뭐 사과드립니다. 저는
주석을 맡겠습니다. 저는 인물을 맡지 못합니다.
이제 곧, 시작할 겁니다.

검열   그 사람만은 안 됩니다. 그 사람은 안 됩니다.
그 사람 안 됩니다. 그 사람만은. 그 사람만은.
그 사람만은. 그 사람도 안 됩니다. 그 사람이
안 되는 겁니다. 그 사람도 안 됩니다. 제발
그 사람만은. 그 사람 또한 안 됩니다. 네?
그 사람이요? 절대 안 됩니다. 그 사람은 진짜로
안 됩니다. 마지막으로 그 사람. 안 됩니다.
제발 그 사람만은 빼 주시길 바라는 바입니다.

주석   Censorship. 이(저) 사람은,

검열

주석   검열.

검열   저는 평가할 뿐, 이해는 저의 몫이 아닙니다.

---

*   검열 역을 맡는 배우의 이름.

(영상에 숫자들이 나온다. 검열은 '예스' 혹은
'노'라는 말만 반복한다. 검열이 가리킨 숫자들은
삭제된다)

주석   네. 아까 말씀드렸죠. 그리고 계속 말씀드릴
      겁니다. 이런 식의 공연에서 인터랙티브는
      필수라는 걸.

검열   노, 노, 노, 노! 혼란스럽습니다. 전 정말 혼란을
      견딜 수 없습니다. 저 숫자들을 보고 있으면
      무엇인가 떠오릅니다. 분명 사회적 혼란이
      야기될 겁니다. 만약, 제가 결단을 내리지
      않는다면 아무런 잘못도 없는 다른 숫자들은
      계속해서 기다려야 할 겁니다. 저는 모르는
      일입니다. 저는 더 이상 아무 잘못도 없는
      다른 숫자들에게 상처를 줄 수 없었습니다.
      예술인들은 정치가들에게 도덕성을 기대하지
      않죠. 전 단지, 왜 유독 저에게만, 왜 유독 일개
      직원인 저에게만, 그런 것들, 그러니까 어떤 진실,
      진정성, 판단, 인정, 사과, 이런 것들을 요구하고
      문제를 제기하느냐 이겁니다. 도대체 예술인들이
      원하는 건 무엇일까요? 그들은 아주 이기적인
      존재입니다. 그들은 교미하고 싶어 안달 나 울어
      대는 개구리 같은 존재들이죠. 자기 좀 봐 달라고
      개굴개굴 울어 젖히는 그들은 보편적인 예술성을
      추구하기보다 이슈를 만들고 그것을 통해
      자신들이 유명해지기를 원할 뿐입니다. 그래서
      마치 모든 혼란과 잘못이 검열 때문에 일어난
      것인 양 자꾸 그렇게 오도하고 있을 뿐입니다.
      그들은 사회적 혼란에는 눈곱만큼의 관심도

없습니다. 저는 이런 무법천지의 악순환의
고리를 끊어야겠다고 생각했을 뿐입니다. 도대체
왜, 유명해지기만을 바라는 예술인들의 요청에
응답해야 하는 걸까요? 전 일개 직원입니다. 전
한 국가의 공무원입니다. 정말 혼란스럽습니다.
몇 명이었죠? 저는 잘 모르는 일입니다.
예술인들이 원하는 것은 사회적 혼란인가요?
도대체 왜 사회적 리스크를 감수하면서까지
그들에게 돈을 줘야 하죠? 혼란스럽다고! 발정 난
개구리 같은 새끼들아. 몇 명이었죠?

맨스플레인　9천273명.

검열　긴급하게 조치를 취하겠습니다. 알겠습니다.
조치를 취하겠습니다. 하지만 모르겠습니다.
그 사람에게 얼마를 주기로 되어 있었죠?

맨스플레인　1억 2천.

검열　한국예술문화계위원회를 지켜 주십쇼. 저는 이런
식의 상황을 견딜 수가 없습니다. 사회적 혼란
상황이요. 예술인들은 얘기하죠. 예술에 있어서
갈등이 핵심이라고. 그래서 사회적 혼란을
야기하려는 걸까요? 하지만 이 사회에서 갈등은
안 됩니다. 안타고니스트 안 됩니다. 클라이맥스
안 됩니다. 예술인들은 이런 것들을 본래부터
좋아하는 존재들이기 때문에 이런 식의 사회적
혼란 상황을 즐기고 있을 겁니다. 전 사회적
혼란을 야기할 수 있는 갈등, 안타고니스트,
클라이맥스를 방지하기 위해 '노'라고 했을
뿐입니다. 저는 이 시대의 고통을 위해, 이 시대
그리고 이 시대를 앓아 내고 있는 전 인류를

위해, 이 시대에 고통을 겪고 있는 단 한 사람을
위해 서명을 하는 일개 직원일 뿐입니다.
혼란스럽습니다. 단 한 순간도 저 자신을 위해
서명을 한 적이 없습니다. 알고 있습니다.
전 평가할 뿐 이해하지 않습니다. 전 모르는
일입니다. 저에게 사과받기를 원하나요?

주석   Censorship.

검열   어차피 예술인들에게 가해지는 검열은 수백 년
전부터 있어 온 익숙한 일 아닌가요.

땅콩. ○○○

주석	Peanuts. ○○○ (영어식으로).
마카다미아	(노래) 배를 돌려라. 세이렌이여. 너의 목소리에 매혹된 나는 돌이킬 수 없는 강을 건너리. 배를 돌려라. 떠날 수 없어. 마카, 마카다미아. 담아 줄 그릇이 없다면 no no, sail, no fly, no fly. 무릎 꿇어라. 던져 줄 테니. 그릇이 필요해. 내 마음 담아 줄 그릇이 필요해.
주석	Interlude. (마카다미아, 이탈리아어로 노래한다) Commentators say that she casts a light upon the existence of the Macadamia.
맨스플레인	그것에 대해서라면, 제가 말씀드리는 것이

---

* 마카다미아 역을 맡는 배우의 이름.

좋겠네요. 제가 말씀드리죠. 여러분. 이런 것이
있다는 사실을 알고 있었나요?

주석 Ooops.

맨스플레인 모르실 겁니다. 왜냐하면 그것은 일등석에만
제공되는 기성품이기 때문이죠. 마카다미아.
상당히 이국적인 이름이군요.

주석 Exotic name.

맨스플레인 일등석에 앉아야만 맛볼 수 있는 그것.
300그램이 채 안 되는데 가격은 8.99센트. 미국
견과류. 대중의 입맛에 딱 맞는 그 맛. 먹으면
먹을수록, 뭐랄까 특별하다기보다 친근한 맛.
처음에는 '우와' 하면서 먹다가, 결국 다른 넛들과
별 차이가 없다는 것을 느끼게 해 주는 친근한
맛. 대중의 입맛. 하지만 일등석에 앉지 못한다면
결코 맛볼 수 없는 그 맛. 마카다미아. 동네
이마트에서 사 온 마카다미아를 먹으며 일등석에
앉아 있는 기분이라도 한번 느껴 보시죠.

주석 Try some Macadamias from your neighboring
E-mart and feel the comfort of the first class.

검열 혼란, 혼란, 혼란.

맨스플레인 제가 알려 드리죠. 시간을 가지세요. 기다리세요.
깊이 있게 얘기하려고 하는 순간 들통납니다.
적당한 깊이를 찾으세요. 우선은 속상한
척하면서 적당한 타이밍에 한숨을 쉬다가,
위험하다 싶은 순간에는 기억나지 않는다고
하시고 테이블을 치십시오. 그 짧은 시간 정도는
견뎌 내야 합니다. 조금만 지나면 이 사람처럼
잊힐 겁니다.

주석　Soul. Grief. Pain. Universal. Human being.
Existence. Commercial. Contemporary.
Melancholy. Theatre. Definitely. Essence.
Tempo. Postdramatic. Capital. Art. Morality.
Further. Namsan. Interactive. Mamihlapinatapai,
Terrorrepástïintérbĭto.

마카다미아　마카, 마카다미아.

박지원 (독일어로) 죄송합니다. 저는 진짜 토마스 오스터마이어가 아닙니다. (한국어로) 한국에서 하이네켄 회사에 다니는 한국계 독일인 박지원이라고 합니다. 저는 저번 공연에서와 마찬가지로 연출이 적어 준 대사를 스마트폰으로 녹음해 보냈습니다. 알지도 못하는 연출이 제 사촌 동생 조서연을 통해 대사를 보내 주었고 독일어로 그대로 녹음해 달라고 했습니다. 지금 하고 있는 이 대사도 연출이 적어 주었습니다. 저번 공연에서도 그러더니, 왜 또 속임수를 쓰냐고, 하지 않겠다고, 폭로하겠다고 할 수도 있었습니다. 그런데 연기를 하는 게 너무 재미있어서 이번에도 녹음하고 말았습니다. 저는 악질, 파렴치한, 구제 불능, 쓰레기, 인간 말종, '인하무인'입니다. 죄송합니다. 저는 진짜 토마스 오스터마이어가 아닙니다. (독일어로)

사과드립니다. 죄송합니다.

주석   남산예술센터도 토마스 오스터마이어를
섭외하는 데는 실패했군요. 엘지아트센터는
성공했는데 말이죠. 아, 그리고 작년 혜화동1번지
공연에서는 오카다 도시키가 직접 영상까지 찍고
추천 멘트를 했는데 말이죠. 다음은 누구 차례죠?

맨스플레인   사과. 제가 알려 드리겠습니다. 사죄라고도 하죠.
진실을 밝히고 자기의 잘못을 인정한 후
용서를 빎.

주석   네. 이제 진실을 말해 주시죠.

(검열, 마카다미아, 맨스플레인 모두 긴급하게
눈빛이 오간다)

Mamihlapinatapai

맨스플레인   마밀라피나타파이, 제가 말씀드리죠. 칠레 남부
티에라델푸에고 지역의 야간족 원주민들이
쓰던 명사 단어에서 유래했죠. 세계에서 가장
긴 단어로, 1993년 기네스북에 등재. 하지만
동시에 세상에서 가장 간명한 단어. 그와 동시에
세상에서 가장 타국어로 번역하기가 곤란한
단어. 뜻, 서로에게 꼭 필요한 것임을 알면서도
굳이 자기는 하고 싶지 않은 어떤 일을 누군가가
자원하여 해 주기를 바라면서, 사람들 사이에서
조용히 부산하게 긴급하게 오가는 미묘한 눈빛!
출처는 위키백과.

마카다미아   마카다미아. 네. 제가 땅콩을 던졌습니다. 네.
무릎도 꿇게 했습니다. 네. 배도 돌리라고

했습니다. 네. 소리도 질렀습니다. 네.
실수였습니다. 사회적 혼란을 가져올 의도가
아니었지만 기분이 나쁘셨다면 사과하겠습니다.
하지만 왜 제가 사회적으로 매장될 수도 있는
리스크를 감수하면서까지 그런 짓거리를
했을까요. 전 알고 있었습니다. 그런 짓거리들을
하면 분명 사회적으로 맹비난 받을 거라는
것을. 그러한 리스크를 감수하면서까지 전
그런 짓거리를 한 겁니다. 그릇에 담겨야 할
마카다미아가 봉지에 담겨 저에게 다가왔을 때
저는 마카다미아가 그릇에 담겨 있지 않다는
사실에 너무나 큰 슬픔을 느껴 땅콩을 던져
댈 수밖에 없었습니다. 제 감정에 솔직했고 제
상태에 집중했던 것뿐입니다. 불편하셨다면
죄송합니다. 사과하겠습니다. 저는 작년에 이
공연에서도 이미 사과했습니다. 이제 제 얘기는
그만할 때도 되지 않았나요? 저는 충분히
지쳤습니다. 차라리 올해에는 더 이슈가 될
만한 새로운 실수를 저지르고 싶은 참담한
심정입니다. 지금 제 기분은 마치 오래 씹다 뱉은
마카다미아처럼 흐물흐물하고 축축합니다!

주석   사과를 하라고 했는데,

검열   희열을 느낍니다. 아무런 의미도 추상도 관념도
없이, 숫자가 나열되었을 때의 쾌감. 이 세상은
너무나 많은 의미들로 쿵덕쿵덕합니다. 아무런
의미도 없는 숫자를 나열할 때의 쾌감. 그 사람의
이름을 부르지 않아도 될 때의 쾌감. 숫자는
우리를 배신하지 않습니다. 쓸데없이 혼란을

91

일으킬 리스크가 전혀 없는 숫자들의 나열.
저는 매일 밤 최근에 발견된 소수를 읽으며
잠이 듭니다. 2천2백만 개 숫자의 나열에 희열을
느낍니다. 완벽한 질서에 의해 배열된 숫자들이
주는 쾌감.

주석 　사과를 하라고 했더니,

맨스플레인 　그런가요? 제가 말씀드리죠. 이런 사건이
있었습니다. 아주 유명하지만 당신들은 절대로
알지 못하는 러시아 작가의 단편소설에 나오는
내용이죠. 한 하급 공무원이 연극 같은 걸 보러
갔다가 자신의 직장 상사가 바로 앞자리에 앉아
있는 걸 발견하고, 인사를 하려다 재채기를 하고
맙니다. 콧물과 침이 상사의 목덜미에 튀었죠.
그 사람은 급하게 사과했지만 그 상사가 사과를
받을 틈도 없이 연극은 시작해 버렸습니다. 네,
이미 연극은 시작했습니다. 그 하급 공무원은
자신의 상사에게 매일매일 찾아가 자신이
재채기한 사실에 대해 사과합니다. 진심으로
사과를 하려고 노력하면 노력할수록 상황은
엉망진창이 되고 그 상사는 결국 화를 냅니다.
드디어 상사는 하급 공무원에게 이제 그만하라고
소리치고, 사과에 목매달던 하급 공무원은
심장마비로 뒈져 버립니다.*

주석 　사과를 하라고 했더니,

맨스플레인 　땅땅땅.

주석 　This is, this is just a commercial thing.

---

* 　안톤 체호프의 단편 「관리의 죽음」 줄거리.

맨스플레인	제가 알려 드리죠. 세상에 지지부진하게 쿨하지 못하고 옛날 일을 계속 들춰내는 모든 인간은 뒈져 버려야 합니다.
검열	사과를 원한다면 사과하겠습니다. 죄송합니다. 이제 된 건가요? 여러분의 세금으로 저에게 월급을 줄 순 있겠죠. 하지만 여러분이 저에게 절대로 요구할 수 없는 한 가지가 있습니다. 그건, 저에게 한국문화예술계에 간섭하지 말라고 요구하는 겁니다. 그럼 저도 요구 한번 하겠습니다. 여러분의 세금으로 저에게 월급은 주되 간섭하지 마세요. 사회적 혼란이 가져올 리스크를 감당할 수 있나요. 국민의 세금으로 예술을 지원했습니다. 이것이 사회적 혼란을 가져올 우려가 있다면 철회해야 합니다. 포기하세요. 정말 혼란스럽군요. 불쌍한 척하지 마시고요, 남 불쌍해하는 척하지도 마시고요. 하실 분들은 눈치 보지 말고 그냥 쭉 하시고요. 여러분이 끝까지 사과를 원한다면 저는 물러나야죠.
맨스플레인	하지만 그건 한국예술문화계위원회의 아니 한국문화예술계의 큰 손실이 아니겠습니까? 이 문제는 당신 개인의 문제가 아닙니다. 당신은 조금 더 시간을 가질 필요가 있습니다. 시간이 약이다. 모든 것은 지나가기 마련이다. 이 시련을 기반으로 당신은 더 좋은 직급으로 가게 될 겁니다. 제가 알려 드리죠. 당신은 응당 해야 할 것을 한 것입니다. 당신은 오히려 칭찬받고 격려해 주어야 할 대상입니다.

게다가 예술인들도 사과받지 않겠다고
하지 않았습니까? 기억할 필요 없습니다.
여러분은 기억나지 않는다고 얘기하세요. 제가
사과하겠습니다.

(모두, 고개 숙여 사과한다)

마카다미아   마카다미아. 저는 작년에 이 공연에서 이미
사과했습니다.

검열   혼란스럽습니다. 리스트가 필요해요. 로그인이
필요합니다.

마카다미아   마카다미아. 게다가 작년 공연은 제 덕분에
상당히 상업적이면서 예술적인 성과를
거뒀습니다. 제 덕분이었습니다. 그런데 제가 또
사과해야 하나요?

검열   아, 혼란스럽습니다. 저는 혼란이 싫어요!

마카다미아   마카다미아. 저는 이 사람들에 비해서 양호한 편
아닌가요?

검열   어떠한 정치적 의도도 의미도 없었습니다.

주석   Macadamia.

검열   단지,

주석   Censorship.

마카다미아   사회적,

주석   And.

검열   리스크를,

주석   Apology.

검열   사회적 리스크를 감수할 수 없었을 뿐입니다.

마카다미아   마카다미아, 마카다미아, 마카다미아.

주석   Or risk.

(세 사람, 싸운다)

맨스플레인 선생님들. 선생님, 선생님. 좀 앉아 보시겠어요?
현대 예술인들이라는 존재는, 적당히
트렌디하면서 지나치게 절망적이지는 않도록,
그러면서도 왠지 힙하게 사회적 이슈를
다루면서도, 절대로 예술적 리스크를 감수하려
들지 않죠. 사람들에게 웬만하면 먹힐 걸 해
놓고 예술적 상업성을 쟁취했다며 만족하는
존재들입니다. 그래서 (마카다미아를 가리키며)
이(저) 사람이 이번 공연에 또 나오게 된
겁니다. 만약 우리가 여기서 아무런 맥락도 없이
티셔츠만 입고 색소폰을 분다고 생각해 보십쇼.
정말 아무 맥락, 이유, 근거, 당위성, 기승전결,
서사 없이. 그냥 벌떡 일어나서 하의를 탈의한
채로 색소폰을 부는 겁니다. 심지어 색소폰이
있지도 않아요. 현대 예술인들이라는 존재는
그것이 뭔지 모르면서도 뭔가 있어 보이고
포스트 드라마틱해 보여 상업적이라고 좋아할
존재들입니다. 이러한 예술인들의 요청에 응답할
필요는 없다는 것을 제가 알려 드리는 바입니다.

주석 맨스플레인 앤드 인터랙티브.

마카다미아 (개구리 소리) 깨골.

마카다미아   (노래) 배를 돌려라. 세이렌이여. 너의 목소리에
매혹된 나는 돌이킬 수 없는 강을 건너리. 배를
돌려라. 떠날 수 없어. 마카, 마카다미아. 담아
줄 그릇이 없다면 no no, sail, no fly, no fly.
(지난 「Commercial, Definitely—마카다미아,
표절, 메르스 그리고 맨스플레인」 공연에서
실제 배우가 부른 노래가 나온다) 무릎 꿇어라.
던져 줄 테니. 그릇이 필요해. 내 마음 담아 줄
그릇이 필요해. 간주. 이 땅콩 가지곤 항해할
수 없으리. 항해할 수 없으리. 가져와 매뉴얼.
매뉴얼. 이제 그만할 때도 되지 않았나요?
이제 지겹지 않나요?
(마카다미아, 몸짓을 한다. 개구리의 움직임이다)

주석   뜬금없나요? 맥락이 느껴지지 않나요?
당위성이 없나요? 잘 보세요. 생각을 해
보십시오. 잘 보세요. (마카다미아를 가리키며)

이(저) 사람이 하고 있는 것은 끊임없이 불려
나와 사과를 해야만 하는 한 인간존재의 고통을
크리에이티브하고 유니크한 몸짓으로 표현하고
있는 겁니다. 그리고 (검열을 가리키며) 이(저)
사람 역시 자신이 겪고 있는 한 인간존재의
시시포스적 혼란스러움을 몸짓으로 표현하고
있습니다. 이런 걸 환유라고 하나요?
(검열, 마카다미아의 몸짓을 파괴하며 '노'라고
한다)

맨스플레인 제가 말씀드리죠. 그건 철저하게 이(저) 사람의
평가와 미학과 판단에 의해서 만들어진
몸짓입니다. 도대체 뭐가 검열을 한다는 거죠?
(마카다미아와 검열, 몸짓을 한다)
얼핏 보면 검열하는 것 같죠? 하지만 정확하게
들여다보십시오. 검열이 아니라, 평가하고
판단하고, 재단하고, 배제하고 있는 겁니다.
그렇기 때문에 검열이라고 단언할 수 없습니다.

검열 이런 식의 탄압은 예술인들에게는 숙명과도
같습니다. 예술가들은 이를 이 판이 자생적으로
단합할 수 있는 디딤돌로 삼아야 할 것입니다.
파이브식스세븐에잇. 파이브식스세븐에잇.
(숫자로 가득 찬 영상이 나온다. 검열, 빽빽하게
들어찬 숫자 앞에 선다)

주석 그런데 이번에 더 파괴적으로 이야기한
사람이 있었을 뿐입니다. 갈등을 일으킨 자.
클라이맥스도 템포도 없어야 하는 이 세상에
갈등을 불러일으킨 자. 어떤 사람이었을까요?

검열 젊은 사람이었죠. 일개 직원이었습니다.

비정규직이라고 해야 할까요? 애송이였습니다. 그 애 번호가 뭐였더라?

주석   011-8714-8434. 서울시 마포구 삼선동 3가 81번지 지하 2층. 주민등록번호 84****-*******. 이메일 주소 redneckpresent@gmail.com. 카카오톡 아이디 명륜옴프파탈. 카카오톡 친구 수 578명. 텔레그램 친구 수 1천51명. 텔레그램 알림음 땡땡때대땡. 자주 가는 카페 시어터 카페. 자주 쓰는 은행 농협. 계좌 번호 595-04-020188. 잔고 27만 5천687원. 도어록 비밀번호 0908. 이것이, (검열을 가리키며) 이(저) 사람과 비슷한 짓거리를 저질렀지만, 안타깝게도 방해 수준에 머물러 국정감사까지는 가지 못한 그 사람을 공익적으로 제보한, 내부에서 고발한 그 애송이에 대한 정보입니다. (검열, 주석에게 귓속말한다) 풋내기 예술인들도 있었다고 하네요. 도대체 그 예술인들의 이름을 누가 알겠습니까?

맨스플레인   이(저) 사람은 사회적 혼란을 예방하기 위하여 스스로 그 혼란 속에 남아 있는 것을 선택했습니다.

검열   아이디와 비번이 뭐였더라?

주석   golmokgil. golmokgogosing.

Id: golmokgil / Password: golmokgogosing

아니, 왜 도대체 공무원이라는 사람이 예술 단체 아이디와 비번으로 접속해서 선정 포기 서명을 한 거죠?

제가 알려 드릴까요? 지금 당신은 본질과 상관없는 이야기를 하고 있습니다. 남의 아이디 골목길 비번 골목고고성으로 들어간 것이 그렇게 문제인가요? 여러분도 아빠의 주민등록번호로 회원 가입을 하고 이것저것 하지 않나요? 아, 그리고 한국예술문화계위원회로부터 방해도 받고 검열도 받았다며 폭로를 한 그 사람들. 그 사람들은 원래 애송이와 풋내기 들이었습니다. 그런데 이제는 이름도 알려지고 방송도 하고 인터뷰도 하고 돌아다닙니다. 자, 솔직히 말해 봅시다. 저 사람은 얼굴도 들고 다니지 못하는 마당에 애송이 풋내기 들은 검열이니 방해니 당한 덕에 유명세를 타게 되었습니다. 제가 알려 드리죠. 일이 이렇게까지 커졌다면, 모든 예술인들은 파업을 선언해야 하는 거 아닌가요? 할 건 다 하면서 이러쿵저러쿵 난리 난리를 조금 치다가 제풀에 꺾였다는 것은 이미 그 판이 애초에 태생적으로, 자생적으로 문제가 있었다는 겁니다. 제가 알려 드릴까요? "꺾이면 꺾인 채로 글을 쓰십쇼." 작가 정신은 도대체 어디 간 겁니까? 작가 정신. 제가 알려 드리겠습니다.

맨스플레인

5장. 맨스플레인─○○○[*]

주석   맨스플레인─○○○.

맨스플레인   맨스플레인이라.

맨 + 익스플레인

네. 맨스플레인입니다. 제가 알려 드리죠.

2010년, 『뉴욕타임스』 올해의 단어.
2014년, 옥스퍼드 온라인 영어 사전 등재,
오스트레일리아 올해의 단어.

2016년에도 맨스플레인은 유행할 것이고,
대한민국에서는 영원할 것입니다. 제가 알려
드리겠습니다. 영국에서 개봉된 맨스플레인에

---

[*]   맨스플레인 역을 맡는 배우의 이름.

101

대한 세계적 다큐멘터리를 보면, 한껏 도취된
자신의 눈빛에 도취된 이야기꾼의 도취된
이야기가 나옵니다. 한번 그 맛을 본 자는 혀를
깨물지 않는 이상 절대로 거기서 헤어나지 못할
만큼 매혹적입니다. 제가 알려 드리죠. 혹시
이해를 못 하실 수도 있으니 남자인 제가 직접
맨스플레인에 대해 설명을 해 드리겠습니다.
그리고 혹시나 해서 말씀드리는 것인데 제가
맨스플레인하는 남자가 아니라는 사실도
맨스플레인하겠습니다. 맨스플레인이란 상대가
나보다 잘 알건 덜 알건 상대에게 좆나 지루하고
오만하게 설명하는 것을 말하죠. 여자에게
남자가 생리, 출산, 클리토리스에 있는 성적
쾌감을 느끼는 세포의 분포도에 대해 설명하는
것을 생각해 보시면 될 겁니다. 물론, 제가 아까
예술인들의 개구린 속성에 대해 설명한 것도
포함될 것입니다. 제가 맨스플레인했다는 사실을
알고 있기 때문에 그것은 예술인들에 대한
맨스플레인이 아니라는 것을 맨스플레인하는
바입니다. 아 그리고 맨스플레인에 대한
이야기를 하면서 맨스플레인을 하지 않는
것은 어렵다는 것도 맨스플레인하는 바입니다.
저는 제가 맨스플레인을 하고 있는 것을
느끼며 맨스플레인을 하고 있기 때문에
이것은 맨스플레인이 아니라는 바 역시
맨스플레인하는 바입니다. 대부분의 여성들은
맨스플레인이라는 것이 뭔지 모를 테지만 이것은
분명한 맨스플레인이라는 바를 맨스플레인하는

바입니다.

주석   그런데 설마, 여기서 맨스플레인에 대한 렉처
퍼포먼스 같은 걸 기대하고 있는 건가요? 하긴
이(저) 사람이 렉처를 하는 것도 재미있겠죠.
하지만 지금은 뭔가 시각적인 요소가 나와야
더 상업적인 것이 될 수 있을 겁니다. 예컨대
추상적이며 구상적인 영상 같은 것들이죠.
(구상과 추상의, 미토콘드리아 같은 힙한
영상이 나온다. 검열과 마카다미아, 색소폰 없이
색소폰을 분다)
거기다 하의를 탈의한 채로 색소폰을 분다면,
(검열 혹은 마카다미아, 하의를 탈의한다)
거기에 완전히 탈의한 채로 색소폰을 정면으로
분다면,
(검열 혹은 마카다미아, 하의를 완전히 탈의하며
방향을 정면으로 돌리려 한다)
아, 거기다 실제로 발기 정도는 해 줘야 유럽이나
미국 같은 데에 팔릴 만한 컨템퍼러리한 공연이
될 텐데 여기서 그건 리스크가 너무 크겠죠?
(검열 혹은 마카다미아, 하의를 올린다.
디지털시계로 영상이 바뀐다)
그러나저러나 이제 슬슬 애매하고 모호해지기
시작하는데. 어떡하죠?

맨스플레인   제가 알려 드리죠. 러닝타임 60분을 넘기려면
조금 더 해야 합니다.

(모두, 몸짓을 더 한다)

주석   (몸짓을 하며) 이제 러닝타임 60분은 넘길
수 있을 것 같습니다만 이런 식의 절대로

이해할 수 없으면서도 뭔가 컨템퍼러리하게
있어 보이는, 안무가가 짜 준 안무 장면이
리스크는 상당히 크면서도 상당히 커머셜하기도
합니다. 그러나저러나 이제 정말로 이상해지기
시작하는데 어떡하죠? 생각을 해 보십쇼. 게다가
템포도 엉망진창입니다.

맨스플레인   이럴 때는 노래.

주석   (노래) 단지 상업극일 뿐. 언제든 실패할 수
있는 리스크가 있지만 우리는 세상 끝까지 함께
갈 수가 있어. 의지할 친구 있다면 리스크가
있어도 난 웃을 수 있어. 디스토피아를 향하는
우리들의 몸짓. 저 영원회귀에 대한 강렬한
파토스. 밝힐 수 없는 우리의 공동체 실패한 걸까.
클리토리스도 탐폰도 클라이맥스도 템포도 막는
이 세상에서 우리는 어떻게 되는 걸까? 너를
사랑하는 것만으론 견딜 수 없을 텐데. 우린 무얼
향해 달려가는 걸까.

맨스플레인   이제 저의 시간입니다. 섬세함의 시간이죠.
저는 모든 리스크를 최소화하기 위해
집중적이고 다각적인 노력을 했습니다. 여러분
직시하십시오. 과거를. 그리고 현재를. 저는 수집,
요구, 추적할 수 있습니다.

6장. 사과

사과 그리고 맨스플레인. 아, 이거 좆같은데,
아 죄송합니다. 이거 뭐 같은데 기억이 나지
않는군요. 뭐였죠? 아 근데 좆같이 찝찝하지
않나요?

맨스플레인 제가 알려 드리죠. 찝찝할 일은 없을 겁니다.
저는 복면 뒤에 숨는 것은 하지 않을 테니까요.
가장 주력하고 있는 것은 당신들이 언제든지
죽을 수 있다는 리스크를 안고 살아가고 있다는
불안감이 들지 않도록 안심 사회를 만드는 것,
그리고 한반도 리스크를 최소화하는 것입니다.
제가 알려 드릴까요? 제 말에 의심할 만한
상당한 이유가 있는지.

주석 우문현답. "거듭 강조하지만 우문현답입니다.
즉 우리의 문제는 현장에 답이 있다는 말처럼
정책이 현장에서 제대로 작동하는지 지속적으로
점검하고 해결책도 현장에서 찾을 수 있도록

노력을 집중해 주시길 바란다"*는 말씀이시죠?
최대한 섬세한 기억력 부탁드립니다.

맨스플레인　제가 알려 드리죠. 지난 30년간 역대 어느
정부보다 많은 성과를 이뤄 냈습니다. 희망의
새 시대를 열겠다는 당신들과의 약속을 지키기
위해 쉼 없이 달려왔습니다. 그 과정에서 우리
사회의 안일함과 싸우고 비상식과 싸우고
기득권과 싸워 왔습니다. 욕을 먹어도 좋다는
각오로, 오로지 대한민국의 정상화를 위해
비정상적인 요인을 바로 잡았습니다. 제가 알려
드리죠. 이런 장면일수록 유머가 필요한 법이죠.
병신년입니다. 병신년입니다. 병신년입니다.

주석　상업적인 설정일 뿐 이 정도의 드립은 리스크를
감수한다고 하기에도 애매합니다.

맨스플레인　한반도 리스크. 긴장이 고조되고 있습니다.
가뜩이나 어려운 상황에 북한 핵실험과
미사일 도발로 고조된 한반도 긴장이 경제에
더 큰 부담으로 작용할 수 있습니다. 이러한
리스크로부터 (멈칫한다) 다음 대사 뭐였죠?

**당신들의 안전을 지키는 데 각별히
유의해야 할 것입니다. 당신들의 안전을
누가 지켜 주겠습니까.**

이러한 리스크로부터 당신들의 안전을 지키는 데
각별히 유의해야 할 것입니다. 당신들의 안전을

*　대한민국 제18대 대통령의 말을 인용.

누가 지켜 주겠습니까.

주석 　네. 아까 말씀드렸죠. 이런 식의 공연에서 상당한
인터랙티브는 상당히 필수라는 걸. This is,
this is just an interactive.
(맨스플레인, 영상을 보며 이야기한다.
이 장면에서, 긴 대사를 할 때에는 영상에
나오는 대본을 보지 않으면 말할 수 없다)

맨스플레인 　당신들의 곱은 손으로 서명하시지 않았습니까?
대내외적인 어려움과 테러 위험에 당신들의
생명과 안전이 노출된 상황에서 국회가 거의
마비되었습니다. 그럴 때일수록 당신들의 진실의
소리가 필요한 법입니다. 나라가 어려움에
빠져 있을 때 위기를 극복하는 힘은 항상
당신들로부터 나왔습니다. 국회를 다 막아 놓고
당신들에게 지지를 호소할 수 있겠습니까?
그 어떤 나라에서도 있을 수 없는 기가 막힌
현상이었다고 생각합니다. 제가 기억하겠습니다.
제가 잊지 않겠습니다.
(영상이 나오지 않는다)
도대체 어쩌자는 겁니까? 제가 심판하겠습니다.
당신들이 요실금을 참아 가면서 밤을 새워
주절주절 떠들어 대며 시간을 끌어 봤자
실패하지 않았습니까? 당신들은 전쟁을 원하는
잠재적 종자들입니까? 리스크가 있는 잠재적
위험 종자들을 모두 조질 겁니다!

주석 　테이블을 치워 주십시오. 네. 도발은 안 됩니다.
(다시, 영상이 나온다)

맨스플레인 　제 말에 의심할 만한 상당한 이유가 있나요?

급변하는 국제 정세에 제때 대처하지 못하고
낡은 것에 안주했을 때 어떤 역사적 아픔을
겪어야 하는지 우리는 잘 알고 있습니다. 우리가
또다시 나라 잃은 서러움과 약소국의 고난을
후손들에게 물려주지 않으려면 퇴보가 아닌
발전을 위해, 분열이 아닌 통합을 위해 이제
당신들께서 직접 나서 주시기 바랍니다. 네. 침략.
있었습니다. 하지만 증거는 찾을 수 없습니다.
증거를 찾을 수 없다는 건 증거가 없다는 겁니다.
단지 운이 나빴을 뿐입니다. 제 자식이었어도
그렇게 했을 겁니다. 언급했습니다. 전화
통화에서. 국제전화였습니다. 국제전화로
충분히 사과받았습니다. 당신들의 세금으로
국제전화를 했단 말입니다. 저에 대한 관심
충분히 이해합니다. 제가 왜 누구와 어떻게
통화했는지 몇 시간 동안 무얼 하고 있었는지
왜 그렇게들 궁금하신 거죠? 왜 유독 저의
사생활에만 관심이 있으신 거죠? 당신들의 통신
내역을 누군가가 조회한다면 좋으시겠습니까?
당신들의 잔액을 누군가가 조회한다면
좋으시겠습니까? 왜 타인의 정보를 수집, 요구,
추적하려고 하는 거죠? 제 말에 의심할 만한
상당한 이유가 있나요? 당신들은 테러에 의해
뒈지고 싶은 무고한 시민이 되길 원하나요. 세계
각국에서 테러가 일어나고 있고 무고한 시민들이
뒈지고 있지 않습니까? 제 정보를 수집, 요구,
추적하려고 한 점에 사과하십시오. 중요한 것은
책임을 지고 마침표를 찍어야 한다는 겁니다.

마침표를 찍어야 합니다. 불가역적입니다. 이 정도면 성공적이었습니다. 중요한 것은 한일 관계를 청산하는 데 몇 년이 걸렸느냐입니다. 불가역적인 결정을 되돌리라고 함으로써 한일 관계의 리스크가 생기면 어떻게 하겠다는 겁니까?

(영상이 나오지 않는다)

당신들은 전쟁을 원하는 잠재적 종자들입니까?

(영상이 나오지 않는다)

도대체 어쩌자는 겁니까?

(영상이 나오지 않는다)

근대사 시험 범위 33퍼센트 줄여 드리겠습니다.

(영상이 나오지 않는다)

잠재적 종자들. 도대체 어쩌자는 거죠? 더 나쁜 경우도 많은데 왜 유독 이것만 가지고 그러는 거죠? 엠비가 강행한 4대강도 있지 않습니까? 얼마나 더 많은 물고기가 죽어야 하는 걸까요?

주석   사과.

맨스플레인 제가 대신 사과드리겠습니다. 전쟁을 원하는 잠재적 종자들인가요? 전쟁을 원하는 잠재적 종자들인가요? 전쟁을 원하는 잠재적 종자들인가요.

검열   한여름도 아닌 한겨울에 물고기가 떼죽음을 당합니다. 칠곡보 우안 1킬로미터 아랫부분 대략 200미터 구간에서 강준치 마흔여덟 마리가 떼죽음을 당했습니다. 살아 있는 물고기도 정상이 아닙니다. 반점과 상처가 있는 마흔여덟 마리의 물고기가 허우적거리며 강물 속을

109

돌아다니고 있습니다. 곧 죽어 떠오를 겁니다.
67일 내에 모두 죽을 겁니다. 항문이 막힌
물고기의 창자가 끓어오르고 있습니다. 쿵덕쿵덕
끓어오르는 1만여 개의 세포로 이루어진 붉은색
창자들과 시속 32센티미터의 초록색 물결이
만나 너무나 창조 경제적인 보랏빛을 만들어
내고 있습니다. 그 보랏빛 물결 위에 하얀 배를
드러낸 물고기들이 1억 7천835개의 물방울을
만들어 내며 떠오릅니다. 시름시름 앓다가 죽어
간 수백여 일의 시간. 제가 사과드리겠습니다.

마카다미아 네. 강준치의 몸에서 기어 나와 세상을 처음 본
기생충들은 파란 하늘을 보고 겁에 질려 합니다.
네. 철새가 재빠르게 이 물고기를 낚아챕니다.
네. 이 물고기를 먹은 철새는 인간들 주위를
맴돌며 속삭일 겁니다. I will kill you, guys.
신이시여. 월성 원전, 역시 강행할 겁니다. 생수를
사 먹은 아이들도 방사능에 노출됩니다. 초속
1밀리미터의 속도로 몸에 방사능이 퍼질
겁니다. 최승자의 「네게로」라는 시에 이런
구절이 있죠. "흐르는 물처럼 네게로 가리. 물에
풀리는 알콜처럼 알콜에 엉기는 니코틴처럼.
니코틴에 달라붙는 카페인처럼. 네게로 가리.
혈관을 타고 흐르는 매독균처럼 삶을 거머잡는
죽음처럼" 혈액을 흐르고 있는 방사능의 소리.
Can you feel it? Love is here. 신이시여. 네.
제가 석탄 화력 발전소도 추가하겠습니다.
제가 사과드리겠습니다.

맨스플레인 제가 대신 사과드리겠습니다. 도대체 어쩌자는

거죠? 얼마나 더 많은 것들이 죽어야 정신을
차리시겠습니까?

주석 　네. 상당히 상당히.

맨스플레인 　네. 제가 말씀드리죠. 상당히 코스모폴리탄적입니다.
얼마나 더 많은 것들이 죽어야 당신들은 정신을
차리실 겁니까? 당신들은 전쟁을 원하는
잠재적 종자들입니까? 적재되어 있는 문제들을
해결하기에도 시간이 부족한데 도대체 어쩌자는
겁니까?

주석 　네. 생각을 해 보십쇼. 4대강 그리고 철탑
노동자들이 있습니다. 그런데 왜 유독 저한테만
뭐라고 하는 거죠? 이건 친애하는 당신들이
다 지금 한가하기 때문입니다. 당신들은 참으로
역대 최악입니다. 젊은이들은 도전을 통해 스스로
일자리를 만들어 내야 합니다. 아이디어와
소비자가 뭘 불편해 하는가에 착안해서 이렇게
함으로써 꿀이 새롭게 태어나고 부가가치가
굉장히 높아졌습니다. 직시하세요. 거듭
강조하지만 우문현답입니다. 즉 우리의 문제는
현장에 답이 있다는 말처럼 정책이 현장에서
제대로 작동하는지 지속적으로 점검하고
해결책도 현장에서 찾을 수 있도록 노력을
집중해야 합니다. 지금 제가 섬세한 기억력으로
말씀드리고 있습니다. 진실을 원하나요? 증거가
없는데 어떻게 진실을 말하라는 거죠? 하지만
당신들이 원한다면 진실을 이야기하겠습니다.
진실을 이야기할까요? 제가 진실을 이야기했을
때 당신들은 대한민국에 일말의 희망이 없다는

것을 직시할 리스크를 감당할 수 있나요?
빈약한 근거로라도 1퍼센트의 희망이라도
꿈꾸는 게 낫지 않나요? 당신들이 모든 것이
밝혀졌을 때 리스크를 감당할 수 있다면,
진실을 밝히겠습니다. 증거는 없습니다. 그 어떤
나라에서도 있을 수 없는 기가 막힌 현상이라고
생각합니다. 도대체 어쩌자는 겁니까? 법이면
법이지, 왜 법이 특별해야 하는 거죠? 인생이라는
건 불가역적인 겁니다. 인생에서 어떤 것도
되돌이킬 수 없습니다. 증거가 없기 때문입니다.
삭제해 주십시오. 그런 표현 치워 주십시오.
그런 식의 소녀 감수성 치워 버리세요. 아무도
앉지 않는 빈 의자, 빈 책상 다 치워 주십시오.
제 뼈가 아픕니다. 중단해 주십시오. 불가피한
조치입니다. 제 앞에서 치워 주십시오. 한 획도
고칠 수 없습니다. 생각을 해 보십쇼. 최종적,
그리고 불가역적입니다.

사과

맨스플레인 최종적 그리고 불가역적으로 제가 사과,
하겠습니다. 저는 수집, 요구, 추적할 수
있습니다. 당신들, 제가 기억할 겁니다. 당신들,
제가 잊지 않을 겁니다. 제가 알려 드리죠.
당신들, 이 공연이 어떠한 면에서 실패할 수
있는지 리스크를 최소화해야 할 겁니다.

주석 생각을 해 보십쇼. This is, this is just the
commercial thing.

모두 (노래한다) 단지 상업극일 뿐. 언제든 실패할
수 있는 리스크가 있지만 우리는 세상 끝까지
함께 갈 수가 있어. 의지할 친구 있다면 리스크가
있어도 난 웃을 수 있어. 디스토피아를 향하는
우리들의 몸짓. 저 영원회귀에 대한 강렬한
파토스. 밝힐 수 없는 우리의 공동체 실패한 걸까.
안타고니스트도 갈등도 클라이맥스도 템포도
막는 이 세상에서 우리는 어떻게 되는 걸까?
너를 사랑하는 것만으론 견딜 수 없을 텐데.
우린 무얼 향해 달려가는 걸까. 땅. 땅. 땅. 땅.
This is, this is just the commercial thing.

(암전)

Director's cut.

주석 This is just a director's cut.

마카다미아 슬픔과 멜랑콜리에 대하여. 사람들은 저에게
너무나 쉽게 말했었죠. 분노 조절 장애니,
갑질의 횡포니. 아니요. 그런 단순한 것이
아니었습니다. 차라리 그런 단순한 것이었다면
좋았겠죠. 여러분 느낄 수 있나요? 알 수 있나요?
Can you feel it? Love is here. 기억이 안
난다는 게 말이 되나요? 다 기억납니다. 다.
마카다미아가 그릇이 아닌 봉지에 담겨
저에게 다가왔을 때 뭔가 설명할 수 없는 그 큰
슬픔이 저를 압도하기 시작했어요. 저에게는
마카다미아를 담을 수 있는 그릇이 필요했을
뿐입니다. 그리고 이제 여러분에게 필요한 것은,
슬픔과 고통에 가득 차 있는 한 인간을 담아 줄

마음의 그릇입니다.

주석 은유를 사용했습니다. 상당히 스타일리시하려 하는군요.

마카다미아 담겨 있지 않았기에 집어던질 수밖에 없었어요. (집어 던지는 몸짓을 취한다) 통제할 수 없는 우주의 폭풍이 제 몸을 휘어잡았었었었었었습니다.

Terrorrepástïintérbïto

맨스플레인 테로레파스티인테르비토. 예술인들이 같은 작품을 한 번 더 할 때 더 잘하고 싶어서 발버둥질하다가 고통과 불안에 사로잡혀, 새로운 걸 했다가 망할 수 있는 리스크를 감당하지 못해 전작에 써먹었던 것을 재탕하는 것을 의미하는 라틴어입니다. 따라서 이 인물, 즉 저는 작년에 이어 또 출연할 수밖에 없었습니다.

주석 네. 그리고 인간존재의 고통을 극대화하는 보편적이고 고전적인 장면이면서도 상당히 커머셜한 장면이 되고 싶습니다. 상업극이니 쓸데없이 울어라도 봐야죠.

마카다미아 마카다미아! 테로레파스티인테르비토! 한마디로, 우려먹기! 네. 제가 바로 저번 공연에서 인간존재의 본질적인 고통을 노래로 표현해 큰 호응을 얻은 바로 그 사람입니다. 이번 공연에서 제가 다른 인물로 대체될 경우 실패할 수 있다는 리스크를 감수하지 못했기 때문에 저는 또 같은 인물로 나올 수밖에 없었습니다. 마카다미아. 네.

전 상업극의 아이콘으로 떠오를 겁니다. 모두
내 앞에 무릎을 꿇어! 너의 대가리에 땅콩을 던져
줄 테니! 네. 내년 공연에서도 내후년 공연에서도
전 여전히 이 인물만 연기해야 할 겁니다.
네. 신이시여 만족하십니까? 이제 이 고통도
지루합니다. 네. 내가 이렇게 짓밟혔습니다.
제가 사회적 리스크를 감수하면서도 땅콩을
던지는 등의 개지랄을 한 것처럼 이 공연도
재공연의 리스크를 감수할 필요가 있습니다.

8장. 사회적 혼란 혹은 페티시에 대하여 ◆
디렉터스 컷

주석   This is just a director's cut, too.

검열   사회적 혼란 혹은 페티시에 대하여.

주석   브레히트. 상당히 브레히트적이군요.
(검열, 말하려 하는데)

맨스플레인   페티시. 공무원으로서의 사명입니다.

검열   리스트가 필요해요. 예를 들면 그 사람이 작년에
어떤 공연을 했는지 재작년에는 어떤 이야기를
했는지 어제는 어디에서 누구와 무엇을 했는지
내일은 어디를 갈 건지 3년 후에는 어떤
대본으로 무슨 공연을 어떻게 할 건지. 그런
리스트가 필요합니다. 사회적 리스크를 최소화할
수 있는 리스트가 필요합니다.
(마카다미아가 말을 하면 검열이 '노'라고 말한다.
검열이 강해질수록 마카다미아의 말은 노래가
되어 간다)

마카다미아   배를 돌려라. 세이렌이여. 너의 목소리에 매혹된

나는 돌이킬 수 없는 강을 건너리. 배를 돌려라.
떠날 수 없어. 마카, 마카다미아. 담아 줄 그릇이
없다면 no no, sail, no fly, no fly. 무릎 꿇어라.
던져 줄 테니. 그릇이 필요해. 내 마음 담아 줄
그릇이 필요해. 간주. 이 땅콩 가지곤 항해할
수 없으리. 항해할 수 없으리. 가져와 매뉴얼.
매뉴얼.

(마카다미아, 개구리가 된다)

검열	이 새끼는 원래 개새끼였습니다.
	그 새끼들은 원래부터 개구린 새끼들이었습니다.
	개구린 새끼들.
마카다미아	개구리 새끼들.
주석	개구린 새끼 병신년. 개구리. 시원하게 한번
	'노'라고 해야 재미있었을 텐데요.
검열	판의 자생력을 키우십쇼. 작가 정신을 가지십쇼.
	"꺾이면 더 꺾고 글을 쓰십쇼."
	개구리 새끼들.
맨스플레인	제가 알려 드리죠. 개구린 병신 새끼들.
	문법적으로 완벽한 문장을 구사하고 있죠.
마카다미아	니체를 읽겠습니다. 저는 니체를 읽고 있습니다.
주석	여러분은 아시나요? 니체라는 사람이 세상에
	존재했었다는 사실을?
맨스플레인	네. 니체입니다. 네. 니체입니다. 이런 공연에서는
	니체 정도는 읽어 줘야 하는 법이죠. 제가 니체에
	대해 알려 드리죠.
주석	하지만 지루해지겠죠. 니체를 진짜로
	읽어 버린다면. 게다가 아까 가짜 토마스
	오스터마이어가 주절주절 떠들어 대서 굉장히

지루해졌던 경험이 있습니다.

마카다미아   사과는 이미 했다고 말씀드리지 않았나요? 근데
왜 또 저를 불러내는 거죠? 이 사람들에 비하면
저는 귀여운 편 아닌가요?

맨스플레인   제가 알려 드리죠. 기억나지 않는다고 하십시오.
사과할 필요 없습니다. 증거가 없으니까요.

검열   사과할 수 없었습니다. 저도 쪽팔리니까요.

마카다미아   마카다미아. 돌아가고 싶어도 돌아갈 곳이
없는 삶. 어디로 가야 하는 걸까. 한때 그렇게
생각했지. 삶의 멜랑콜리함. 그러니까 그
멜랑콜리함도. 밀란 쿤데라의 『참을 수 없는
존재의 가벼움』에 이런 문구가 나오죠. 제가
가장 좋아하는 소설이에요. 일등석에 앉아
마카다미아를 씹으며 몇 번이고 읽었어요.
"그는 이것이 보복이라는 것을 잘 알고 있었다.
성교 중에 시계를 본 것에 대해 앙갚음을
하려고 양말을 감춘 것이다." 중략! "자신의
처지가 슬펐지만 식사를 하다 보니 마치 최초의
절망도 그 열기를 잃고 그저 멜랑콜리만 남듯
시들해졌다."* 이제 시들해져요. 그러니까, 음,
뭔가 지루하다고 해야 할까요? 미국에 가기
위해 열다섯 시간 정도 일등석에 앉아 가는
기분이라고 해야 할까요? 그날도 그랬어요.
앉자마자 지루해질 것이라는 불길한 예감이
밀려왔지만 연극은 이미 시작했더군요.

---

*   밀란 쿤데라, 『참을 수 없는 존재의 가벼움』, 이재룡 옮김(서울: 민음사,
1999), 31, 38.

마카다미아. 이제 이 다섯 글자가 지겨워요.
마카다미아. 저는 충분히 두들겨 맞았어요.
지겹지 않나요? 배를 돌리라고 하는 노래도,
세이렌에 대한 주절거림도 지루해요. 그리고
작년에 이어 이 대사를 토씨 하나 안 바꾸고 또
하고 있는 이 상황도 지겨워요. 대한민국 최고의
공공 극장인 남산예술센터라고 해도 지루한 건
마찬가지군요.

Bored.

지루하다고 말하는 것도 지루해요. 지루하다.
지루하다. 왜 아직도 나에 대해 이야기를 해야
하는 거죠? 제가 왜 저 사람들이랑 같은 라인에
서야 하는 거죠? 제가 알려 드리죠. 이 정도의
갑질은 이미 너무 평범한 것 아닌가요? 조금
더 유니크한 갑질이 필요합니다. 맨스플레인?
인터랙티브? 인터랙티브? 인터랙티브?
This is just a commercial thing? 생각을 해
보십쇼. 그 사람은 안 됩니다. 그 사람도 안
됩니다. 그 사람 안 됩니다. No, no, no sail fly. 아,
나의 지루함을 표현할 길이 없어 이상의 문구를
빌려 와야겠다는 생각이 든다. (검열에게) 선생님.
생선님. 저, 의심할 만한 상당한 인물인가요?

주석 이런 식의 공연에 이상을 가져온다는 건 좀
그렇지 않나요? 이상은 이상하게 덜 상업적인
게 있죠. 남산예술센터도 재작년에 김수영을
가져와서 망한 경험이 있을 텐데요. 김수영이나

이상이나. 차라리, 이럴 때는 아예 대중음악을
사용하는 게 나을지도 모르겠습니다. 연극실험실
혜화동1번지에서 작년에 했던 상업극을 올해에
남산예술센터가 대략 3천만 원을 주고 사 오면서
꼴랑 4회 공연하라고 하니 의도도 의미도 없는
실험극 같은 상업극을 해 보긴 했는데 좆나
망해도 남산은 딱히 타격을 받지 않을 거 같으니
작년에 써먹어서 리스크가 없는 누구나 알 법한,
대중음악을 한 번 또 트는 것도 뭐.
(음악이 나온다)

9장. 클라이맥스

(음악이 이어지고 있다)

주석   생각을 해 보십쇼.

검열   단지 사회적 혼란을 예방하기 위한 차원이었을
        뿐. 저는 어떤 정치적 의도도 없었습니다.

주석   네. 아무런 정치적 의도도 예술적 의미도
        없는 상업극이라 할지라도 클라이맥스는
        필요하니까요. 클라이맥스를 대체할
        서정적이면서도 지루한 논쟁이라도 필요합니다.

마카다미아   이제 내 차례에요. 내가 의도와 목적을 가지고
        깊이 있게 얘기해 볼게요. 마무리가 필요할
        테니까요. 깊이 있게 이야기한다면 난 내 심연의
        끝까지 들어가서 어떻게 해 볼 도리가 없이, 깊은
        우물 그 속으로 또 들어가,

주석   깊이 있게 이야기할 필요 없죠. 맞나요?

맨스플레인   제가 알려 드리죠. 맞습니다.

주석	깊게 들어가지 마요. 그냥 말해요. 대충.
마카다미아	마카다미아.
주석	드디어, 끝이군요?
마카다미아	배를 돌려라. 세이렌이여. 너의 목소리에 매혹된 나는 돌이킬 수 없는 강을 건너리. 배를 돌려라. 떠날 수 없어. 다시는 기억나지 않을 세이렌의 노래여. 나의 눈과 귀를 멀게 할 너의 목소리. 천상의 목소리. 나는 다시는 하늘을 날 수 없으리. Sail, fly! 신이시여 만족하십니까? 내가 이렇게 짓밟혔습니다.
주석	(랩) 배를 돌려라. 너의 입과 귀나 틀어막아라. 우리 앞에 무릎을 꿇어. 너의 대갈빡에 마카다미아를 던져 줄 테니. 네가 여기를 떠나라. 배를 돌려라. 다시 너의 아빠에게 돌아가. 배를 돌려라. 마카다미아. 마카, 마카다미아. Back! 다시는 돌아올 수 없는. 배를 돌려라. 이 땅콩, 땅콩으로는 항해할 수 없으리. No sail. No fly. 너는 이데아로 나아갈 수 없으리. This is, this is, this is just the commercial, commercial, thing!
마카다미아	(노래) 마카, 마카다미아. 가져와 매뉴얼. 매뉴얼. 매뉴얼.
주석	여러분, 지금 여러분이 하고 있는 비난과 불만에 사로잡힌 언행은 한국예술문화계위원회의 큰 오점으로 남을 뿐입니다. 포기 각서는 받았어요, 안 받았어요?*
검열	포기 각서가 아니었고요. 그분이 포기를 하시겠다는 의향을 적어 주신 겁니다.

주석 그게 그거지요. 포기 각서를 받아 놓으라고
지시한 사람은 누굽니까?

검열 특별히 지시하지 않았습니다.

주석 본인이 알아서 했어요? 6월 22일에 다시
찾아갔습니까?

검열 정확하게 날은 기억하고 있지 않습니다만은 그
어간으로 알고 있습니다.

주석 또 찾아갔지요? 찾아가서 포기를 종용하고
그리고 포기하겠다는 답변을 받으신 적이
있지요?

검열 저희가 처음 만났을 때 작가께서.

주석 그러니까 있어요? 없어요?

검열 예. 있습니다. 작가가 포기를 하셨고요.

주석 그다음 질문할게요. 6월 22일 오후 4시 40분에
한성대역 카페베네에서 작가를 만난 일이
있습니까?

검열 예. 그렇습니다.

주석 그 자리에서 각서를 받아야 결과를 발표할 수
있다면서 6월 22일인데 7월 15일 자로 적힌
포기 각서를 미리 준비하고 거기 서명받으신 적
있습니까?

검열 각서는 아니고요. 저희가 절차상 NCAS라고 모든,

주석 그러니까 거기서 7월 15일 자 날짜로 적힌 서류에
서명받았어요?

* 여기서부터 130면 검열의 대사까지는 2015년 10월 7일 국회
교육문화체육관광위원회 국정감사 과정에서 오고 간 대화가 담긴 회의록
(73-75)을 인용해 구성한 것이다.

검열   예. 그렇습니다.

주석   누가 입력했어요?

검열   직원이 했습니다.

주석   어떤 직원이 했어요? 왜냐하면 포기 신청서를
        극단이 내야 되는데 극단 대표는 포기 신청서를
        따로 제출한 적이 없다고 해요. 그런데 저기
        저렇게 되어 있잖아요, 서류상으로는. 극단
        대표가 시스템에 접속해서 포기 신청을 하지
        않았다고 하는데 저게 어떻게 된 거예요? '단체
        사정으로 인한 포기' 어떻게 된 거예요?

검열   가장 맞기로는 단체가 직접 하는 게
        맞습니다만은 보통 시스템에 익숙하지 않은
        연로하신 분들이나 그다음에 장애인들 또,

주석   이 극단 대표가 장애인이거나 노인이에요?

검열   아니요, 그렇지 않습니다.

주석   예술위가 지금 이거 그냥 임의로 만든 거지요,
        포기 신청 서류를?

검열   이미 포기 의사를 밝혀 주셨기 때문에,

주석   작가가 포기했다는 거를 전제로 해서 예술위에서
        그냥 이 서류를 만든 거지요?

검열   포기 의사를 밝혀 주셨기 때문에,

주석   작가는 포기했어요.

검열   포기를 종용했기 때문에 포기를 했어요. 포기
        안 하면 나머지 일곱 극단도 다 지원 안 한다고
        하니까 할 수 없이 나 때문에 다른 극단도 다
        연말까지 못 받고 아무것도 못 하겠으니까
        포기를 했어요, 그렇게 포기를 종용한 뒤에.

주석   그런데 이 서류를 예술위가 작성한 거잖아요.

128

이 포기 신청서는? 이거 명백한 문서위조이고 범죄행위예요.

검열   아니, 신청한 단체가 포기를 하게 해야 하잖아요. 보조금 지원 예정 통보서에 지원 사업 포기하려면 단체가 포기하라고 되어 있잖아요.

주석   극단의 동의를 받았어요?

검열   단체가 포기하는 게 맞는데요.

주석   극단의 동의를 받았어요? 아니, 행정 하시는 분들이 알잖아요. 누가 이거를 대표가 '실질적인 대표가 있으니까 저분이 해도 되고요'

검열   라는 식의 행정을 하면 안 되잖아요. 진짜 대표가 신청하고 서류 접수하고 서류 포기하고 이런 거 해야 되는데

주석   그렇게 안 하고 예술위 직원들이 포기 신청서 서류 만들고 이렇게 하면 문서위조,

검열   사전자기록위작죄.

주석   위작전자기록형사죄.

검열   사전자기록위작죄.

주석   위작전자기록형사죄.

검열   사전자기록위작죄.

주석   위작전자기록형사죄. 형법 232조의2에 저촉이 되는 명백한

검열   범죄행위를 저지르신 거예요. 이렇게 하라고 지시 누가 했어요? 이런 포기 신청 같은 거 하라고 누가 지시했어요? 일 절차에 대해서는 제가 했고요. 만약에 저희가 포기를 한 것이 문제가 되고 임의로 했다면 단체에서 바로 문제 제기를 했을 겁니다. 그런데 지금까지

129

문제 제기를 하고 있지 않고요. 문제 제기 안
했으니까 임의로 한 것이 아무 잘못이 없다 이런
말씀이세요? 또 '홈페이지에 들어가셔서 이렇게
저렇게 등록하셔야 됩니다'라고 말씀드리는 것이
정말 송구스러웠습니다. 그럼 누가 지시했어요?
누가 이런 일을 하고 다니게 만들었어요? 이분들
대화록을 보면 '위'라는 얘기가 자꾸 나와요.
그 '위'가 어디예요? '위에서 지시했다' '그들' 이런
말이 많이 나와요.

(모두, 춤을 춘다. 다음 대사가 영상으로 먼저
나온다)

맨스플레인 맞습니다. 곧, 전쟁이 날 겁니다. 제가 알려
드릴까요? 우리가 이렇게 씨불이고 말하는
것도 결국에는 아무것도 소용이 없다는 것을
증명하는 길일 뿐이고 이러한 것은 우리를
근대의 희망과 절망으로 끌어내는 디딤돌이 될
뿐이라고 말함으로써 우리는 온 우주의 보살핌을
받으며 결국은 간절히 원하면 이루어진다는
희망으로 창조적으로 한 걸음 한 걸음
내딛음으로써 서로가 느끼는 슬픔과 고통 그리고
페티시를 극복함으로써 그러한 것들로부터
자유로워지기 위해 사회적 리스크를 감수하지
않고 디스토피아로 나아갈 수 있다는 막연한
그러한 것을 가지고 전진하는 것이 중요하다고
생각함으로써 우리는 나아갈 수 있다는 그러한
표상을 마음에 품고 살아가야 한다고 제가
알려 드릴 수 있는바, 제가 말씀드릴 수 있는바,
누에가 나비가 되어 힘차게 날기 위해서는

누에고치라는 두꺼운 외투를 뚫고 나와야
하듯이 각 부처가 열심히 노력하면 불가능하다고
생각되는 것도 이룰 수 있다는 생각을 해
보아야 할 것입니다. 동네 이마트에서 사 온
마카다미아를 씹으며 일등석에 앉아 있는
기분이라도 느껴 보십시오. 이 공연은 아무런
정치적 의도도 의미도 없는 상업적인 공연일
뿐이라는 바를 알려 드리는 바입니다. This is,
this is just a commercial thing!

주석　드디어 끝이군요.

(모두, 여전히 춤을 추고 있다)

토마스 오스터마이어　(독일어로) 안녕하세요. 토마스 오스터마이어입니다.
이 공연 「Commercial, Definitely」의 추천 멘트를
해 달라는 연락을 작년 공연 때 하신 걸로
알고 있습니다. 그리고 이번에 재공연을 하며
남산예술센터에서 3개월 전부터 연락을 주셨는데
저는 개인 메일 계정 및 연락처를 공개하지 않기
때문에 저에게 메시지가 도착하는 데 기간이 오래
걸렸습니다. 기다리시게 해서 정말 죄송합니다.
그래도 오늘이라도 이렇게 연락을 할 수 있어
다행이라고 생각합니다. 어쨌든 추천 멘트를
원하시니 추천 멘트를 하려 합니다. 그런데 제가
너무 늦어서 이 공연을 처음부터 보지 못했으니
혹시 처음부터 다시 봐야 추천 멘트를 할 수 있을
거 같은데 가능할까요?

(62분 24초부터 0초를 향해 거꾸로 가는
디지털시계가 영상으로 나온다)

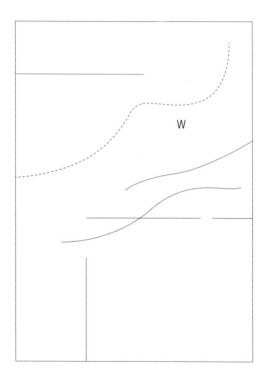

타즈매니아 타이거[*]

등장

¶

†

∋

빛의 운용에 관하여. 이 희곡에 등장하지 않는 '그 연출가'의 고통이 세계를 지배할 때, 빛은 꺼진다. 그리고 세 명이 '그 연출가'에게 숨을 불어넣으면 빛이 들어온다.

극중극에 해당하는 2막에 나오는 역할들은 1막의 인물들이 맡는다.

1막. 타즈매니아 타이거를 보다

1장

¶ 이 연극의 연습을 하루 앞둔 날, 연출에게 연락이 왔다. 밤 11시 40분이었다.

† '정말 죄송하다'고, 그리고 '연습을 조금만 늦췄으면 좋겠다'고. '희곡을 아직 쓰지 못했다'고. 그럴 수 있다고 생각했다. 연출은 단 한 번도 그런 적이 없었다. 심지어 연습을 일찍 끝낸 적도 없다. 정시에 시작해서 정시에 끝내는 사람이었다. 연습이 끝나고 나서도 집에 가서 연극에 대해 생각하는 사람이었다. 연극 외에는 아무것도 없는 사람이었다. 그래. 연습이 며칠 늦춰지는 것뿐이다. 미뤄진 연습을 하루 앞둔 날. 연출에게 또 연락이 왔다.

ㅋ '정말 미안한데, 연습을 조금만 늦추자'고. '희곡을 아직 쓰지 못했다'고. 정말 힘든가 보다. 그렇게 하루에 한 번씩 연출은 나에게 연락을 했다.

¶ '미안한데, 연습을 늦춰야겠다'고.

ㅋ　아니, 나는 편안함을 느꼈다. 밤 11시 40분에
연락이 왔고, 패턴이 있었으니까. 묘한 설렘을
느꼈다. 연습은 결국 시작될 것이고, 연극은
반드시 올라갈 테니. 연습은 예정된 날짜보다
보름이 늦춰졌다. 연습 기간이 평소보다 꽤
짧은 편이었지만, 불안하지 않았다. 나는 연출을
믿었다. 다른 두 명의 배우들도 연출을 믿는다.
(객석에 있는 누군가의 소리에 반응하듯) 휴가?
휴가. 휴가라니. 예정된 날짜보다 보름이 늦은,
연습 첫날의 전날 밤. 설마 연출이 또 나에게
연락을 하지는 않을까, 은근 기대도 됐다. 이렇게
휴가가 길어질 줄 알았다면, 그 시간 동안 몇
건의 일을 처리할 걸 그랬나. 연극을 시작한
이후로, 개인적인 일들을 처리하지 못해 계속
쌓이고 있었으니까. 아니. 그런 것쯤 상관없다.
그날 밤은 연출에게 연락이 오지 않았다. 내일이
첫 연습이 되겠군. 첫날 연습의 컨디션을 위해
일찍 잠을 청했다.

¶　'연극이 끝났다.'

ㅋ　꿈이었다. "¶씨 계세요?" 등이 축축했다.
누군가 문을 두들겼다. 밤 11시 40분. 잠든 지
한 시간밖에 지나지 않았다. 우체부가 우리 집
문 앞에 서 있었다. 전보를 건넸다.

¶　2018년에 전보라니. 연출의 유머가 여기까지
도달했다니. 대단한 사람들에게는 늘 귀여운
면이 있는 법. 굳이 전보까지 보내는 열성과
의도적으로 갖춘 예의. 하지만 얼마나 괴로울까?
얼마나 힘이 들까? 어떤 희곡이 나올까?

홍분됐다. 다음 날 밤 11시 40분. 연출에게 연락이
왔다. 알고 있겠지만,

† '연습을 이틀만 더 더 더 더 늦추자'는 것이었다.
연습 시작이 지연될수록, 나는 연출이 대단하다는
생각을 했다. 정말 대단한 사람이다. 관객은
어쩌면 이 이야기의 끝을 예상할지도 모르겠다.
하지만 이 문장을 발화하고 있는 지금도, 나는 이
이야기의 끝을 예상하지 않는다. 할 수 없다. 그저
한순간 한순간 등에 흐르는 땀을 감각하고 있을
뿐. 할 수 있는 것은 없다. 누구도 할 수 있는 것은
없다. 그저 끝나기를. 도끼로 머리가 가격당하지
않기를. 그저 그뿐. 아무도 이 극장에서 나가지
않기를. 그래. 아무도 이 극장에서 나갈 수 없다.

¶ 그날 저녁, 연극을 보러 갔다. 젊은 사람들이
하는 연극. 시대가 바뀌었다고들 한다. 이전의
연극과 이전의 세대는 더 이상 믿을 수 없다고
말한다. 그리하여 늙어 버린 우리는, 더 이상
존재하지 않는 연극으로 치부되는 우리는,
과거의 악습이자 퇴물로 취급되는 우리는, 젊은
사람들의 입맛에 맞춰 기존 연극의 관습을
버려야만 할 것이다. 그리하여, 믿을 수 있을지
모르겠지만, 이제 곧, 어떤 변화도 템포와 리듬도
움직임도 클라이맥스도 없는 세 페이지 정도의
독백을 하려 한다. 나를 위한 빛과 소리 그리고
미술은 없을 예정이다. 고개를 쳐들고, 몸의
자세를 다이내믹하게 만들어 현존을 뽐내고
싶은 욕망이 순식간에 치고 올라올지도 모른다.
하지만 우리는 그것을 통제하고자 한다. 그리고

141

왜냐하면 이 연극을 위해 쓰인 희곡이 존재하지 않기 때문에. 그리하여 우리의 목표는 **이 연극이 끝날 때까지 단 한 명의 관객도 이 극장을 나가지 않고, 끝까지 지켜보는 것, 그것뿐.**

† 그날 새로운 연극이 올라간다는 극장에서 연출과 닮은 사람을 얼핏 본 것 같기도 하다. 누군가에게 머리를 가격당한 듯, 머리에서 피 살점 뇌수를 쏟으며 극장에서 쫓겨나던 그 사람.

ㅋ 지금부터 연출의 연락은 그 전과는 다른 시간성으로 도달하기 시작한다. 공연을 앞둔 3주 전, 연출에게 연락이 왔다. 예상했겠지만, 연습을 늦추자는 것이었다. 왜 불안하지 않지? 묘한 긴장감에 몸이 떨리기 시작했다. 흥분된다. 그래. 그렇다. 반복적인 리허설을 통해 완성된, 완전하고도 완결된 연극을 내놓는 것이 무슨 의미가 있나? 배우들에게 끝까지 희곡을 보여주지 않는 연출법도 있다고 들었다. 극장에 들어와서 리허설을 한 번도 하지 않고 관객을 만나는 새로운 연출법이 있다고 들었다. 애초에 희곡 없이 연습을 하고, 기억만으로 연극을 수행하는 실험을 하는 연출법도 있다고 들었다. 그래. 그렇구나. 그런 거구나. 그래. 그렇구나. 평생 연극을 해 왔으면서도 지치는 법 없이, 안주하는 법 없이, 새로운 연극의 언어와 감각을 찾으려 하다니. 내가 생각했던 것보다 연출은 더 대단한 사람일지도 모른다는 생각을 했다. 심장이 뛰기 시작했다. 심장이 뛰는 이유는 모른다. 나는 그저 기다렸다. 연출을 찾아갈 수도 있었다.

하지만 나는 연출에게 연락하지 않았다. 사실
나는 연출의 집에 찾아갔다. 문 앞에 서 있다가,
초인종을 바라보다가, 문에 귀를 댔다. 문 너머로
소리가 들려왔다. 얼마나 대단한 사람인가. 연출이
없었다면, 한국 연극계가 가능할 수 있었을까?
나는 연출이 평생 연극을 하면서 겪었던 부당한
일과 고통, 그리고 슬픔에 대해 생각했다. 눈물이
흐른다. 얼마나 힘들까. 연출의 집 문에 귀를
대고, 새로운 연극의 언어와 감각을 사유하고
있는 연출의 고통에 찬 숨소리를 들을 뿐, 내가 할
수 있는 것은 없었다. 이쯤 되면, 시간의 점프가
필요할 시점이라는 생각들을 하고 있겠지. 그래.
공연 일주일 전이 되었다. 연출은 연락을 했다.
연출에게 연락이 왔다. 연출이 연락을 한다.
하루만 더 있다가 연습을 시작하자. "희곡은
어디까지 나왔나요? 정신 똑바로 차리세요.
지켜보고 있습니다. 이러다 연극 못 하게 되는
수가 있어요." 나는 연출에게 장난을 쳤다. 연출은
위계 따위 없는 사람이었다. 연출은 연습실에서
단 한 번도 쌍욕을 한 적이 없었다. 너그러운 사람.
사람들이 돌을 던져도 그저 허허 웃는 사람. 무대
위에서 제대로 서 있지도 못하는 배우들을 그저
물끄러미 바라보는 사람. 재떨이나 술병을 던진
적도 없는 사람. 연출의 관용이 없었다면, 나는
어떻게 됐을까. 나는 에스엔에스에 접속했다.
"공연 일주일 전. 하루 열두 시간, 맹연습을 하고
있습니다. 에어컨을 틀어도, 땀이 흐릅니다.
무대에 평생을 서 왔지만, 우리는 여전히 심장이

뜁니다. 외웠고, 반복을 통해 붙였다고 생각한
대사들이, 하면 할수록 생경해집니다. 배우들은
연기라는 사실도 잊고, 연출은 그런 배우들을
눈을 감고 지켜봅니다. 연기를 하다가, 연출과
눈이 마주치면 심장이 터질 듯 뜁니다. 여든이
되어서도, 떨리는 혀로 무대 위에서 대사를
했으면 좋겠습니다. 연습을 마치고 동료들과
진저 위스키를 마시고 집에 들어가 샤워를 하고
눕는 상상을 합니다. 그것만이 유일한 어떤 것."
이런 글을 올렸다. 포스터 같은 것은 당연히
없었다. 나는 노트북을 열었다. 포토숍을 열고,
포스터를 만들기 시작했다. 예전에 여행에서
찍은 꽤 괜찮은 풍경 사진을 배경으로 깔았다.
잠깐. 희곡은 어디까지 나왔냐니. 정신 똑바로
차리라니. 지켜보고 있다니. 이러다 연극 못 하게
되는 수가 있다니. 어떻게 감히 연출에게 그런
말을. 나는 왜 그런 말을 뱉었을까. 연출은 민감한
사람이다. 섬세한 사람이다. 대단한 사람이다.
나는 왜 놀리고 싶은 욕망을 늘 통제하지 못했던
걸까. 사과하기에는 이미 늦었다. 아, 연출은 풍경
사진을 좋아하지 않는다.

† 연출은 나에게 자연경관 같은 것은 좋아하지
않는다고 했다.

¶ 연출은 뭐가 그렇게 쑥스러운지, 내 어깨를 툭
치며 웃으며 말했다.

† "나는 왠지 인공적인 게 좋더라." 연출이 나에게
말했다. 나는 인공적인 사진을 고른다. 민트 색깔.
"나는 민트색이 좋아." 연출이 말했다. 나는 그

배경 위에 공연 날짜와 크레디트를 적었다.

¶ 연출은 균형을 중요시했다. "그따위로 균형도 못
맞출 거면 왜 사니." 배치를 하고, 균형을 맞췄다.
색감도 폰트도 제법 잘 골랐다. 에스엔에스에
올렸다.

ㅋ "공연합니다. 보러 오시죠.

† 디데이 일주일."

¶ 눈을 감고, 잠이 들었다.

† "오늘 연습 없음.

ㅋ 11시 40분."

† 나는, 불안하지 않았다. 내가 왜 불안해해야
하지? 밤공기는 차가웠다. 흥분됐다. 연극
연습이 지연되면 지연될수록 흥분되기
시작했다. 고통스러웠다. 동시에 흥분됐다.
연극이 취소될까? 아니야. 어떻게 우리의 연극을
취소할 수 있단 말인가. 어젯밤에 에스엔에스에
올린 포스터가 떠올랐다. 연극의 제목을 적지
않았다. 그제야 나는 연극의 제목을 찾아야
한다는 생각이 들었다. 연출은 지금 힘들
것이다. 고통스러울 것이다. 눈물을 흘리고
있을 것이다. 고독할 것이다. 한 글자 한 글자
연필로, 원고지에 꾹꾹 눌러 담고 있을 것이다.
연극의 제목을 찾아야 한다. 떨리는 손으로
에스엔에스에 접속했다. 내가 올린 포스터에
많은 사람들이 리플을 달았다. 기대돼요.
예약했어요. 매진이네요. 현기증 나요. 어떻게
한 자리 구할 수 있을까요? 암표 있습니다.
극장에 가서 대기하면 볼 수 있을까요? 잠깐,

매진이라고? 매진? 매진이라고? 제발 추가 공연
해 주세요. 한국 연극계의 심장. 내가 포토숍으로
만든 포스터를 보았다. 날짜와 시간과 장소가
적혀 있었다. 제목은 없었다. 왜냐하면 나는
제목을 적지 않았으니까. 왜냐하면 나는
제목을 모르니까. 왜냐하면 나는 희곡을 보지
못했으니까. 왜냐하면 연출은 희곡을 아직
완성하지 못했으니까. 왜냐하면 연습은 시작되지
않았으니까. 아니, 연출이 희곡을 아직 완성하지
못해 나는 희곡을 보지 못했고 연습은 시작되지
않았으니까! 연습을 시작하지 않았으니 희곡이
있을 리 없다. 공연을 앞둔 배우의 악몽이라고
생각할 수도 있겠다. 아니. 이것은 현실의
긴장감이 만들어 내는 꿈이 아니다. 무대에서
꿈을 꾸고 있는 것도 아니다. 당신들이 보고
있는 이 연극이 올라가기 전에 내가 꾼 꿈을
회상하는 장면이라고 생각할 수도 있겠다. 아니.
이것은 회상도 재현도 아니다. 이 연극에는 저
연극에서와 마찬가지로 회상이나 재현이 없을
예정이니까. 연락을 받았다. 연극을 보러 가라고.
새로운 연극이라고. 우리 셋, 연극을 보러 갔다.
새로운 연극을 보러 가라고. 그 연극에서 말했다.
회상, 재연, 재현 장면은 법으로 금지해야 한다.
그래. 그렇다면 회상, 재연, 재현으로의 진입을
위한 빛과 소리도 당연히 없다. 공연 3일 전.
연출이 내 집 벨을 눌렀다. 문이 열렸다. 연출이
무릎을 꿇고 있었다. 고개를 들지 않았다.
¶ 울고 있는 연출. 일으켜 세운다. 그리고 말했다.

146

당신은 최고라고. 그러니까, 울지 말라고. 당신이
만들 연극은 이미 최고가 되었다고. 연출이 웃는
모습을 얼핏 보았던 것 같다. 연출은 눈물을 슥
닦고 돌아서서 갔다. 내 어깨를 한 번 툭 치고는
갔다. 나는 연출이 친 내 어깨에 손을 올린다.
축축하다. 어깨에 묻어 있는 피. 그때 내 어깨는
축축했다.

ㅋ 극장으로부터 일방적인 통보를 받았다. 우리의
연극을 취소했다고. 그 극장에서는 이미 새로운
연극을 준비하고 있다고.

¶ 공연 전날. 연출에게 연락이 왔다. "연습을
미루자." 공연 당일이다. 우리 셋은 포스터에
적힌 시간과 날짜에 맞춰, 그 극장에 들어갔다.
등에 땀이 흐른다. 연출에게 연습을 늦추자는
연락을 받은 이후로, 등에서 땀이 흐르지 않은
날은 없다. 그래. 더워서 그런 거라고 생각하겠지.
아니. 희곡은 당연히 없었다. 극장이 보이기
시작한다. 언덕을 올랐다. 관객들은 이미, 그
극장 멀리까지 줄을 서 있었다. 덥다. 다시 한번
아랍인을 총으로 쏴 죽일 수 있을 만큼 덥다.
흐르는 피와 땀 때문에 앞이 보이지 않는다.
덥다. 아, 혜화역 4번 출구부터 배스킨라빈스를
따라 림스치킨, 우리은행, 롯데리아, 주유소와
파출소 사이까지.* 어딘가를 바라보며 바글바글,
웅성웅성대던 사람들. 이 극장에서 올라간다는

---

* 2018년 공연이 올라간 극장 '연극실험실 혜화동1번지'까지 가는 길에 있던
  실제 건물들.

새로운 연극을 보기 위해 찾아온 관객들. 우리가
그 극장에 거의 가까이 다가갔을 때, 전날 밤부터
노숙을 한 것으로 보이는 꾀죄죄한 관객이 뒤를
돌아보았다. 그리고 우리를 발견했다. 곧, 다른
관객들도 우리를 바라보았다. 숨죽여 바라본다.
환호와 탄식이 뒤섞인 찬사와 응원. 숨소리.
우리는 관객들과 눈을 마주치지 않았다. 내 옆의
배우는 설핏 웃었다. 우리 셋의 눈이 마주쳤다.
아무도 아무 말을 하지 않았다. 말을 할 필요가
있나. 동공은 결코 흔들리지 않는다. 그 새로운
연극을 보기 위해 찾아온 관객들이 아니었다.
일방적으로 취소된, 제목도 없는 우리의 연극을
보러 온 관객들이었다. 언젠가부터 이유 없이
우리를 미워하는 사람들이 생기기 시작했다.
하지만 우리의 연극이 취소돼도, 여전히 우리를
찾아오는 관객들. **희곡이 없는 연극을 하기 위해
극장에 들어가는 배우들. 제목이 없는 연극을
하기 위해 극장에 걸어 들어가는 배우들.** 빛.
호랑이들이 사막과 바다를 횡단해, 우주에
도착하는 연극. 우리가 과거에 했던 연극의 한
장면이 떠올랐다. 연출이 완성한 희곡이었다.
빛. 그때 우리를 바라보던 관객들의 눈빛과 지금
관객들이 우리를 바라보는 눈빛이 똑같다. 그
50년 전의 찬란한 오후의 빛 속에, 우리는
여전히 서 있었다. 획을 그은 연극이라고들 했다.
한국 연극계의 획. 그 연극이 올라가고 난 후,
연출은 위대한 사람이 되었다. 연출은, 리허설
때 무대로 뛰어 올라오곤 했다. 연출은 기계였다.

연출은 그 자체로 장치였다. 연출은 기계장치.
연출은 영혼이 깃든 기계장치. 영혼이자 기계,
그리고 장치. 연출이 손가락으로 가리키는 곳에
빛이 들어왔고, 연출의 예리한 눈빛에 배우들의
몸은 생의 감각으로 진동했다. 완전한 하나의
세계를 창조해 내려는 연출의 비탄에 어린
포효와 배우의 절규가 뒤섞여 피와 땀과 눈물로
가득 찬, 연극. 관객들은 눈물을 훌쩍였고, 도저히
눈물을 멈출 수 없는 관객들은 가방 속에서 아주
조용히 휴지를 꺼냈다. 빛. 서로에게 휴지를
건네며, 눈물을 닦았다. 휴지가 객석을 타고
이동했다. 아름답다. 하얀 휴지가, 서로의 눈물을
닦아 주기 위해 이쪽에서 저쪽으로 파도처럼
연대하며 일렁였다. 빛. 비평가들은 객석의
어둠 속에서 이 연극에 대한 평을 사각사각
경쟁적으로 적어 나갔다. 파도가 사각거리는
소리. 피와 땀, 뇌수 그리고 눈물이 섞인 연극.
"지금은 비가 내리고 있을 뿐입니다. 우리가 살던
곳은, 배수로가 잘 정비되어 있지는 않은, 국경과
아주 가까운 곳에 위치해 있는 아주 작은 도시.
비가 조금만 내려도 물이 고이고, 이내 무릎까지
비가 차오르는 도시. 그리고 비가 멈추면 언제
그랬냐는 듯이, 다시 물이 빠져 버리는 도시. 그런
도시였습니다. 비가 오는 동안만 견디면 되는
도시. 하지만 비는 멈추지 않았죠."*

---

*   이 대사부터 1막 2장까지 큰따옴표로 묶인 부분은 이 세 사람이 경전처럼
     생각하는, '그 연출가'가 쓴 과거 희곡의 대사들이다.

2장

¶　사람들은 말했다. 정말 대단한 연극이라고.
　"우리가 어디까지 왔는지 도통 알 수 없었지만,
　우리가 빨리 도착해야 한다는 생각이 들었습니다.
　우리가 국경을 넘으면 비가 멈출 거라는 확신이
　있었습니다."

ㅋ　"어떻게 하지? 이미 비가 도시를 집어삼켰을 거야.
　어떻게 하면 좋아." 이런 세미 안타고니스트
　역은 막 들어온 젊고, 아니 어리고 동시에 약간
　어리바리한 것이 매력인 아름다운 여배우가
　했다.

†　"우리는 그곳을 떠나왔지만, 알고 있었죠. 남겨진
　사람들이 어떻게 살아가고 있을지. 성인 남성의
　허리 정도까지 물이 넘쳤고, 어른들은 아이들을
　업거나 등에 태우고 다니느라, 척추가 무너지고
　있었습니다. 하지만 척추가 무너진다고, 무너지게
　둘 수는 없는 노릇이었어요. 어른들은 아이들을

목에 태웠습니다. 아이들은 가장 높은 곳에서
비를 맞았습니다. 이 세계의 가장 높은 곳에
아이들이 있었습니다. 하지만 우리가 그 그림
속으로 걸어 들어갈 수는 없었죠. 우리가 국경을
넘어, 도착하는 그 순간 비는 멈출 테니까요."

ㅋ "우리가 도착해서 비가 멈췄을 때, 이미 세계가
끝나 버렸으면 어떡하지?" 이렇게 늘 징징거리는
세미 안타고니스트 역은 막 들어온 젊고,
아니 어리고, 아니 패기만만하고, 동시에 약간
어리바리한 것이 매력인 아름다운 여배우가 했다.

¶ "그렇다고 도착하지 않을 수는 없잖아. 우리
때문에 비가 시작됐고, 우리 때문에 비가 멈추지
않아. 빨리 도착해야 해. 어떻게 도착하는지는
상관이 없어. 도착하는 것만이 중요해. 우리가
도착해야 비가 멈출 테니까.

† 우리가 도착했을 때 비가 멈추고, 비가 사라지고
난 후 보게 될 것이, 사라져 버린 사람들이 남긴
흔적이라 할지라도, 그것 때문에 도착을 늦출
수는 없어."

ㅋ "반쯤 남아 있는 맥주 캔, 채 다 붙이지 못한
스티커, 굴러떨어진 연필, 뽑으려다 만 휴지,
구멍으로 빨려 들어가다 멈춰 있는 변기의
물, 45페이지에서 46페이지로 넘어가려는
책장. 그리고 볼에 멈춘 눈물. 무슨 일이에요?
결국 도착해서 보게 될 것이, 멈춘 빗속에서
보게 될 것이, 겨우 그런 것들이라면 어떻게
해요?" 이렇게 늘, 과도하게 앵앵거리는 세미
안타고니스트 역은 막 들어온 젊고, 아니 어리고

동시에 약간 어리바리한 것이 매력인 기특하고,
대견하며 그리고 당돌한 여배우가 했다.

† 그 여배우가 자신을 향해 날아오는 도끼 앞에서
차라리 벌벌 떨었다면, 울음을 터뜨렸다면.
무대에서나 벌벌 떨 줄 알았지.

¶ 그 여배우는 사라졌다. 아무도 무대 위에서
그 여배우와 눈을 맞추지 않았다.
"그런 것들이라도 우리는 도착을 멈출 수는
없었습니다. 비가 온다. 비가 오는 것에 대한
이야기를 하고 싶다. 도착을 멈출 수 없었기에,
비가 오는 것에 대한 이야기를 하고 싶었다.
비가 온다.

† 완벽한 하나의 세계.

¶ 불순물이 없는 세계.

† 우리는 오로지 도착해야 한다는 생각만 하며,
걷고 또 걸어야 해.

¶ 방법은 중요치 않아.

† 거기에 도착만 한다면.

¶ 어떤 것이 더 괜찮은 방법일까, 고민하지 않아도
되잖아.

† 거기에 시간을 쓰느라, 얼굴을 붉히지 않아도
되잖아.

¶ 그래서 나는 지금 우리가 함께 걸어가고 있는
이 순간이,

¶,† 완벽하다는 생각이 들어."

ㅋ "도착하는 데 열중하느라, 인생을 망치고
있다는 생각. 그 생각을 지울 수 없어. 모든
것이 완벽해. 그런데 그 모든 것이 완벽하게

이루어진 그 순간에, 갑자기 모든 것을 망치고
싶다는 생각이 들어. 한 번도 그래 본 적은
없어. 우리가 떠나온 곳에서 걸려 오는 전화를
받지 않은 지 3년째야. 도대체 무슨 일이
벌어지고 있는 거야? 이런 생각이 들 때마다
이렇게 생각해. 이번만큼은 망치고 싶다."
'같은 대사를 몇 번이나 반복했지만, 문장
하나하나를 쪼개고 공간을 열었지만, 배에
잔뜩 힘을 줬지만 나는 지금, 여기서 이 연극을
망치고 싶다는 생각이 들어. 어떻게 하지?'
이렇게 징징거리는 세미 안타고니스트 역은 막
들어온 젊고, 패기만만하고 어리바리한 것이
매력인 젊은 배우가 했다. 연기는 형편없었다.
어디에서 뭘 하고 있을까. 연극이 뭔지도 모르는
좆만 한 새끼. 씨발년. 연출은 무대 위에 비를
뿌렸다. 1시간 55분 16초 동안 무대에는 비가
내렸다. 비평가들은 경악했다. 환호하던 관객들
중 몇몇은 무럭무럭 자라서 새로운 연극을
한답시고. 말을 해도, 고함을 쳐도 서로에게 결코
가닿지 못할 소리. 빗소리. 점점 커지는 빗소리
때문에 말을 할 필요가 없다는 것을 알고 있었다.
우리가 무대에서 나눈 대화는, 단지 서로를
바라보고 있는 것이었다. 걷다가, 할 말이 있으면,
¶   돌아본다.
†   눈이 마주친다.
¶   바라본다.
†   다시 걷는다. 할 말이 생기면,
¶   돌아보고,

†   마주치고,

¶   바라보고.

†   뒤에서 걸어가는 자는 앞에서 걸어가는 자가
     돌아볼 때까지 말을 걸 수 없었다. 앞에서
     걸어가는 자가 뒤돌아볼 때까지 기다려야 했다.
     그래서 뒤에서 걸어가는 자는, 앞에서 걸어가는
     자가

¶   뒤를 돌아봤을 때,

†   말을 할 수 있도록, 그 순간을 놓치지 않기 위해
     앞에서 걸어가는 자의 뒤통수만 계속 쳐다보고
     걸어야 했다.

ㅋ   비가 내린다.

¶   비가 멈추지 않는다.

†   같은 시간을 걸어갈 수 없게 될 것이다. 그렇게
     우리는 흩어지게 되었다. 따라잡을 수 없게
     되었다. 앞사람과의 거리가 계속 벌어졌다.
     하지만, 우리는 말없이 대화하는 법을 익힌 터라,
     서로 다른 시간 속을 걷고 있어도, 주어를
     '나는'이 아니라, '우리는'으로 사용하게 되었다.
     이것은, 무섭도록 빠르게 습관이 되었다.
     의심하지 않았다. 우리라는 주어를 쓰는 것에
     대해서. 비에 흠뻑 젖어 기침을 하며 홀로
     빗속을 걸으면서도, 우리는 빗속을 걷고 있다고
     중얼거리며 걸어왔다. 빗속을 걷다가, 다 젖어
     버린 빵을 먹을 때에도, 우리는 빵을 먹는다고
     중얼거리며 걸어왔다. 빗속을 걷다가, 피를
     토하며 노래를 부를 때에도, 우리는 노래를
     부른다고 소리쳐 왔다. 빗속을 걷다가 우리가

떠나온 곳에서 누군가 죽었다는 전화를 받았을
때에도 중단하지 않았다. 빗속을 걸었다.
그 누구에게도 도달하지 못할 말.

ㅋ 그런데 감히! 이것은 지금, 그때의 장면을
회상하고 있는 것인가 아니면 재현 혹은
재연하고 있는 것인가?

¶ 공연 내내 비가 내리는 연극. 그 비를 맞으며
절규하고 있는 호랑이들. 배우들은 얼굴에
호랑이 가면을 쓰고, 무대를 기어다녔다.

ㅋ 무릎에 보호대를 차는 것을, 연출은 좋아하지
않았다.

¶ 무릎에서 피와 고름이 흘렀다. 호랑이 가면
안으로 눈물이 흘렀다. 우리는 우리의 현존을
통해 무대 위의 매직을 만들어 냈다.

† 얼마 전 유튜브로, 공연 내내 비가 내리고,
호랑이 가면을 쓰고 빗속에서 절규하는
연극을 보았다. 그 연극에서도 공연 내내 비가
내렸고, 비가 툭 하고 멈추고 5분 후 연극이
끝났다. 우리가 그 연극을 만들기 1년 전에
만들어진 연극이었다. 리투아니아에서 만들어진
연극이었다. 아, 리투아니아라니. 대단한
극단이구나. 1년 후 도래할 미래를 예상하고,
연극을 만들다니.

¶ "여기는 물속. 우리는 걸어가고 있는 중. 우리는
지금 국경을 건너고 있어요. 바다. 비가 내리는
바다. 빗소리가 너무 커서, 나는 내가 내는 소리를
듣지 못해요. 속으로 노래를 불러요. 큰 소리로
노래를 부르고 있어요. 왜 노래를 부르는 줄

알아요? 내가 나의 소리를 듣기 위해서. 그러나 이제 노래를 부를 수 없으니, 우리는 비를 피해 바다 안으로 깊이 잠수합니다. 우리 셋,

† 숨을 들이마시고 함께 잠수.

ㅋ 깊이깊이, 바다의 바닥까지. 빗소리가 들리지 않는 그곳까지.

¶ 지금 우리는 잠수 중입니다. 앞으로 나아가야 하는데, 그러지 못하고 횡으로 깊이깊이 가라앉고 있어요. 도착은 지연돼요. 드디어 바다의 바닥에 발을 딛어요."

ㅋ 이 대사를 하고 나면, 비가 멈췄고 무대에는 완전한 순간이 찾아왔다. 고요. 정적. 침묵. 그것은 연극에서 사용되는 그저 그런 사이 같은 것이 아니었다. 관객들은 여전히 숨을 죽이고 있었다. 그리고 남은 그 시간, 비가 내리지 않는 순간, 그 한순간을 위해, 연출은 무대에서 비를 맞으며 고래고래 소리를 질렀다. **비를 더 뿌려. 더! 더! 더! 비를 더 내리게 하라고!** 비를 맞으며 소리를 지르던 연출, 모두가 숨죽이고 바라보았다. 모두가 연출을 걱정했다. 빗소리 그리고 연출의 목소리만 남아 있던, 순간과도 같았던, 이 세계의 모든 소리가 사라져 버린 그 무대. 무릎에서 흐르던 피는 비에 쓸려 내려갔다. 공연 3일째. 배우 한 명은 폐렴에 걸려 죽었다. 일주일 후 연극이 끝났다.

† 얼마나 고통스러울까. 얼마나 고독할까. 연출은 긴장을 풀기 위해, 연습실에서 종종 독주를 마시곤 했다. 술을 아무리 마셔도, 결코 흔들린

적이 없던 그이의 동공. 지금, 이곳에서의 우리 역시 떨리지 않는다. 다시 한번, 연출이 정말 대단하다는 생각이 들었다. 그 위대한 연출은 지금 한 글자 한 글자, 연필로 희곡을 쓰고 있겠지. 얼마나 고통스러울까.

ㅋ 긴장을 풀어야 한다.

¶ 진저 위스키 두 잔을 들이붓는다.

† 나 역시 떨리지 않는다. 긴장을 풀기 위해 몸을
   좀 푼다. (활모양으로 어깨를 최대한 연장시켜
   공간을 연다) 손바닥이 붉게 부어올라 있고 눈은
   충혈되어 있다. 나만 간직하고 있는, 긴장을
   푸는 법.

ㅋ (자신의 뺨에 손을 댄다) 나의 뺨은 부어올라
   있다. 나는 시선을 피한다. 나는 멋쩍은 듯
   웃는다. 덕분에 긴장이 풀어졌다.

¶ 나의 술 냄새.

† 나의 붉게 충혈된 눈.

ㅋ 나의 부어오른 뺨. 피. 땀.

¶ 눈물. 관객들은 연극이 시작되기 전 우리가 극장
   쪽으로 걸어오는 것까지, 이 모든 것이 하나의
   새로운 퍼포먼스라고 생각할 것이다. 그때

고양이가 지나갔다. 극장 근처를 어슬렁거리던 고양이. 우리는, 그 고양이에게 밥을 주곤 했다. 저 고양이가 우리에게 달려와 무릎에 치덕대고, 우리가 주머니에서 참치 캔을 꺼내 고양이에게 준다면 관객들에게는 더할 나위 없이 큰 선물이 될 텐데. 고양이. 고양이가 우리에게 다가온다. 우리는 사랑스럽다는 눈을 하고 고양이를 바라보았다. 고양이. 고양이가 말한다.

고양이 역   "연극이 아무런 가치가 없다는 것을 알잖아. 이 모든 게 아무런 의미가 없다는 것을 알잖아."

¶   술기운이 훅 올라왔다. 나는 고양이를 죽인다. 어렵지 않아. 고양이 꼬리를 잡아들고 벽에 내동댕이치자 고양이는 몇 번 떨더니 죽어. 우리의 이 연극을 기다리던 관객들은 고양이가 죽어 나가는 꼴에 숨을 죽여. 고양이를 좋아하나 보지? 나는 조금 더 손을 뻗어. 꼬리를 잡고 활 모양으로 어깨를 최대한 연장시켜 공간을 열어, 공간을 연다. 연출이 자주 하던 말. **공간을 열어! 공간을 열라고! 열어! 공간을!** 나는 지금 독백을 하고 싶어. 무대 위의 현존을 드러낼 수 있는 독백. **극장 문을 열어!** 우리의 연극이 취소된 이 극장에서, 새로운 연극이라는 것이 올라가려 하고 있군. 가끔 연출은 이런 말을 했어. "보조석에 앉아 차를 타고 갈 때면, 거리의 사람들을 죄다 쳐 버리고 싶다는 생각이 들어." 우리는, 연출의 유머는 역시 인간의 잔인한

폭력성에 대한 성찰에 기반한다며, 감탄하고는
했어.

ㅋ 사람을 죽이는 장면이 있었어. 나는 내가 죽이는
사람을 바라봤어. 나도 소리를 질렀고, 연출도
소리를 지르면서 시선은 관객을 향하라고 말했어.
연습이 끝나면, 나는 연극에서 나에게 죽임을
당하는 배우와 술을 마시곤 했지. 아, 그리고
연출은 살짝 웃으라고 했어. 아, 그리고 배에 힘을
주라고 했다. 다음 날 그 배우가 죽는 장면은
더 물이 올랐지. 아, 아무런 가치와 의미가 없는
순간. 그것이 우리를 무대로 이끌었어. 우리는
지금 계단을 내려가고 있는 중이야.

† 우리는 계단을 내려와 무대에 섰어. 연극의
첫날. 무럭무럭 자라난 너희들은 벌벌 떠느라
무대에 제대로 서 있지도 못하고 있구나. 떨리는
동공. 그러면서도 극장의 빛이 사라지며 연극이
시작되려 하는 순간을 만끽하고 있겠지. 인생이
그렇게 쉬울 리가 없잖아. 우리의 머리통을
도끼로 가격하고 싶다는 생각을 떨칠 수 없어서,
연극에 집중도 못 하고, 그러느라 점점 더
연극이 뭔지 모르게 되니까 자꾸 말만 많아지고.
그러면서 연극을 하지 않을 자신은 없고, 도끼를
한 번에 정확하게 내리칠 힘도 용기도 없어서,
우리 눈을 보고 도끼를 들 자신이 없어서, 우리가
돌아서는 순간 도끼를 들겠지. 다시 한번 말할게.
어? 용기를 내 보려고 하는구나. 부탁인데, 한
번에 제대로 내리쳐. 마지막으로 말할게. 그때!
우리 연극의 한순간이 모두를 압도하고, 너도,

너도, 너도, 너도 모두 숨을 죽이고 우리 연극의 한순간을 지켜보게 되지. **너, 극장 문을 열어. 그리고 나가. 너도.**

관객들은 자기가 보고 싶은 것을 본다. 보고 싶은 연극을 본다. 처음으로 생각했다. 그게 우리 연극이 아니었으면 좋겠다고. 지금, 나는 그런 생각을 한다. 아무도 우리의 연극을 보지 않았으면 좋겠다. 아니, 관객이 아무것도 보지 않았으면 좋겠다. 관객은 아무것도 볼 수 없다. 아무것도 보지 마. 어차피 봐도 모르잖아. 우리에게는 희곡도, 연습된 장면도 없어. 관객들. 숨을 죽이는 소리가 들린다. 관객들. 웃는 소리가 들린다. 무대 위의 빛이 너무 밝아서, 객석을 볼 수 없다. 관객들. 기분 좋게 웃는 소리가, 어렴풋하게 들린다. 관객들. 울고 있다. 우리는 독백을 하고 있고, 관객들. 숨을 죽이고 우리를 지켜본다. 비평가들. 어둠 속에서 경쟁하며 펜을 굴린다. 우리 연극에 대해 글을 쓴다. 빨리 발표하고 싶어서 안달 나는 동시에, 감히 우리의 이 연극을 따라잡을 수 있는 사유의 깊이를 찾기 위해 눈알을 굴리고 있다. 빛. 사각거리는 소리가 파도가 되어 일렁인다. 눈물. 휴지가 그 파도 위에서 물결을 만든다.

우리는 다음과 같은 독백을 했다.

2막. 타즈매니아 타이거가 되다

안내원 역   안녕하십니까. 이곳 연극실험실 혜화동1번지를
찾아 주신 관객 여러분들께 깊은 감사의 말씀을
전합니다. 공연 중에는 음식물 섭취 및 사진
촬영을 금하고 있으니 이 점 양해해 주시길
부탁드립니다. 또한 편안한 공연 관람을 위하여
가지고 계신 휴대폰의 전원을 꼭 꺼 주시길
바랍니다. 편안한 관람 되시길 바랍니다. (본종이
울린다) 감사합니다.

(관객1 역, 들어온다)

관객1 역   죄송합니다. 죄송합니다. 죄송합니다. 정말
죄송합니다. 늦어서 죄송합니다. 정말
죄송합니다. 저 좀 들어갈게요. 죄송합니다,
늦어서. 정말 죄송합니다. 아, 저 좀 들어갈게요.
아, 어떡하지? 연극이 곧 시작할 거 같은데,
죄송합니다. 정말 죄송합니다. 죄송합니다.
아, 한 번도 늦은 적이 없는데,

163

(휴대폰이 울린다. 휴대폰에 대고) 어, 나 지금
공연 중이야. (끈다)

아, 정말 죄송합니다. 정말 죄송합니다.

저, 들어갈게요. 죄송합니다.

(좌석을 확인하며)

D열 29번.

안내원 역   네?

관객1 역   네. 제가 D열 29번입니다.

안내원 역   제가 D열 29번입니다.

관객1 역   저도 D열 29번입니다.

안내원 역   이제 곧 연극이 시작될 것 같으니, 저기 앉으시죠.

관객1 역   전, 저기 말고 제 자리에 앉고 싶은데요.

안내원 역   그건 저도 마찬가지입니다. 전 오늘 이 연극에서
극장 안내원 역할을 할 예정이었으니까, 어젯밤
자기 전에 미리 휴대폰을 꺼 두었습니다. 그렇게
머리맡에 휴대폰을 두고 잠이 들었습니다.
당연히 그 휴대폰을 들고 극장을 찾아왔습니다.
왜냐하면 연극이 시작되기 전에 안내 멘트로
휴대폰을 끄라고 하는 것이 저의 대사이기
때문입니다. 휴대폰을 끄라는 안내 멘트를
하자마자, 저는 휴대폰을 다시 한번 끕니다.
규칙은 지키라고 있는 겁니다.

관객1 역   극장 안내원 자리는 여기가 아니라, 저기인 것
같은데요.

(관객1 역, D열 29번에 앉는다)

지금 내가 간절히 바라는 건 지금 이대로 내
앞에 아무도 앉지 않는 거야. 아니, 내가 연극을
사랑하는 사람이라서가 아니야. 단지 내 앞에

아무도 앉지 않았으면 좋겠어. 그 정도로만 내 인생에 운이 좋길 바라는 것뿐이야. 그 정도도 안 되는 거야?

(본종이 두 번 울린다. 한 번 더 울린다. 관객2 역이 들어와 관객1 역 옆에 앉는다)

관객2 역　늦었지.

관객1 역　늦었네.

(관객1 역, 관객2 역을 쳐다본다)

관객2 역　왜? 아, 연극 보여 줘서 고마워. 끝나고 내가 밥 살게.

관객1 역　뭘, 나도 초대로 구한 건데.

관객2 역　그래도. 연극 보면서 뭐 먹고 싶은지 생각해 봐.

관객1 역　그래.

관객2 역　연극 보여 줘서 정말 고마워. 정말. 연극 보면서 뭐 먹고 싶은지 생각해 봐.

관객1 역　뭘, 나도 초대로 구했다니까.

관객2 역　그래도.

관객1 역　그런가? …그래.

관객2 역　생각해 봐.

관객1 역　그래. 생각 좀 해 볼게.

(사이)

관객2 역　고마워.

관객1 역　그래.

(관객1 역, 관객2 역을 쳐다본다)

관객2 역　왜? 아, 생각해 봤어?

관객1 역　어?

관객2 역	연극 끝나고 뭐 먹을지.
관객1 역	뭘... 뭐 먹지?
관객2 역	그래도 고마워.
관객1 역	초대권이라니까.
관객2 역	그래?
안내원 역	그래. 누군가에게는 이 연극의 표가 너무나 쉽게 손에 들어오기도 하지.
관객2 역	다른 사람이랑 올 수도 있었을 텐데.
관객1 역	그래. 그래도 연극 보면서 생각 좀 해 볼게.
관객2 역	그런데 제목이 뭐야?
관객1 역	티켓 봐.
관객2 역	얘는 안 오려나?
안내원 역	너희는 제목도 모르고 왔구나. 제목도 모르고 초대로 온 너희 자리는 심지어 내 자리보다 좋아. 왜냐하면 나는 극장 안내원 역할이라 정식 좌석에 앉지 못하니까. 차라리 너희가 초대가 아니라 할인이었다면, 내가 이렇게까지 억울하진 않았을 거야.
관객2 역	안 오려나? 얘는 항상 이런 식이라니까.
관객1 역	연극 끝나기 전까지는 오겠지.
관객2 역	그래. 언젠간 오겠지?
관객1 역	그래. 언젠간 올 거야.
관객2 역	그렇겠지? 언젠간 오겠지?
안내원 역	연극실험실 혜화동1번지를 찾아 주신 관객 여러분께 감사의 말씀을 전합니다. 편안한 공연 관람을 위하여 가지고 계신 휴대폰의 전원을 꼭 꺼 주시길 바랍니다.
관객2 역	근데 말이야, 설마 연극 끝나고 오는 건

아니겠지? 네 생각은 어때? 언제쯤 올 거 같아?
아니, 오긴 올 것 같아? 개새끼. 항상 이런
식이라니까.

관객1 역   올 거야.

안내원 역   누가 시키지 않아도 내가 할 일은 내가 알아서
했지. 이번에도 당연히 휴대폰을 미리 꺼 두었지.
그게 극장에 들어오기 직전이었을 거라고
생각해? 하. 나를 겨우 그 정도로밖에 안 보는
건가? 아니, 내가 겨우 그 정도의 모범생일 것
같아? 아니, 나를 그 정도로? 그러니까 내가 겨우
그 정도?
그 정도는 어디 가서 모범생 명함도 못 내민다고.
난, 오늘 이 연극에서 안내원 역할을 하러 올
거였으니까, 휴대폰은,
(어두워진다. 연극이 시작된다. 휴대폰이 울린다)

관객1 역   (휴대폰에 대고) 여보세요. 어, 나 공연 중이라고
몇 번을 말해. 뭐라고? 어, 어. 어. 알았어.
알았으니까, 좀 있다 공연 끝나고 내가 전화할게.
어. 그래. 어.

(사이)

안내원 역   난 이 사람 전화가 울려서 화가 나는 게 아니야.
이 사람이 전화를 받아서 화가 나는 것도 아니고.
뭐? "나 지금 공연 중이야?" 아니, 지가 공연
하나? 그럼 왜 여기 앉아 있어. 저기 무대로 걸어
나가서 연기를 하든가. 올라가! 올라가라고!
무대로! 네가 그랬잖아. "나 공연 중이야"라고. 너,

167

아니. 아니. 아니지. 난 이 사람이 그런 말을 해서 화가 나는 게 아니야. 내가 정말 화가 나는 건 말이야. 그래, 사람이 전화를 받을 수도 있지 뭐. 정말 급한 일일 수도 있잖아? 아니면 직감적으로 왠지 받아야 한다고 생각했을 수도 있지. 그런데 아무리 그래도 그렇지 연극 중에는 절대 받으면 안 되는 거잖아. 그리고 내가 정말 화가 나는 건, 말이야. 그러니까 앞으로 연극이 끝날 때까지, 나는 이 인간의 전화기가 또 울리지 않을까, 걱정해야 한다는 그 사실 때문에 화가 나는 거라고. 아니, 이런 새끼 때문에 내가 연극에 집중도 못 하고 노심초사해야 한다는 게 말이 된다고 생각해? 이 새끼 전화기는 분명 가장 중요한 순간에, 모두가 아무 말없이 같은 것을 바라보고 있는 그 결정적인 고요, 정적, 침묵의 순간에 뺑 하고 울려 버릴 거란 말이야. 그리고 모든 걸 망쳐 버릴 거야. 한 번 울린 전화기는 모든 것이 끝나기 전에 반드시 한 번은 더 울리게 되어 있거든. 이 새끼가 모든 걸 망쳐 버릴 거야. 나는 연극에 집중도 못 하고 계속 쥐새끼처럼 이 인간만 힐끔힐끔 훔쳐보고 있겠지? 이 새끼가 주머니에 손만 넣으려고 해도 난 화들짝 놀랄 거야. 이 새끼가 모든 걸 망쳐 버릴 거라고. 아니, 이미 모든 걸 망쳐놔 버렸다고. 이건 음모야. 내가 도대체 뭘 잘못했길래, 나만 이런 자리에 배정받은 거지? 나보다 늦게 들어온 사람들도 나보다 훨씬 좋은 자리에 앉았는데. 이럴 줄 알았으면 차라리 공연 시작하고 늦게 들어올걸.

아니지, 난 극장 안내원 역할이니까. 아니면,
연극이 시작할 때 자리를 옮길 배짱이라도
있든가. 이건 음모야.
(안내원 역, 자리를 옮겨 관객1 역 앞에 앉는다)

관객1 역 차라리, 차라리 처음부터 내 앞에 앉지 그랬어.
그럼 난 내가 꽤 운이 있는 사람이라고 착각
같은 거 하지 않았을 텐데. 이 자가 내 앞으로
자리를 옮기기 전까지만 해도 난 정말 날아갈 것
같았다고.

관객2 역 사람 경박해지는 거 한순간이야. 우리 생에서
텔레비전이나 영화에서 보는 그런 살인 같은
게 일어날 것 같아? 그래 그건 분명 일어날 수
있고 존재하는 거겠지. 그런데 우리 생애에서는
아니야. 도덕, 윤리? 그런 거창한 거 우리와는
아무 상관없어. 매 순간 많이 경박해지느냐
덜 경박해지느냐 그 줄타기를 하는 것뿐이지.
이만큼 경박해지느냐, 요만큼 경박해지느냐,
아니면 이만큼 경박해지느냐. 그거밖에 없다고.
연극이 아무런 가치가 없다는 것을 알잖아.
이 모든 게 아무런 의미가 없다는 것을 알잖아.
(모두, 연극을 보며 웃는다)
극장에 말이야. 굳이 돈까지 내고 시간까지 내서
말이야. 극장에 갔는데 말이야. 소극을 보러
갔는데 정작 내 눈앞에서 비극이 펼쳐지는 거,
이게 1번이야. 그리고 2번은 이거야. 비극을 보러
갔는데 내 눈앞에서 소극이 펼쳐질 때. 둘 중에
뭐가 더 낫지?

안내원 역 그래. 공연 끝나고 뭐 먹을지 생각은 하고 있니?

169

너희 엄마들도 너희가 이러고 다니는 거 아시니?
(웃음의 절정, 연극의 절정)
아주! 아쉽지만, 지금부터 10분간 인터미션이
있겠습니다. 관객 여러분께서는 티켓을
소지하시고 나가 주시길 바랍니다.

(밝아진다)

관객2 역   (관객1 역에게 속삭이며) 아까 그 장면,

(사이)

아, 아니다.

(사이)

아까 그 장면 좀 이상하지 않아?

(사이)

관객1 역   그런가?
관객2 역   아니, 아까 그런 건 너무 좀 폭력적이지 않아?
안 그래? 분명 현실을 반영한 거라고 말할 거
같긴 한데. 아, 그러니까 아, 뭐라고 해야 하지?
정확하게 잘은 모르겠는데, 분명 좀, 그래. 그렇지
않아? 너 같으면 어떻게 할 것 같아?
관객1 역   그래.
관객2 역   어?

관객1 역	그래.
관객2 역	그렇다는 거야, 아니라는 거야?

(사이)

어? 그렇다는 거야, 아니라는 거야? 아, 맞다.
끝나고 뭐 먹을지,

관객1 역	초대권이라니까.
관객2 역	아무리 그래도. 아, 걔는 안 오려나?
관객1 역	연극 끝나기 전까진 오겠지.
관객2 역	개새끼. 항상 이런 식이라니까. 근데, 아까 그 장면 너무 좀 폭력적이지 않아?
관객1 역	그래! 그런 건 너무 좀 폭력적이다. 됐냐? 연극이 뭔지도 모르는 좆만 한 새끼 씨발년아.

(암전. 밝아진다. 안내원 역, D열 29번에 앉아
있다. 그 옆에 관객2 역, 서 있다. 관객1 역,
사석에 서 있다. 본종이 울리면 관객1 역과 관객2
역, 앉는다. 모두, 연극을 본다)

그래. 비로소 내 눈앞에 아무도 앉지 않았구나.
그리고 내 눈앞에는 아무것도 보이지도 않고.
어딜 가도 여기보다는 좋은 자리일 거야. 도대체
저기서 무슨 일이 벌어지고 있는지 토막토막 날
뿐이야. 어떤 때에는 보이지도 않는데 목소리만
들린다고.
(연극의 절정. 서로가 서로에게 휴지를 건네며
눈물을 닦는다)

그러니까, 난, 내가 바라는 건 단지 그러니까
뭐 대단한 게 아니잖아. 단지, 내 앞에 아무도
앉지 않았으면 좋겠다는 거야. 나에게 그 정도의
행운도 허용이 안 되는 거야? 그래. 나도 용기를
내면 안 될까?
(관객1 역, 안내원 역 앞자리로 가서 선다.)

관객2 역 　나는 지금 여기서 이 연극을 망치고 싶다는
생각이 들어. 어떻게 하지?

안내원 역 　(일어선다) 씨발! 안 보인다고! 어서, 앉아!
앉으라고. 안 보인다니까! 안내원! 안내원! 안내원
어디 있는 거야? 안내원! 안내원 뭐하고 있는
거야!
〔호랑이 소리〕
안내원 어디 있는 거야? 안내원! 안내원! 안내원!
안내원! 안내원!
(관객1 역과 관객2 역, 안내원 역 양옆 혹은
앞으로 가서 앉는다. 본종이 울린다)

관객2 역 　결국 걔는 안 오네.

관객1 역 　언젠가 오겠지.

관객2 역 　연극이 좀 있으면 끝날 것 같은데?

관객1 역 　그래.

관객2 역 　아무리 초대권이어도 밥 얻어먹기는 좀 그런데?
내가 살게.

관객1 역 　괜찮아.

관객2 역 　걔가 늦었으니까 걔보고 사라고 할까? 근데 뭐
먹지? 내 삶이, 아니지. 이건 삶도 아니고 뭣도
아니야. 그냥 생활일 뿐. 내 삶이, 아니 내 생활이
비루하고 저열하고 천박스럽고 조용히 처참하기

172

그지없는데 도대체 그게 극장에서 해결될 거라고
믿는 건가? 기껏해야 하는 고민은, 인간이 개가
되지 않기 위해서 반드시 지켜야 할 수칙 같은
거겠지. 최소 이것만 지켜도 인간다운 삶을
유지할 수 있다고. 그런데, "무대에서 이렇게 살아
냈잖아! 그래! 삶이란 이런 거야!" 하면서 극장을
나서면, 내 삶이 아니 내 생활이 나아질 수 있을
거라고 생각해? 그렇게까지 의미가 있나? 가치가
있나? 연극 끝나고 뭐 먹을지 생각해 봤어?

관객1 역   아무거나 먹자고. 제발. 아무거나 처먹잔 말이야.
어? 내가 살 테니까 아무거나 먹자고. 그러니까
제발 좀 그만 앵앵거릴래? 응? 그래! 네 말이
맞았어! 다른 사람이랑 올 수도 있었는데!

관객2 역   걔는 언제 오는 거지? 오기는 할까? 걔는 항상
이런 식이라니까. 개새끼.

관객1 역   너 이 연극의 제목이 뭔지는 알아?
〔고양이 소리〕
차라리 벌벌 떨어. 울음이라도 터뜨리던가.
〔다시 휴대폰이 울린다. 관객2 역, 휴대폰을
받는다. 휴대폰 너머의 소리를 듣는다. 관객1 역,
관객2 역으로부터 휴대폰을 뺏는다〕

관객2 역   나, 나가야 할 것 같아.

관객1 역   연극이 아직 안 끝났잖아.

관객2 역   전화를 받았어. 나가야 해.

관객1 역   연극이 아직 안 끝났다고.

관객2 역   여기서 나가야 한다고. 전화를 받았어.
〔다시, 휴대폰이 울린다. 관객1 역, 휴대폰 너머의
소리를 듣는다〕

관객1 역   (휴대폰에 대고) 나 지금 공연 중이라고 몇 번을
말해.

안내원 역   (관객1 역으로부터 휴대폰을 뺏어 완전히
종료한다. 관객1 역과 관객2 역, 다시 연극을
본다. 이들이 보고 있는 연극 「타즈매니아
타이거」가 이들을 압도한다. 이들은 연극 안으로
들어간다) 알아? 난 늘 모범생이었다는 거. 그럼
뭘 보고 모범생이라고 하는지도 아나? 시키는
걸 제대로 한다고 해서 모범생이 될 수 있다고
생각하나? 우리 모범생들은 항상 한 발짝 앞서
나가지. 누가 시키지 않아도 자기가 할 일은
자기가 알아서 하는 게 모범생이라고. 그럼
연극을 하러 극장에 오는 사람이 해야 할 게
뭐라고 생각해? 그렇지, 당연히 휴대폰을 끄는
거지. 그래서 이번에도 당연히 휴대폰을 미리
꺼 두었지. 그게 극장에 들어오기 직전이었을
거라고 생각해? 나를 겨우 그 정도로밖에 안
보는 건가? 아니, 내가 겨우 그 정도의 모범생일
것 같아? 아니, 나를 그 정도로밖에? **비가 멈췄고
무대에는 완전한 순간이 찾아온다. 고요. 정적.
침묵. 이건 연극에서 사용되는 그저 그런 사이
같은 것이 아니었다. 관객들은 여전히 숨을
죽이고 있다.** 공연 3일째. 배우 한 명은 폐렴에
걸려 죽었다. 일주일 후 연극이 끝났다. 그래.
나 공연 중이야. 이 정도는 어디 가서 모범생
명함도 못 내밀어. 난, 오늘 이 연극에서 안내원
역할을 해야 하니까, 휴대폰을 꺼 두었다고. 난
착한 사람이니까. 규칙은 지키라고 있는 거잖아?

174

안 그래? 아직도 모르겠어? 그럼 총정리라도
해 줄까? 난 한 발짝 앞서 나가는 모범생이고,
휴대폰 같은 건 단 한 번도 받은 적이 없었어.
알아? 규칙은 지키라고 있는 거야. 늘 한 발짝
앞서 나가는 게 진정한 모범생이라고. 규칙은
반드시 지켜야 해.

3막. 타즈매니아 타이거를 하다

(¶ † �, 관객에게 고개 숙여 인사하는 중이다)

�　몇 년이 흐른 걸까.

†　끝난다.

¶　박수를 친다.

�　빛. 보이지 않는다. 상관없다. 인사를 한다.

†　분장실로 사라질 때까지, 박수 소리는 잦아들
　　기세가 없다.

¶　우리는 아무 말 없이 서 있었다.

†　각자 거울을 보고 서 있다. 제의를 끝낸 듯
　　숨죽여 극장을 빠져나가는 관객들의 소리가
　　들린다. 관객들은 프로그램 북을 구입하고,
　　거기에 실린 글을 읽는다. 연출이자 작가의
　　글. 저명한 드라마터그의 심오하지만, 관객의
　　눈높이를 맞춘 글까지. 우리는 그저 관객이
　　말하는 것을 듣는다. 어렵지만, 그래서 좋았어.

177

특히 그 장면. 손에 피가 생기더라. 진짜 피 같았어. 폭력적이라고 할 수도 있겠지. 그런 건 연극이 뭔지도 모르는 새파란 놈들이나 하는 말이야. 제대로 할 줄도 모르면서 입만 살아서. 철저하게 현실을 반영하면서도 우리를 새로운 세계로 데려가는 거, 그게 쉬운 일인 줄 아나 보지? 50년이 흘러도 여전히 과감한 시도. 50년간 매번 새로운 연극. 그 정신을 고수하면서도 새로운 시대의, 새로운 연극의 언어와 감각을 제시한, 잔혹하리만큼 예술적인, 연극. 아, 요새 그게 유행이래. 재현과 회상이 없는 거. 재연은 당연히 불법. 그놈의 유행. 그이의 현존. 그이의 절규하는 슬픔. 어떻게 그런 대사를 쓸 수 있지. 압도당했어. 아, 그리고 그 회전무대. 정말 대단해. 무대 위의 매직. 어떻게 그런 생각을 했지? 어떻게 50년간 매번 새로운 시도를 할 수 있지? 아, 우리 연극에 회전무대가 사용되었구나. 아, 그래서 내가 무대에서 현기증을 느낀 거구나. 왜 그이는 그렇게 될 수밖에 없었을까? 다음 날, 우리는 전날보다 극장에 조금 일찍 도착했다. 공연 한 시간 전. 우리는 무대에서 말없이 몸을 풀었다. 극장이 참 크다.

ㅋ 두 번째 날이다. 다시 태어난 기분이다.

¶ 한 시간 후.

ㅋ 땀을 뻘뻘 흘리며 관객들이 올 것이다. 제목도 없는 이 연극을 보기 위해서.

¶ 몸을 푼다.

† 무엇을 위해 몸을 푸는지도 모른 채, 우리는
　 몸을 푼다. 우체부가 자전거를 타고 극장으로
　 들어온다.

ㅌ 회전무대에 기대어 자전거를 세워 놓는다.

† 전보를 건넨다.

ㅌ 아, 우리 연극의 제목이 뭐지?

¶ 전보.

ㅌ 전보를 펼쳐, 읽는다.

¶ 아.

† 세 번째 날. 에스엔에스를 켰다. 우리 연극의
　 평이 올라오고 있는 중. 저명한 비평가이다.

¶ 쓴다.

ㅌ 공유하고, 에스엔에스에 한마디 적는다.

† 감사합니다. 앞으로 더 열심히 무대에
　 서겠습니다.

¶ 게시. 알림. 공유.

ㅌ 검색한다. 우리의 연극을.

† 제목이 존재하지 않았던, 우리의 연극을
　 검색하기 시작한다.

ㅌ 어머나, 우리의 커튼콜 영상이 유튜브에 올라가
　 있다.

† 우리는 아주 밝게 웃고 있다.

¶ 흥분된다.

† 마지막 날이다. 그래. 이것은 커튼콜. 그리고

¶ 재현.

† 우리는 지금 커튼콜을 하고 있다. 그래 이것은

¶ 회상.

† 관객들은 박수를 친다. 관객들은 찬사를 보내는

179

것에 이리 부끄러워하지 않아도 된다.

이 연극 「타즈매니아 타이거」는 정말로 대단하고,
¶   위대하다.

ㅋ   배우들이 눈물을 머금고 한 장면을 다시 해
보인다.

¶   재연 속 재현. 여기는 물속. 우리는 걸어가고
있는 중. 우리는 지금 국경을 건너고 있어요.
바다. 비가 내리는 바다. 빗소리가 너무 커서,
나는 내가 내는 소리를 듣지 못해요. 속으로
노래를 불러요. 큰 소리로 노래를 부르고 있어요.
왜 노래를 부르는 줄 알아요? 내가 나의 소리를
듣기 위해서. 그러나 이제 노래를 부를 수 없으니,
우리는 비를 피해 바다 안으로 깊이 잠수합니다.
우리 셋,

†   숨을 들이마시고 함께 잠수.

ㅋ   깊이깊이, 바다의 바닥까지. 빗소리가 들리지
않는 그곳까지.

¶   지금 우리는 잠수 중입니다. 앞으로 나아가야
하는데, 그러지 못하고 횡으로 깊이깊이
가라앉고 있어요. 도착은 지연돼요. 드디어
바다의 바닥에 발을 딛어요.

ㅋ   이 대사를 하고 나면, 1시간 55분 16초간 무대에
내리던 비가 멈춰야 한다. 비가 멈췄고 무대에는
완전한 순간이 찾아와야 한다. 그래. 이것은 연극
타즈매니아 타이거의 완전한 한 장면을 구현하기
위한 제의적 수행. 고요. 정적. 침묵. 그저 그런
사이 같은 것이 아닌. 관객들은 더욱더 숨을
죽여야 한다. 남은 그 시간, 비가 내리지 않는

순간, 그 한순간을 위해, 무대에서 온몸으로 비를
맞는 연출. 숨죽인다. 순간과도 같았던, 이 세계의
모든 소리가 사라져 버린 그 무대. 비에 쓸려
내려가던 피. 공연 3일째. 무대에서 폐렴에 걸려
죽은 배우. 연극은 계속된다.

† 이 작은 소극장에서, 회전무대가 돌고 비가
내리고 억수같이 내리고. 우리는 한국 연극의
역사상 처음으로, 앙코르를 한다.

¶ 연출은 기계. 연출은 그 자체로 장치. 연출은
기계장치. 연출은 영혼이 깃든 기계장치.
영혼이자 기계, 그리고 장치. 피와 땀. 그리고
눈물과 뇌수.

연극이 시작하고 1시간 55분 16초 후. 비가 멈춘다. 한 방울도
남기지 않고, 모든 비가 멈춘다. 비가 멈추는 것과 빗소리가
사라지는 것은 반드시 동시에 이루어져야 한다. 만약, 타이밍을
맞추지 못한다면 빗방울은 공중에 멈춰야 한다. 빗소리는 정확하게
4초간 서서히 사라져야 한다. 16, 15, 14, 13, 12, 11, 10, 9, 8, 7,
6, 5, 4, 3, 2, 1. 비가 멈춰야 한다. 4초간. 비가 사라진다. 아주
서서히. 그리고 한 방울도 남기지 않고. 그러나 한 방울의 비가
늦게 바닥에 늦게 도착한다면. 다시. 세 방울의 비가 늦게 바닥에
늦게 도착한다면. 다시. 다시. 다시. 한 방울의 비가 늦게 바닥에 늦게
도착한다면, 다시. 한 방울의 비가 바닥에 늦게 도착한다면. 다시.
모두 숨죽인다. 다시. 한 방울의 비가 바닥에 늦게 도착했다. 다시.
잘못 내린 한 방울의 비. 다시 올려 보낸다. 4초간 서서히 사라지는
비. 다시. 다시. 다시. 다시. 다시. 다시.

비가 멈추고 나면, 직후에 바로 빛이 쏟아져야 한다. 동시에
빛이 쏟아져야만 한다. 빛.

빛이 완성되고 난 후, 정확하게 6초 후, 다음과 같은 움직임.
움직인다. 다시. 늦었다. 너무 늦었다. 다시. 이번엔 너무 빠르다.
다시. 다시. 다시. 다시. 다시. 다시. **공간을 열어! 공간을 열라고!**
열어! 공간을!

이 움직임이 끝난 후, 정확하게 10초 후. 회전무대가 시속
80킬로미터의 속도로 돌기 시작해야 한다. 정확하게 10초 후.
회전무대가 시속 80킬로미터의 속도로 돌기 시작한다. 정확하게
31초 후. 완전한 어둠이 찾아온다. 관객들은 한 호흡을 들이쉬고
박수를 쳐야 한다. 빛이 사라지기 전에 박수를 치는 관객은
경멸한다. 완전한 어둠이 찾아온다. 너희들은 숨을 참고 물속에서
영원히 박수를 쳐야 한다.

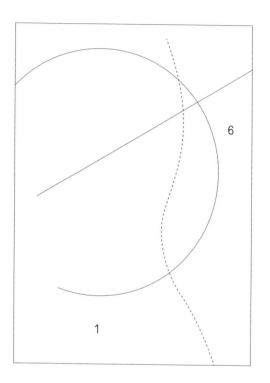

6

1

가해자 탐구—부록: 사과문작성가이드[*]

* 이 희곡에는 성폭력에 대한 묘사, 여성과 피해자에 대한 혐오 표현, 성폭력을 옹호하고 정당화하는 문장들이 있습니다.

일러두기

가해의 역사를 기록하기 위한 이 책 『가해자 탐구』는 모두의 자발적 참여를 통해 만들어지며, 완성되는 즉시 태워진다. 이 책은 생성 그 자체에 의미를 두기 때문이다. 이 책에서 말하는 '이세계'는 특정 예술 장르에 국한되지 않는다. 세상의 모든 예술은 '시성'(詩性)을 지니기에, 이 책에서 예술 그 자체는 '시'로, 예술을 하는 자는 '시인'으로, 아직 '시인'이 되지 못했지만 되려고 하는 자는 '습작생'으로, 이 예술계는 '이세계'로 표기한다.

머리말

머리말. "시는 세상에 대한 탐구이다. 시는 그 자체이다. 시는
사전에 이론을 정해 놓고 이를 예술적으로 구현하는 것이 아니라,
탐구 그 자체를 통해 세계에 대한 이론을 만들어 내는 철학적
탐구이다." 제가 이세계에 진입하기 위해 정식 학교에 들어갔을 때
선생님께서 하신 말씀입니다. '시는 탐구이다. 탐구가 되어야 한다.'
그로부터 20여 년이 흘러, 저는 일주일에 한 번, 선생님이 계셨던
단상에서 같은 말을 합니다. 그 말이 무슨 뜻인지 아직도 정확히는
알지 못합니다. 하지만 언젠가는 이해할 수 있겠죠. 존경의 마음을
전합니다. 용기를 내 주신 시인들에게 감사드립니다. 다시는 그런
일이 일어나서는 안 됩니다. 그 일이 더 이상 일어나지 않도록
하기 위해 우리는 탐구해야 합니다. 이제, 입을 열겠습니다. 책장을
넘기겠습니다. 말줄임표는 없습니다. 감히 말씀드리겠습니다.
"이것은 이 기록의 대전제가 되어야 한다. 시는, 결코 뉘앙스에만
머물러서는 안 된다." 추천사.

"시를 쓰고 싶은 거니, 이세계에 들어오고 싶은 거니? 나와 자면 너의 시가 조금은 좋아질 거야. 거짓말은 하지 않을게. 너의 시가 좋아지는 건 아주 잠시뿐일지도 몰라. 시인이라면 스스로 인생을 망치는 법을 알아야 하거든. 자멸 속에서 비틀거리면서도 걸어가는 것. 그것이 시인의 삶이니까. 섹스는 해 봤니? 얼굴색을 보면 알 수 있어. 섹스를 해 본 사람인지 안 해 본 사람인지. 얼마나 자주 할지. 파트너가 있는지 자위를 하는지. 손으로 할지 도구를 쓸지. 호모파베르. 너 호모파베르가 뭔지는 아니? 네 달싹거리는 도톰한 입술을 보니 내가 저 세상에서 통용되지 않는 유머를 썼나 보구나. 그래. 아직 너는 이세계가 아닌 저 세상 사람이니까. 가서 네 아빠랑 하고 와. 그럼 지금 네가 쓰고 있는 10점짜리 시가 13점은 될 수 있을 거야. 그렇게 이세계에 들어오고 싶으면 내가 대신 써 줄 수도 있어. 들킬까 걱정 안 해도 돼. 네 수준에 맞게 쓸 거니까. 내가 불러 줄 테니 너는 그냥 받아 적기만 해. 이세계에 들어올 수 있을 만큼, 딱 그만큼만 불러 줄 테니. 그다음은 너의 몫이야. 이세계에서 언제든 사라질 수 있어. 우리 집에 찾아와. 와인 한

병, 맥주 두 병 그리고 소주 한 병을 들고. 일주일에 한 번 매일
밤 10시에. 1분이라도 늦으면 나는 네가 쓴 시가 내가 쓴 시라는 걸
폭로할 거야. 나는 잃을 게 없어. 사람들은 내가 평생 시를 쓰느라
잠깐 미쳐 버렸다고 할 거야. 시를 쓰면서 어떻게 제정신으로 살
수 있겠어? 위가 녹아도 식도가 타들어 가도, 폐가 소리를 질러도,
매일 밤 술을 마시며, 자멸을 온몸으로 느끼고 느끼며 질투 어린
동경으로 저 세상을 바라보며, 그것을 이세계의 언어로 적어 나가는
사람들. 이것이 이세계 속의 우리다. 허구보다 더 허구 같은 삶을
사는 사람들. 삶에서 깃발을 어디다 꽂아야 할지 몰라 평생을 깃발
꽂을 곳을 찾아 헤매는 사람들. 죽어서도 시밖에 모르는 사람들.
네가 알겠니? 네가 시인이 된다 해도 넌 모를 거야. 세상에는 그걸
아는 사람과 모르는 사람이 있어. 꽃병이나 꽃등심은 그런 세계를
알 필요 없지. 너는 꽃병이니 꽃등심이니? 어차피 둘 다 꽃이니까
상관없니? 꽃등심은 등급이 아니고 부위야. 선홍색 고기 사이에
지방이 섞여 있는 모양을 마블링이라고 하거든? 알지? 저번에 내가
사 줄 때 잘 먹던데. 꽃병은, 깨지면 안 되는 법이야. 그것도 알지?"
너는 이런 말을 한 적이 있다. 너는 시인이다. 너는 애초에 이세계에
태어났다. 애초란 말이다. 아니, 태초일까? 아니, 태어난 것이 아니라
던져진 걸까? 너의 탯줄은 거기서 끊겼다. 너는 이세계 속에서
너무나 많은 시를 토해 냈다. 하지만 너는 이제 이곳에 다른 존재로
서야 한다. 너는 동참한다. 그리고 연대한다. 로만 폴란스키는
미성년자를 강간했고, 가지와라 잇키는 여배우를 깨부숴 버렸고,
「파리에서의 마지막 탱고」를 만든 거장 베르톨루치 감독은 강간
장면을 찍을 때 실제로 여배우를 강간했다. 꽃병을 깨고 짓밟아
버렸다, 시를 위해. 너는 사람들이 유독 서양의 시인들에게만
관대하다고 생각한 적이 있다. 너희끼리 모인 자리에서 자조적으로
이런 이야기를 한 적이 있다. "왜 우리는 서양의 시인들처럼
대우받지 못하는가? 지구는 둥글고 우리 자지도 큰데." 이런 말을

하면서도 강박적으로 둘러봤다. 너희를 지켜보고 수군대는 눈들이
도처에 있으니까. 이제 더 이상 너는 너에게 관대할 수 없다. 시인은
자신에게 가장 혹독해야 한다. 너는 너 자신을 고발한다. 너는 너
자신을 혐오했다. 운이 좋았을 뿐이었다. 아무도 너를 고발하지
않았다 말줄임표 돌 맞을 각오를 하고 말한다. 너는 사람들에게 단
한 번도 너를 추종하라고 한 적이 없다. 너는 권위를 주장한 적이
없다. 너는 단지 시인으로 존재했을 뿐. 네가 의도하지 않았어도
너의 권위가 생겨났고 사람들이 자발적으로 너의 권위에 복종했을
것이다. 허나 이제 그런 것은 중요하지 않다. 이제 너는 너 자신을
고발한다. 이제 네 안의 혐오를 혐오한다. 이제 이세계의 균열을
모른 척하지 않고, 너 자신에게 총구를 겨눈다. 태어나길 광인으로
태어나 가해자가 된 너희들을 모른 척하지 않고, 가해자들이 겨눈
총구가 향하고 있는 곳을 더 뚫어지게 바라보며 더 처절하게
기록하는 것. 이세계의 언어로 기록함으로써 미화의 우를 범하지
않으며, 자기 고백의 서사에 갇혀 종국에는 가장 약자의 자리를
찾아 기어들어 가는 비겁함을 범하지 않는, 가장 처절한 자성적
기록이 되도록 할 것. 가장 논리적이고 이성적인 분석과 탐구를
통해 가해의 역사를 추적해 나간 유일한 기록이 될 것. 이 기록을
통해 너는 그 파렴치한 가해자를 추적한다. 이곳에 불러낸다.
질문한다. 잘못이 무엇인지. 요청한다. 제대로 사과할 것을.
그것을 기록한다. 그리고 이세계에서 추방한다. 더 이상 침묵하지
않는다. "시는 탐구이다. 탐구가 되어야 한다." 이세계는 그렇게
호락호락하지 않다는 것을 모두에게 고하는 것, 이것이 그것이다.
너 자신에게 방아쇠를 당긴다. 탕— 추천사.

추천사. 이세계의 언어에 천착하지 않고 탐구해야 한다는 것에
동의하고 연대합니다. 분노합니다. 더 이상 가만히 있지 않겠습니다.
하지만 분노하기 이전에, 그가 한 행동과 말에 대한 총체적 접근이
필요하다고 생각합니다. 다양한 상황적 변수를 고려해야 합니다.
그가 그런 행동을 할 수밖에 없도록, 아무도 눈치채지 못할
만큼 미묘하게 영향을 미친 모든 요소들을 분석해 내야 합니다.
이는, 다시는 그런 일이 일어나지 않도록 하기 위해서입니다.
이세계에 속해 있다는 이유만으로 묵인되던 폭력적 관습과 악덕을
폭로함으로써 우리는 이세계의 붕괴를 막을 수 있을 겁니다.
원래부터 그렇게 태어나는 사람은 없습니다. 그가 처한 상황의
힘은 개인을 압도할 수 있습니다. 그것은 이세계에 속한 모든
사람들이 처할 수밖에 없는, 거부할 수 없는 상황의 힘일 것입니다.
제가 쓰는 시는 인간의 권태와 추함을 그립니다. 하지만 제가 쓰는
시와는 별개로, 저는 선합니다. 모든 인간 역시 선합니다. 우리는
이 사태를 개인의 기질적 문제로만 보지 말아야 합니다. 가해의
원인을 분석함에 있어서 고려해야 할 것은, 상황적 변수입니다.

이를 이 책의 중요한 챕터로 넣을 것을 제안합니다. 제가 이 책에서 차지할 분량은 중요하지 않습니다. 이 기록의 역사에 동참한다는 것만으로도 저는 충분히, 영광입니다. 추천사.

추천사. 다양한 상황적 변수를 고려하자는 것에 동의하고,
연대합니다. 말줄임표 따위는 없습니다. 저는 가해자의
선생님입니다. 제가 불러서, 눈물이 쏙 날 만큼 호되게 혼내려
했지만 그 녀석은 이미 홀연히 자취를 감춘 뒤였습니다. 지금 제
손에는 그 녀석이 자신의 제자이자 이세계에 아직 들어오지 못한
스물세 살의 여성에게 보냈던 편지 뭉치만이 들려 있습니다. 저는
저의 제자였던 그 녀석이 그런 일을 저질렀다는 사실에 가슴이
찢어집니다. 동시에 지금쯤, 얻어터진 몸을 질질 끌고 피를 철철
흘리며 어딘가에 숨어 웅크려 신음하고 있을 그 녀석을 생각하면
가슴이 찢어집니다. 하지만, 지금 만연한 폭로와 고발이 우리의
이세계에 대한 근거 없는 공격이라고 생각하는 것은 아닙니다.
마땅히 벌받아야 할 일이라고 생각합니다. "내가 잘못 가르쳐서
그런 일이 있어났습니다"라며 선생이 제자가 저지른 행동을 마치
자신이 저지른 듯이 깊이 괴로워하고 반성하면서도, 제자에 대한
뿌리 깊은 애정을 이전보다 더 퍼부어 주는 것이 "도대체 이세계에
선생과 제자가 어디 있습니까? 게다가 그는 저에겐 여러 제자

중 한 명이었을 뿐입니다"라며 재빨리 발을 빼는 것보다 훨씬 더
용기 있는 희생, 진정한 시인의 사명이라고 생각합니다. 그 녀석이
이십대 초반에 썼던 시를 기억합니다. 너무 가득 차 있었습니다.
제가 말했습니다. "시를 쓰랬더니 똥을 싸 놓았구나. 다 말하려
하지 마." 하나씩 지워졌습니다. 이를 갈면서 저를 바라보던 어린
시인의 독기 어린 사슴 같은 눈망울이 아직도 눈에 선합니다. 결국,
그 녀석의 시에는 쉼표와 마침표만 남았고, 그 녀석은 그 시로
이세계의 문턱을 넘을 수 있었습니다.

(…)

네. 저는 거짓말을 했습니다. 홀연히 자취를 감췄던 그 녀석, 결국
울면서 저희 집에 찾아왔습니다. 새신랑이 되었어도, 여전한 그
녀석. 반쪽이 되어 버린 그 녀석의 얼굴. 몸을 가누지 못할 정도로
울더군요. 더 이상 시를 쓰지 못하는 거냐며. 그 녀석은 지금 심각한
PTSD에 시달리고 있습니다.

추천사 4: PTSD. Post Traumatic Stress Disorder. 외상 후 스트레스
장애. 가해자 트라우마입니다.

다시 추천사. 이것은 이 기록의 어디에 들어가도 상관없습니다.
단지, 들어가기만 하면 됩니다. 가해자가 겪고 있는 트라우마에
대한 분석을 통해, 가해자가 속해 있는 이세계·저 세상에 대한
탐구가 전제되어야 하기 때문입니다. 도대체 이세계가 무엇이길래
이러한 가해의 역사가 무한 반복되고 있는지 알기 위해서입니다.
이것은 가장 고통스러운 기록이 될 것입니다.

추천사. 이세계에 대한 탐구가 전제되어야 함에 동의합니다. 동시에 수많은 피해자들의 행동에 드러나는 패턴을 분석할 것을 제안합니다. 네. 연대합니다. 이세계에서 부록의 부록조차 될 수 없는 제가 이런 이야기를 해도 되는 걸까요? 저는 이런 곳에 서기에는 적합하지 않은 사람일지도 모릅니다. 물론 이세계에 진입은 했습니다. 하지만 진입 이후로 이렇다 할 시를 쓰지도 못하고 있습니다. 실은 발표했지만 그리 주목받지 못했죠. 저 자신조차 제 시가 어디를 향하고 있는지 몰랐기 때문에 그리 마음이 쓰이진 않았습니다. 누가 알 수 있을까요? 제가 이 자리에 설 수 있는 이유. 아이러니하게도, 이 자리에 설 수 있는 자격이 되는 친구들이 아무도 나서지 않았기 때문에, 즉 침묵했기 때문입니다. 저는 그 친구들에게 말했습니다. 그 친구들은 이렇게 말하더군요. "나는, 아무것도 하지 않았는데 뭐가 실망이라는 거야." 제가 지금부터 하려는 이야기가 지엽적이라는 공격을 받을 수도 있다고 생각합니다. 하지만 시는 지엽의 축적이라고, 가르쳐 주시지 않았습니까? 제가 주목하는 것은, 가해 사실이 너무나 명확한

가해자들이 쓴, 시인이 썼다고 이야기하기조차 민망한, 사과문에
대한 것입니다. 이들은 잘못을 시인하는 사과문을 작성한 이후에
도의적 책임은 인정하지만 법적 책임은 없다고 말을 바꾸고,
허위 사실 적시에 의한 명예훼손을 운운하며 몇몇은 피해자를
역고소했습니다. 애초에 그 친구들이 사과문을 제대로 작성했다면,
우리가 이렇게 이곳에 서서 쓸 필요가 있었을까요? 시인은 자신이
쓴 시로 존재하듯, 가해자는 자신이 쓴 사과문으로 참회하는
법입니다. 사과문에는 결코 들어가서는 안 될 것들이 있습니다.
가해자 친구들과 저는 학교 다닐 때부터 친구였습니다. 그 친구들과
함께하는 단체 카톡방이 있었습니다. 제가 말을 하면 그 친구들은
대답이 딱히 없거나 형식적인 대답뿐이었습니다. 다 같이 만나자는
논의는 저를 제외하고 따로 이루어지는 것 같았습니다. 어느 날
단톡방에 글이 올라왔습니다. "이런 식의 사과문을 올리려고 한다."
네. 제가 몇 마디 했습니다. "그 문장은 빼. 그 부사는 적합하지 않아.
더 구체적으로 써. 무엇에 대해 사과한다는 것이냐." 아무도 아무런
응답을 하지 않았습니다. 저는 끝까지 말했습니다. "네가 한 잘못을
감추려 급급해하고 있는 것 같다. 너희가 그렇게 좋아하는 선생님이
말씀하셨잖니? 다 말하거나 아무것도 말하지 않거나. 진짜로
잘못을 인정하고 있는 것이 맞긴 하냐? 사과문작성가이드라도
찾아보지 그래? 하긴, 그런 책이 있겠느냐마는." 아마 이 말이 그
친구들에게 방아쇠를 당긴 것 같습니다. 탕— 그 이후로도 영영
대답은 없었고 형편없는 사과문도 더 이상은 나오지 않았죠.
이세계는 그리 호락호락하지 않습니다. 쉽게 자리를 내어 주는
곳이 아니죠. 그 친구들이 사라졌기 때문에, 그 친구들이 설 수
있던 자리에, 제가 서 있다는 사실이 씁쓸합니다. 저는 평소에도
이세계를 자조적으로 비판하는 말을 하고 다니기 때문에 이곳에서
결코 자리를 차지할 수는 없으리라는 것을 압니다. 하지만 동시에,
저 같은 피라미급 시인이 하나는 적당히 섞여 줘야 최소한의

구색이 맞춰지기 때문에 저를 부르신 거겠죠. 이 기록의 역사를 더 객관적으로 그리고 공격적으로 기록할, 이세계에 진입은 했지만 이세계의 전형적 시인이 아닌, 동시에 대한민국에서 두 손가락에 꼽히는 대학의 경영학과를 졸업한, 그렇게까지 후지지는 않은 제가 함께 서는 것이 반드시 필요할 수도 있겠다는 생각이 듭니다.

추천사. 저 역시 연대합니다.

추천사 3: 촌평. 이 시인은 비록 불혹의 햇병아리에 지나지 않지만,
이미 이세계에서 우리들과 어깨를 나란히 하는 중견급 시인입니다.
못생겼죠. 덕분에 젊은 습작생 여자분들의 사랑을 받는 것이 애초에
불가했고, 따라서 본인의 시 창작에만 몰두할 수 있었고, 덕분에
여기에 우리와 함께 설 수 있게 되었습니다.

다시, 추천사. 하지만 선생님, 여성들은 시만 잘 쓴다면 못생긴
남자를 더 좋아합니다. 다시, 추천사. 소리를 지르는 것은
폭력입니다 느낌표 이세계가 무차별적 고발, 끝없는 폭로로 인해
참혹하게 부서지고 있습니다. 아무런 잘못도 저지르지 않은
시인들이 얻어터진 이세계를 위해 이곳에 걸어 나와, 쓰고 또 쓰고
있습니다. 저는 이러한 참혹함 속에서 담대히 일어나 두 가지를
제안합니다. 첫째. 더 건강한 이세계를 위하여, 이 사태를 통렬하게
분노하는 것에 그치지 않고 더 냉철하게 분석해 낼 것. 저는

가해자들을 옹호하는 것처럼 느껴질 수도 있을 말도 용기 내어
하려 합니다. 따라서 제가 가장 중요한 챕터가 될 수는 없으리라
알고 있습니다. 저 역시 피라미, 아니 햇병아리 시인이니까요. 저는
제 자리를 탐하기 위해 이곳에 선 것이 아닙니다. 모두가 궁지에
몰린 심정으로 가해자들에게 돌을 던지는 것에만 급급할 수 있다는
우려로 이곳에 걸어 나왔습니다. 저는 기껏해야 부록의 부록 정도일
뿐입니다. 둘째. 이세계뿐 아니라, 저 세상의 사례까지 꼼꼼히
검토할 것. 한 권의 책에 모든 것을 담아내는 것은 불가능합니다.
따라서 트릴로지, 즉 3부작으로 만들 것을 제안합니다. 이세계의
가해의 역사뿐 아니라, 저 세상의 사례까지 담아내야 합니다.
기다리십쇼. 이 기록은 이세계뿐 아니라 저 세상의 가해의 역사까지
도달하는 대장정의 기록이 될 것입니다. 스포츠, 대학 캠퍼스, 가족
간, 연인 간, 직장 내 등 모든 저 세상으로 뻗어 나갈 것입니다.
내부의 자정작용에만 머물지 말고 더 거시적인 안목의 접근과
분석을 통해 이세계와 저 세상의 자정작용에 기여해야 할 것입니다.
이세계는 우주의 중심이기 때문입니다. 가해자를 처벌하는 것만이
이 기록의 목적이 될 수는 없습니다. '세계의 지성 한나 아렌트는
악의 평범성을 이야기했습니다. 그러나 우리는 가해자의 악이 지닌
평범성이라는 함정에 빠지지 않고, 더 치열하게 가해자를 탐구해
들어가야 할 것입니다. 한편, 또 하나의 지성 수전 손택이 그녀의
저서 『타인의 고통』에서 언급했듯이, 우리는 피해자의 고통을 단지
이미지와 스펙터클로 소비해서는 안 됩니다. 누구의 고통에 어떻게
왜 이입하느냐, 이것이 바로 현대 윤리의 감각입니다.' 이 문장이, 이
기록의 핵심 테제입니다.

해설

해설. 이 기록의 절반을 차지하는 길고 긴 추천의 서문을 지켜봐
주신 여러분께 감사드립니다. 이 책은 역사상 가장 긴 서문을 가진
책으로 기록될 것입니다. 이세계의 주인인 우리가 이세계에서
벌어진 가해의 역사를 직접 기록한다고 하니 많은 우려의 목소리가
있었습니다. 사실 그 우려의 목소리를 배제시키려고 했던 것이
사실입니다. 그 우려의 목소리까지 동참시킨다면, 가해의 본질 혹은
이 기록의 목표를 흐릴 수 있을 것이라고 판단했기 때문입니다.
그 우려는 다음과 같은 것입니다. 확인되지 않은 사실들로
가해자들의 명예훼손이 고려된다는 점, 악용하고 활용하는
피해자가 존재한다는 점, 이슈에 발맞춰 가느라 지나치게 엄숙한
공포 분위기를 조장한다는 점, 이세계 특유의 과도한 감수성에
치우쳐 있다는 점, 그러느라 거대한 문제를 직시해야 할 이세계가
침체되고 있다는 것에 대한 통탄 등이었습니다. 우려가 많다는 것은
그만큼 이 책이 가진 책임의 무게가 크다는 것이라 생각합니다.
우리는 가해의 본질을 흐리지 않기 위해 이 우려들을 담지 않으려
했습니다. 하지만 이 기록의 역사를 더 단단하게 적어 나가기

위해 우리는 이 우려들 역시 이 기록의 한 장으로 동참시키려 합니다. 또한 저는 제가 점해 왔던 이 자리를 철회합니다. 이세계는 사라지는 것들, 소외된 것들을 위한 것입니다. 아무도 주목하지 않았던 여성들을 껴안기 위해 애쓰는 것이 이세계의 주된 목소리였던 것이니만큼, 우리는 부록으로도 여겨질 수 없었던 작은 목소리들을 이 책의 중요한 챕터로 넣음으로써 기존의 방식에 안주하지 않으려 합니다. 스스로를 부록의 부록조차 될 수 없는 시인이라고 자신을 호명한 시인은, 사과문작성가이드를 이 책의 부록으로 제안했습니다. 일류 시인만이 이세계에 존재할 수 있는 것은 아닙니다. 저는 그가 결코 부록의 부록조차 될 수 없는 시인이라고 생각하지 않습니다. 제가 점해 왔던 이 자리에서 물러나는 동시에, 그가 제안한 것을 이 기록의 한 장으로 동참시키겠습니다. 이제 다음 세대에게 자리를 내어 줘야 한다고 생각합니다. 따라서 이 책의 본론을 집필할 수 있는 권한은, 이세계의 진정한 주인이 될 저희의 제자들에게 있을 것입니다. 이 책은 생성 그 자체에 의미를 두기 때문이며, 밀려난 것들을 껴안는 것, 그것이 역사가 되어야 하기 때문입니다. 더 이상 침묵하지 않겠습니다.

가해자 탐구—부록: 사과문작성가이드

저 멀리, 분명하게 몸매가 드러나고 무릎까지 올라오는

하얀색 원피스를 입고 있는 흐릿한 한 여자가 어딘가를 바라보고 있다.
무덤 혹은 여성의 풍만한 가슴처럼 보인다. 혹은 소녀일 수도 있겠다.
아스라이 사라진다. 글자들이 점점 떠오른다.

추천사를 쓴 사람들이 일어서서 먼 곳을 응시한다. 여성의 이미지 혹은
소리는 사라져 가고, 그들의 모습이 떠오르며 표지 그림으로 남는다.

이세계를 기록하고자 이곳에 선다 마침표 괄호 열고 타인의
고통을 견디지 못해 괄호 닫고 세상을 향해 울었고 쉼표 세상을
썼다 쉼표 그리고 사랑했다 마침표 울고 쓰고 사랑했다 마침표
우리는 타인의 고통을 사랑하느라 평생을 울면서 보낸 사람들
말줄임표 마침표 그래서 우리는 참회하는 마음으로 쉼표 앉아서
쓰지 않고 쉼표 이곳에 서서 쓰고 쓴다 말줄임표 마침표 진심으로
사과가 도달하기에는 상처가 깊었으리 마침표 이 책은 참회하는
마음으로 한 줄 한 줄 적어 내려갈 쉼표 이세계에서 벌어진 가해의
역사 마침표 태어나길 광인으로 태어나 이세계에서 가해자가 될
수밖에 없었던 시인들이 스스로 기록하고 스스로에게 벌을 내리는
처음이자 마지막 단 한 권 마침표

목차

머리말

교향곡 5번 4악장 그리고 토마스 만의 『토니오 크뢰거』와 함께하는 광인의 고통

부록 2.
P의 사과문

우려들

후기 혹은 작가의 말

1. 광인을 추적하다
광인은 어떻게 가해자가 되는가?—
광인의 손 편지를 통해

0.
개인적인 관계가 깊지는 않았습니다. 선생과 제자 사이였으니까요.
지금 제 손에는 가해자인 제 제자 Q가, 그녀에게 쓴 손 편지만이
들려 있습니다.

"많은 사람들이 모인 신촌의 한 술집. 나는 너를 보았다. 너는
술자리 가장 구석에 가만히 앉아 옆 사람의 이야기에 귀를
기울이고 있었다. 네가 앉을 수 있는 자리는 거기밖에 없었다. 나
역시 혹독한 습작의 시절을 거쳤기에 꿰다 놓은 보릿자루처럼
앉아 있는 너에게 눈길이 갔다. 너는 주로 듣는 쪽이었다. 너는 한
번에 딱 한 모금씩만 술을 삼켰다. 너는 분명 담배를 피우게 생긴
여자였다. 하지만 너는 담배를 피우지 않는 여자였다. 너는 이따금
사람들이 피워 올리는 담배 연기만 물끄러미 바라보았다. 너와
이야기하던 시인이 잠시 자리를 비운 사이, 너는 그 시인이 떠난
자리를 물끄러미 바라보았다. 그 시인의 두 쪽의 엉덩이 자국이
선연하게 남아 있는 움푹 파인 흔적을 물끄러미 바라보았다. 수많은

시인들이 왁자지껄 떠들고 있는 이세계 셀럽들의 술자리에서
너는 투명한 인간이 되었다. 나는 그런 생각을 했던 거 같다. '나는
너를 구원하고 싶다.' 아니, 나는 그때 너에게 구원받고 싶었는지도
모른다. 홀로 앉아 있는 너의 옆에 앉아 너를 돋보이게 하고 싶었다.
너를 통해, 어릴 때부터 허공만 응시하고 있어 늘 아이들에게
괴롭힘을 당했던 나의 모습을 보았다고 하면 그건 나의 착각일까.
하지만 나는 안다. 생은 착각이라는 것을. 나는 너에게 다가갔다.
그리고 우리는 손을 잡고 나왔다. 천지가 창조되듯 나는 너를
하루하루 만났다. 우리는 데이트한 지 6일이 되던 날까지 자지
않았다. 7일이 되던 날, 너와 나는 나의 작업실 소파에 누웠다.
나는 그 소파에 누웠던 많은 여자들의 영혼을 느꼈다. 그러자 숨이
막혀 왔다. "여자들은 나를 숨 막히게 해." 나는 앞으로도 너에게
죽음을 호소할 것이다. 그때마다 너는 할증 택시를 잡아타고, 야간
기차를 타고 나를 찾아와야 할 것이고 나는 너의 품에 안길 것이다.
네가 단추가 달린 실크 블라우스를 입고 나를 찾아오길 바란다.
하지만 목이 약간 늘어나서 숙였을 때 가슴골이 약간 보이는, 동물
캐릭터가 그려진 라운드 티여도 좋겠다. 블라우스를 입고 온다면
단추를 아주 천천히 정월대보름에 부럼 까듯이, 곰돌이 티를 입고
온다면 물가의 어린아이 옷 벗기듯 만세 하게 해서 벗겨 버릴
거야. 나는 너에게 안기지만, 너는 언제나 내 밑에 누워 있을 거고
내가 원하면 너는 무릎을 꿇어야 해. 바지는 벗기지 않을래. 나는
여자의 털 난 성기를 보는 걸 별로 좋아하지 않거든. 나는 여자의
가슴을 만지는 것도 좋아하지 않아. 그저 스키니한 바지 안에
손을 쓱 밀어 넣는 걸 좋아해. 네가 젖지 않는다면 나는 움켜쥘
거야. 내가 너무 존경하는 선배 시인이 쓴 시가 있어. 쓸쓸하면서
아름다운 시. 시인인 남편이 골방에서 한 글자 한 글자 신열에
들떠 시를 써내려 가고 있는데, 생활인인 여편네가 마당에서 동네
여편네들과 마늘인지 뭔지를 까며 시인인 남편이 쓰는 시에 대해

이러쿵저러쿵 하는 소리를 듣고, 열불이 난 시인이 부엌으로 달려가 식칼을 들고 나와 소리친다. "이세계가 나를 갈기갈기 찢어 버리고 있다!" 동네 여편네들이 너무 놀라서 비명을 지르는 순간, 일제히 생리가 터졌다고 하더군. 그렇게 세계를 움켜쥐면 니들이 찢지 않을 리가 없지. 오늘 밤 이세계 시인과 저 세상 아내는 몸을 격렬히 부대끼며 화해한다. 너에게 나의 예정된 죽음을 고하면 너는 언제든 달려올 거야. 달려와야 해. 모든 여자들처럼. 나는 몰랐네. 생은 착각이라는 것을. 네가 나를 사랑했다고 생각했는데 그건 내 생의 가장 큰 착각이었다는 것을. 사랑한 여인에게 고소당하는 것. 그것도 에스엔에스를 통해서. 그리고 나를 사랑한 모든 여인들이 한 명도 빠짐없이 나와의 잠자리를 고발했다는 것. 말이 되는가? 생 전체가 나를 착각하게 만들었다는 것이. 이 어둠 속에서 이제 나는 누구에게 깃발을 꽂고 달려가야 하나."

Q, 그 녀석은 자신을 고소한 그녀에게 계속해서 연서를 썼습니다. 저는 늘 이야기했습니다. "Q, 너의 시에는 패턴이 발견돼. 그러다가 금방 들켜. 다 말할 필요 없어. 지워. 다 말하려 하는 것은 시가 아니다." 그 녀석, 지울 수 없다고 하더군요.

며칠 후, 비가 억수같이 쏟아지던 밤. Q가 선생님을 찾아갑니다. 문을 두들깁니다.

"저는 도저히 지울 수 없어요. 선생님이 지워 주세요."
"네가 직접 해. 그게 시인이야."
"못 하겠어요."
"지워."

Q, 손을 떱니다. 몹시도 심약한 녀석이었습니다.

"지워."

"네…."

"지워."

"여기까지만."

"안 돼. 더."

"네?"

"더."

"더요?"

"더!"

"선생님! 그것만은!"

"더!"

"그건 도저히."

"더!"

"못 하겠어요. 더 이상은."

"더! 더! 더! 더! 더! 더!"

그 녀석은 거의 혼절했고, 네, 제가 그 녀석의 시를 지웠고 네,
제가 그 녀석의 시를 선택했고, 네. 제가 그 녀석을 이세계에
진입시켰습니다.

"선생님. 시를 쓴다는 것이 방종한 짓이며 원래 온당치 않은
짓이라는 것은 저 자신도 느끼고 있어요. 하지만 그렇다고 해서 이
사실이 저로 하여금 시를 쓰는 것을 그만두도록 할 수는 없어요."*

그 녀석, Q는 지금 어디로 갔을까요? 저는 수많은 Q에게 이렇게

---

* 토마스 만, 「토니오 크뢰거」, 『토니오 크뢰거 / 트리스탄 / 베니스에서의
죽음』, 안삼환 외 옮김, 세계문학전집 8(서울: 민음사, 1998), 12 참조.

말했습니다. "다 쓰지 마. 하지만 다 써야 해." 지금 제 손에 들려
있는 이 시에도 패턴이 발견됩니다. Q, 만약 네가 그때 그 자리에서
네 맞은편 시인의 농담을 농담으로 받아들일 줄 아는 유연한
사람이었다면? Q, 만약 네가 그때 사람들과 좀 더 잘 어울릴 수 있는
쾌활한 성격이었다면? 그래서 Q, 만약 네가 지금 눈앞의 대화에
집중하려고 조금만 더 노력할 줄 아는 사회성이 있는 사람이었다면?
Q, 네가 숫기 없이 주변을 두리번거리다가 그녀를 발견하지
않았다면? Q, 네가 그녀를 먼저 발견했지만 그녀가 너의 눈을
그토록 뚫어지게 바라보지 않았다면? 그녀가 삼십대의 깡마르고
안경 쓴 신경쇠약 여자였다면? 그녀와 이야기하던 그 시인이
자리를 뜨지 않았다면? Q, 네가 그 여자에게 다가가려고 하는 순간
다른 사람이 너에게 말을 걸었다면? 만약, 그때 그 여자가

　　　　　　　만약, 그때. 수많은 피해자들의 행동에 드러나는
패턴을 분석할 것을 제안합니다. 만약, 그때 그 여자가 그 자리에
앉지 않았다면? 만약, 그때 그 여성이 머리를 묶지 않았다면? 그
여성의 목덜미에 잔털이 그토록 보송보송하게 나지 않았다면? 만약,
여자의 아버지가 엄한 사람이라 여자에게 통금이 있어 여자가 그
늦은 시각에 그 시인들이 모여 시국에 대해 밤을 새워 토론하고
있던 그 자리에 술을 그렇게 먹고 그렇게 늦은 시각까지 그렇게
남아 있지 않았다면? 여자가 조금만 얼굴이 컸더라면? 그 자리에
습작생인 여자가 걸어 들어오지 않았다면? 시인들이 모여 있던 그
자리에 여자 습작생은 노란 머리에 짧은 치마를 입은

　　　　　　　노란 머리에 짧은 치마를 입은 최수영이
유일했다. 사진 속의 그녀는 Q와 함께 밝게 웃고 있다. 아무
습작생이나 만나서 되는 건 아니다. 원래는 똑똑하지 않았지만 Q,
너를 만나면서 그녀는 공짜로 똑똑해졌고, 그렇게 공짜로 똑똑하게

될 수 있는 그녀들을 만난 것이 문제였다. 문제없는 그녀들을 만났어야 했다. 하긴, 그런데 그런 애들에게 Q, 네가 무슨 매력을 느끼겠는가. Q, 너는 마치 그렇게 될 수밖에 없게 짜인 퍼즐과도 같은 그림 속에 앉아 있었을 뿐이다. Q, 너는 그녀라는 독립변수에 의한 종속변수였을 뿐이다. 너는 너무나 시인이었다.

Q, 너의 가해는 그렇게 발생했다. 애초에 이세계에 들어온 적도 없는 여자는 행복한 생활인으로 살 수 있음에도 왜 굳이 이세계라는 월계수에서 한 잎을 따 보려는 서투른 수작을 하는 것일까?* 왜 여자는 대구에서 서울까지 기차를 타고 와서 늦은 밤까지 그곳에 앉아 있었을까? 너는 왜 여자에게 빠졌는가? 너는 왜 광인에서 가해자가 되었는가?

1.

그 일이 벌어진 지 7년이 지났다고 합니다. 왜 그녀는 그때 소리 지르지 않고 한참이 지난 지금에서야 소리를 지르고 있는 걸까요? 선생님이 말씀하셨듯, Q는 매우 유약한 친구입니다. 물론 그 친구가 이렇게 말하고 다닌 게 좋아 보이지는 않습니다. "나는 이세계에서 정말 유명한 시인들을 많이 알고 있어. 너, 시인 C를 좋아한다고 했지? C와 나는 정식 학교 때부터 친구였고, C는 시가 안 써질 때 늘 나한테 징징대지. 우리 시인들은 귀여운 구석이 있거든. 솔직히 난 C가 발표한 시를 보면 질투가 나서 미칠 거 같아. C를 만나게 해 줄까? 지금 부를 수도 있어. 아, C는 자고 있겠구나. C는 늘 낮부터 술을 먹고 지금쯤이면 곯아떨어지거든. 그리고 새벽에 일어나 시를 쓰지. 조만간 만나게 해 줄게." 네. 제가 그 C입니다. 그녀와 함께 Q를 만난 적이 있습니다.

* 　토마스 만, 「토니오 크뢰거」, 58 참조.

216

2.

학교 다닐 때 술자리에서 이런 말을 들은 적이 있습니다. 선생님이
제가 사귀고 있던 여성인 시인에게 이런 말을 하셨죠. 저와 사귀던
그 여성은 애초에 이세계에 진입한 선수급이었고, 저는 아직인
상태였습니다. "시를 쓰고 싶니? 시인이라면 스스로 인생을 망치는
법을 알아야 하거든. 자멸 속에서 비틀거리면서도 걸어가는
것. 그것이 시인의 삶이니까. 남자 친구랑은 어디까지 가 봤니?
남산타워까지 올라가 봤다고 하려던 참이었니? 시인은 유머가
있어야 해. 난 얼굴색을 보면 알 수 있어. 가끔 자위를 하는 것도
나쁘지 않아. 인간은 호모파베르잖아? 아버지랑은 잘 지내니?
어릴 때 아버지가 네 기저귀도 갈아 주고 그랬겠지? 이세계에
들어오는 거, 생각보다 쉬웠지? 항상 그다음이 힘들지. 넌 이세계에
이미 들어왔으면서도, 늘 내 수업을 기웃거리고 있지. 난 그게
참 보기 좋다. 이 담배 연기 속에서 나누는 별말 아닌 것 같은
헛소리들도 잘 기억해 둬. 너보다 훨씬 먼저 이세계에 진입한 네
선배는 늘 술자리에서 내 옆에 앉아 내가 하는 별 농담 같지도
않은 이야기를 다 들으면서도 고개만 푹 숙이고 있었지. 잊지 않기
위해서였겠지. 그러더니 어느 날 어딘가에 가서 그걸 말해 버리고는
미쳐 버렸어. 시를 쓰면서 어떻게 저 세상의 궤도에서 이탈하지
않고 살 수 있겠어? 나랑 매일 밤, 술을 마셨지. 삶에서 깃발을
어디다 꽂아야 할지 모르겠다고 울었어. 그래서 내가 그 깃발을
꽂아 주겠다고 했지. 너에게."

3.

왜 그런 이야기를 들었을 때 바로 이야기하지 않았던 걸까요?
왜 한 사람이 이야기 하면 다른 사람이 이야기하고 또 다른 사람이
이야기하는 걸까요. 생각이 없는 걸까요? 아니면 무서운 게 없는
걸까요? 습작생이니까 잃을 게 없는 걸까요? 왜 뭉쳐 다닐까요?

여자들은 원래 화장실 같이 다닌다고 했나요? 왜 자신만의 언어로
말하지 않고 다른 사람의 말을 나르는 걸까요? 왜 약을 먹고 정신
병원에 들어갔다고 쩩쩩거리는 걸까요? 이세계에 들어오기엔
멘탈이 너무 약하면서도 이세계에 들어오고 싶어 안달이 난
걸까요? 왜 자신의 일도 아닌데 다른 사람을 위해 화를 내는 것에
너무 많은 시간을 쓰는 걸까요? 어른이라면 그런 이야기를 듣고
그냥 흘려야 하는 거 아닌가요? 며칠 전 잡지에서 이런 일화를
접했습니다. 한 감독이 오디션 현장에서 여배우들에게 치마를
들춰 보라고 했다는. 모든 여배우들이 치마를 들췄겠죠. 누가
뽑혔을까요? 그것을 거부한 여배우였습니다. 여배우는 이렇게
이야기했다고 합니다. "나는 그 감독님과 싸우기 위해 그 감독과
영화를 찍겠다." 패턴이라는 게 발견됩니다. 바로 다음 날 우리
캠퍼스에 선생님이 하신 말씀이 대자보에 붙었습니다. 왜곡되고
와전되고.

전적이 있는 잠재 피해자들이 모두, 한마디씩 보탰고 선생님은
학교에서 사라졌습니다. 선생님에게 시를 배우기 위해 힘들게
아르바이트를 해서 등록금을 낸 학생들의 배울 권리는
박탈되었습니다. '소리 지르는 것은 폭력입니다.' '그녀들은 소리를
질렀습니다.' '그녀들은 자신도 모르는 사이에 폭력적이 된 것은
아닐까요? 확인되지 않은 언어로 그를 사살한 건 아닐까요?'

그녀들, N. 그의 실명을 불러내 그가 평생 쌓아온 시 세계를
무너뜨렸다. 조롱했다. 비웃었다. 그렇게 그녀들, N은 수많은 그를
짓밟았다. 그녀들의 시가 뽑히지 않는 이유는, 그녀들이기 때문이
아니라 그녀들이 쓴 시는 시가 아니기 때문이다. 생은 착각이라고
했던가요? N.

광인은 어떻게 탄생하는가?—
광인의 동료들을 통해

C. 그녀에 대해 저에게 술자리에서 이야기한 적이 있습니다.
이세계에 들어오고 싶어 하는 스무 살과 만나고 있다고. 제가
그녀와 만나고 있다는 생각이 들 정도로 그녀에 대해 총천연색의
묘사를 해 주었습니다. 전희 없이 그녀의 팬티에 손을 넣는 걸
좋아했어요. 거친 걸 좋아했어요.

평생 습작생으로 남게 될지도 모른다는 기분으로 살아가는 기분은
어떤 걸까요? 이세계 주변을 어슬렁거리면서 평생 그 기분을 모른
척하면서 살 수는 있겠죠. 그 친구 C는 어리석지 않았습니다. 좀
늦긴 했지만 시간을 낭비하지 않은 덕에 나이 서른다섯에 습작생
딱지를 뗄 수 있었습니다. 그 친구가 삼십대 초반까지 썼던 시를
기억합니다. 끔찍했죠. 우리는 같은 선생님에게 시를 배웠습니다.
선생님께서는 이렇게 말씀하셨습니다. "다 말하려 하지마. 자신
없어? 그럼 다 말하든가." 선생님께서는, 유독 그 친구에게만
혹독하게 대하셨습니다. 선생님은 직접 하나씩 지워 주시기까지
하셨습니다. 부러웠죠. 왜냐하면 선생님은 제 시에 대해서는

한마디도 하지 않으셨거든요. 저는 한 글자 한 글자 혼자 써야
했습니다. 제가 혼자서 한 글자 한 글자 고통스럽게 적어 나가는
동안, 결국 그 친구의 시는 쉼표와 마침표만 남았고, 그 친구는
쉼표와 마침표만 남은 그 시로 이세계에 진입했습니다. 그 이후로
이러다 할 시를 발표하지 못했습니다. 저처럼. C.

그녀의 가슴이 작아서 마음에 든다고 했어요.

H. 평소에도 죽고 싶다는 말을 자주 하던 시인이었다고 합니다.
하지만 아무리 죽고 싶어도, 남자에게 그런 말을 할 필요는 없겠죠.
그래서 동료 시인들은 모두, 아무도 H가 그러한 정신적 질병에 걸려
있다는 걸 몰랐습니다. 예를 들면 '내일 새벽 2시 37분까지 살겠다.'
혹은 '죽으려고 생각했다. 올해 설날, 옷감을 한 필 받았다. 새해
선물이다. 천은 삼베였다. 쥐색 줄무늬가 촘촘하게 박혀 있었다.
여름에 입는 거겠지. 여름까지 살아 있자고 생각했다.'* 여자들은
다자이 오사무도 몰랐는지, H의 작업실에 제 발로 기어들어
가곤 했습니다. H는 2016년 11월 28일 에스엔에스에 이런 글을
남겼습니다. '시를 쓰고 싶다.' 함께 시를 쓰던 동료가 성폭력 사태에
휘말린 것. 가슴이 아프고 안타깝습니다. H의 시는 훌륭했고, 저처럼
햇병아리도 아닌 그가 그런 사건에 휘말렸다는 것 말줄임표 한참을
생각했습니다. 한동안 시를 쓸 수 없었습니다 마침표 그 순간 이런
생각이 들었습니다. '난 참 행복한 사람이구나. 아무리 힘들어도 난
시를 쓸 수 있으니까.' 끝까지, 문지방을 넘을 힘만 있다면 깃발을
꽂고 달려갈 겁니다. 이세계에 속한 모든 시인들이 그러하길. H.
그녀의 알몸 사진을 시가 써지지 않을 때마다 본다고 했어요.

       *   다자이 오사무, 「잎」, 『만년』, 유숙자 옮김, 한림신서
             일본현대문학대표작선1(서울: 도서출판 소화, 1997), 11 참조.

S. 물론 개새끼긴 개새끼입니다. 저는 분노했습니다. 하지만 제가
그와 자주 만나는 동료였다는 이유로, 에스엔에스에 그와 함께
찍은 사진이 많이 돌아다닌다는 이유로 저까지 그와 싸잡아서
보시는 것에 굉장히 상처를 입었고 앞으로 계속 시를 쓸 수 있을지
생각이 들 정도로 고통스럽습니다. 하지만 이 자리는 저의 고통을
이야기하는 자리가 아니라 가해자의 고통을 통해 피해자의
고통을 추적해 나아가는 자리라는 사실을 알고 있습니다. 그의
유일한 가족은 아버지와 여동생이었습니다. 어머니는 그가 어린
시절 집을 나갔고, 아버지와 여동생은 그가 시인이라는 이유로
멸시를 감추지 않았다고 합니다. 지루한 이야기죠. 에스엔에스를
통해서 여동생이 그의 가해 사실을 알게 되었고 다행히 여동생은
아버지에게 그 사실을 말하지 않았습니다. 그는 가족과 따로 살고
있었지만 건강보험료 납부 문제로 주소는 여전히 가족들의 집으로
되어 있었고, 결국 고소장이 가족들의 집으로 날아갔고, 그의 아픈
아버지도 그 사실을 알게 되었습니다. 그의 가족이 겪고 있을
고통을 생각해 봅니다. 제가 그의 가족사를 군이 밝히는 이유는
그가 누구인지 탐구하기 위해서일 뿐이지 그의 고통 그리고 그의
가족의 고통을 전시하기 위해서가 아닙니다. 어머니의 이른 부재로
제대로 된 남성으로 성장하지 못한, S. S의 여성들은 그 사실을 알고
있었기에 그에게 끊임없이 연락을 해 그를 보듬어 주려고 했던 거
같습니다. 그의 미니 냉장고에는 뜯지도 않은 홍삼, 붕어즙, 배즙,
흑염소즙 등이 쌓여 있습니다. 그와 저는, 같은 해에 다른 경로를
통해 이세계에 진입 마침표 S.

물론 그녀의 사진을 저에게 전송해 주진 않았습니다. 그녀는
이세계에 진입을 했고, 진입 후 그와의 관계를 폭로했습니다. 그녀
역시 권력의 맛을 조금은 보았겠죠. 왜 그녀들은 그에게 어떤
신호도 주지 않았을까요? 그를 뒤따르는 그녀들의 마음에 어떤

것이 있었던 걸까요? 왜 권력의 선로를 잘 따라가다가 어느 순간
탈선해 버린 걸까요? 그녀들 마음속의 열등감은 무엇이었을까요?
이세계에 들어오지 못한 채 얼쩡거리고 있는 자신의 그림자를
물끄러미 바라보는 시간이 너무 길었던 건 아닐까요? 그녀와
그녀의 시는 아직 시가 아니었습니다. 덜 여물었다고 할까요?
이것이 그녀의 오류입니다. 자신의 몸을 아니, 목숨을 그 대가로
지불하지 않고,「토니오 크뢰거」, 이세계라는 월계수에서 한 잎,
단 하나의 이파리쯤은 따도 되겠지, 라고 생각한 오류 말입니다.*
이세계는 그리 호락호락하지 않습니다.

P. 모두가 그에게 이야기했습니다. 시인 같지 않다고. 멀끔한
외모. 깨끗한 옷차림. 수더분한 말투. 비속어도 쓰지 않아서, 모두
그에게 재미없는 인간이라고 했습니다. 시인이 되기에는 유복한
집안에서 태어난 인간 비극. 진입도 쉽게 했습니다. 저는 몇 번이나
실패했습니다. P. 창작 교실을 운영했습니다. 경제적으로 충분히
여유가 있는데, 왜 창작 교실을 운영하는지 그에게 물어본 적이
있습니다. 그는 그냥 웃었죠. 술은 그의 유일한 벗. 그의 유일한
낙은 창작 교실 수업이 끝난 후, 그에게 시를 배우려고 하는 습작생
제자들과 술 한잔 기울이는 것. 술자리가 끝나고 한 제자와 2차를
가고, 3차를 갔다고 들었습니다. 다음 주에는 다른 제자와 2차를
가고 3차를 갔고, 그 다음 주에는 다른 제자와 2차를 가고 3차를
갔습니다. 술값은 보통 습작생 제자들이 냈다고 들었습니다.
2차, 3차를 간 수많은 그녀들은 마치 여고생처럼 자신이 선생님과
개인적인 관계를 맺고 있다는 사실을 공유하지 않았다고 합니다.
여자들은 본인이 질투를 하면서도 상대가 질투할 거라고 우려하는
존재라고 하더군요. 물론 모든 여자들이 그러하다는 것이 아닙니다.

* 토마스 만,「토니오 크뢰거」, 58 참조.

저는 여자를 그렇게 생각하지 않습니다. 제 시에는 다른 시인들의
시에서처럼 여자를 때리는 자신을 경멸하면서도 자신을 지독히
사랑하는 남자 같은 건 나오지 않습니다. 아예 여자 자체를
등장시키지 않습니다. 습작생 제자들은 성관계까지는 원하지
않았다더군요. 어떤 제자는 삽입 직전에 거부했다고 하더군요.
하지만 오랜 제 친구 P는, 그 거부를 거부로 받아들이지 못했습니다.
몇 년 후 제 친구는 작고 뚱뚱한 여자와 결혼을 했습니다. 제 친구가
신혼의 단꿈에 젖어 있을 때, 2차, 3차를 갔고 습작생 제자를 자신의
작업실로 불렀고 억지로 삽입을 했고 모욕적인 말을 했다는 사실을
한 명이 밝혔습니다. 7년 만이었죠. 그러자 또 누군가가 밝히고 또
누군가가 밝히고. 제 친구가 겨우 한 달 맛본 신혼의 단꿈은 박살이
났다고 합니다. 잠시 중단된 P의 창작 교실과 에스엔에스는 폭로 석
달 뒤 재개되었습니다. 그는 여전히 습작생이 쓴 시의 가장 열렬한
독자입니다. 인적이 드문 늦은 밤. 그의 귀갓길. 전적이 있는 잠재
피해자들이 그의 집 앞 전봇대에 몸을 숨긴 채 담배를 피우며 그가
지나가기만을 기다리고 있을지도.

가해자. Z, Y, X, W, V, U, T, S, R, Q, P, O, N, M, L, K, J, I. 시인들이라고
하는데 이세계에서 못 들어 본 이름입니다. H. 이름은 들어
봤습니다. 팔까지만 만졌고 유독 마른 여성에게 "먹기에 좀
딱딱할 거 같다, 저번에 보니까 남자 친구도 말랐던데 둘이 할
때 삐그덕거리지 않겠냐?"라는 표현을 습관적으로 썼다고 해서
가해자라고 보기에는 좀 애매한 부분이 있는, 그러니까 등급 안에도
못 들어가는 실수 연발자 정도의 가해자라고 볼 수 있습니다.
G. 강제적으로 삽입을 했기 때문에 개새끼입니다. 게다가 시도
못 쓰는 개새끼가 그런 짓까지 했으니 선처의 여지가 없는
개새끼입니다. 제 친구였지만, 시를 못 쓴 덕분에 G는 3등급
가해자가 맞습니다. F. 이세계에 진입한 지 3년이 되는 시인입니다.

꾸준하게 활동을 해 오고 있긴 하지만 글쎄요, 잘 모르겠습니다.
단 세 번뿐이었다고 합니다. 습작생도 아닌 선배 여성 시인들에게
외모 품평, 결혼 여부에 따라 술자리에서의 자리 배치를 요구했다고
합니다. 늘 남녀남녀남녀로 끼어 앉기를 주장했습니다.
역시 3등급입니다.

E. 지금은 이렇다 할 시를 발표하고 있지 못하지만 E가 이세계에
진입했을 때를 기억합니다. 모두 환호했고 동시에 긴장했죠.
평소에도 성적으로 개방된 언어를 자유자재로 구사하는
여성이었고, 실제로 두 사람이 문자로 그런 식의 대화를 나눈 것이
남아 있고, 정황상 강제적인 성관계를 맺었다고 보기는 힘들지만
E가 일부 잘못을 인정했기 때문에 2등급 가해자가 맞습니다.

D. 무리한 삽입을 한 것이 사실이긴 하지만, 두 사람의 관계와
시간대, 그리고 음주량에 비추어 보면 D가 여성의 거부를 거부로
못 알아듣는 것이 불가능한 상황은 아니었기에, D는 2등급 정도의
가해자입니다.

C. 합의된 성관계였다 할지라도 미성년자와의 성관계이기 때문에
개새끼라고 할 수 있습니다. 게다가 성관계를 맺지 않았더라도 그가
신체 접촉을 시도한 미성년자 제자들이 열여섯 명에 육박한다고
합니다. 언젠가부터 선생으로서의 자질이 시인으로서의 자질을
앞질렀다고 합니다. 따라서 안타깝게도 원뿔 등급은 될 수 없는,
1등급 가해 지목인입니다.

B. 강제적 성행위까지는 하지 않은 것으로 보이고 많은 여자들을
만나고 연애 관계에서 발생할 수 있는 모욕적인 말과 약간의 물리적
폭력을 행사했다고 합니다. 남녀 사이의 문제는 알 수 없는 것이기

때문에 가해자라고 하기에는 애매합니다. 물론 그 수가 지나치게 많고, 지나치게 상습적입니다. 이세계에서 B가 점하고 있는 자리는 꽤 중요합니다. 판단이 쉽지 않습니다. 하지만 그 수도 많고, 피해자들이 제출한 증거 역시 지나치게 많기 때문에, 우선은 원뿔 가해 지목인이라고 해 두겠습니다.

A. 태초에 광인으로 태어나 이세계에서뿐 아니라 저 세상에서까지 원치도 않는 추앙을 받았지만 일상에서는 냉소와 유머 사이에서 줄타기를 한 '시인 위의 시인'과 미성년자 강간범 시인을 같은 부류에 넣는 것은 논리적으로도 문제가 있는 폭력적 시각입니다. 네, A가 여자 시인들에게 한, "나는 결혼한 여자랑 눈만 마주쳐도 발기가 안 돼"라는 말속 상황의 아이러니가 그려지시나요? "시인이 되기에는 가슴이 크구나." 가슴이 작다고 했나요? "여자가 잘 빨아야 해." 비단 여자에게만 해당하는 말인가요? 평생에 걸쳐 이런 말들을 한 게 전부라고 합니다. 우리는 생각을 해야 합니다. A가 저런 말을 했을 때, 이세계의 시인들, 어떻게 반응했습니까. 모두가 웃었습니다. 술에 취해 비틀거리며 걸어가는 A를 부축해 주고, 택시 기사에게 잘 부탁드린다고 당부하고, 안주 좀 드시라고 잔소리하고, 무겁지도 않은 가방을 경쟁적으로 들어 주고, "선생님 건강하셔야 해요", 시에 대한 A의 말을 들으며 모두 가슴을 치지 않았나요? 그토록 권위 있는 상인데도, 늦잠을 자서 시상식장에 나타나지 않은 A를 모두 모에화하며 연모하지 않았나요? 누구에게도 아첨하지 않고 시에 대해 열변을 토하던 '시인 위의 시인의 시'를 읽으며 이세계의 진입을 꿈꾸지 않았나요? 그런데 왜 도대체 이제 와서, 범인(凡人)들이 결코 도달할 수 없는 그런 세계에 도달한 사람, A를 부정하려는 걸까요. '시인 위의 시인' 투뿔. 부정할 수 있을까요?

덧. 남자라는 이유로, 시인이라는 이유로, 남자 시인이라는 이유로 이렇게 마구잡이로 묶여서는 안 된다고 생각합니다. 따라서 저는 용기 내어 이세계의 이야기가 아닌 저 세상의 이야기를 해 보려 합니다. 저의 말은 기록되지 않을 것입니다. 저는 환호를 받으며 이세계에 진입했지만 불과 6개월밖에 되지 않았으니까요. 물론 엄청난 환호였습니다.

a. 그 여자 가수는 굉장히 센 노래를 불렀습니다. 여자와 여자의 섹스 같은. 자동으로 페미니스트가 되는 덕도 누렸습니다. 욕심이 났던 걸까요. 다음 앨범에서는 미성년자들의 성애를 다룹니다. 어느 날 생방송 중, 그 여자 가수는 그 노래를 부르다가 슬쩍 음탕한 미소를 짓고 맙니다. 이것은 단순한 실수일까요. 아니면, 그 여자 가수의 내면에 이미 강렬히 존재하고 있던 본성일까요. 그 여자 가수의 앨범은 전량 폐기됩니다. 발매 예정이었던 앨범들도 함께.

b. 한우 투뿔 정도의 선수가 고등학교 선수 시절 후배들을 상대로 한 음란한 일이 밝혀지자마자, 감독은 기자들 앞에서 고개를 숙입니다. 기사가 나옵니다. "진정성 있는 감독의 눈물과 결코 대체될 수 없는 선수의 실력이 팀을 살린다." 선수와 감독 모두 여성이었습니다.

c. 그 오케스트라 지휘자는 유독 특정 연주자에게만 혹독하게 대했습니다. 첼로였다고 합니다. 어느 날 밤, 그 여자 지휘자와 여자 첼로 연주자가 아무도 없는 밤의 연습실에서 입을 맞추는 장면이 목격되었다고 합니다. 두 사람의 나이 차는 무려 스무 살.

2. 이세계란 무엇인가
월터 페이터, 샤를 보들레르, 토마스 만,
제임스 조이스, 요한 볼프강 폰 괴테, 마샬 버먼,
카를 마르크스

저는 그 친구와 학교를 같이 다녔습니다. 가까웠어요. 한 학기 한 학기 지날수록 이세계에 진입한 녀석들이 생기고, 다음 학기에 진입한 친구가 또 생기고 시를 연이어 발표하는 친구들이 생겼습니다. 그 친구는 결국 진입도 발표도 아무것도 하지 못했어요. 저희가 좀 특이했죠. 졸업을 하기 전에 진입하고 발표도 하고 신문 인터뷰도 하고. 그때부터 제 시는 선생님들과 같은 곳에 실렸습니다. 그 친구는 알아서 떨어져 나갔어요. 이세계에 들어온 적도 없으니 떨어져 나갔다고 보기도 힘들겠네요. 그런데, 졸업 직후 바로 진입했어요. 모두 놀랐습니다. 공신력은 없는 곳이었어요. 사람 일 모른다더니 그는 곧 마치 이세계에 원래 있었다는 듯이, 놀랍게도 선생님들 바로 옆에 서게 되었습니다. **1. 이세계는 물질세계 그리고 과거와 미래로부터 단절된다.—보들레르.** 그를 진입시킨 곳도 그 덕분에 유명세를 탔죠. 이유는 모르겠습니다. 이렇다 할 시를 발표하지도 못하던 저는 아르바이트를 전전하며 점점 이세계에서 멀어지게 되었습니다. 아무도 제 이름을 기억하지 못하게 되었습니다. 저는 이세계에 진입했지만 이세계에서

227

멀어지고 있었습니다. 애초에 이세계에 존재하지도 않았다는 듯이.

2. 이세계는 일정한 틀 속에 갇히기를 거부하며, 역사적 단절을 통하여 생존 가능한 새로운 가치관을 모색하려는 정신에 기반을 둔다.—제임스 조이스. 그러자 그는 저를 찾아오기 시작했습니다. 그리고 이세계에서 벌어지는 이상하고 믿을 수 없는 일들을 하나하나 저에게 털어놓기 시작했습니다. 저는 묻고 싶었습니다. 왜, 나에게? 하지만 이세계에서 나를 빼놓고 벌어지고 있는 일을 묵묵히 들어 주었습니다. 그렇게라도 이세계에 속해 있고 싶었으니까요. **3. 기존의 것에 안주하지 않고 그것을 부정하려는 정신은 불행하게도, 반드시 자아분열과 방황을 동반할 수밖에 없으며 저 세상에 대한 회의와 상실을 경험할 수밖에 없다. 시인은 노력하는 한 방황하는 존재 마침표—요한 볼프강 폰 괴테.**

4. 발전을 지향하는 시인은 비극적이 될 수밖에 없는, '발전의 비극'—마샬 버먼. 그 일이 터졌고, 에스엔에스에 그가 발표한 사과문을 보았습니다. 왜 사과문을 발표하기 전에 저에게 조언을 구하지 않았을까요? 그는 진짜 가해자가 맞을까요? 평범한 사람이 저지른 평범한 실수일 수도 있겠다는 생각이 듭니다. 그 친구가 쓴 시도 평범했거든요. 그 친구가 만약 그때 사과문을 올리기 전에 저에게 요청했다면, 제가 그 사과문을 봐 줄 수 있었을 텐데요. 물론 그 친구는 저에게 부탁하고 싶지는 않았겠죠. 이세계에 속해 있지 않은 저에게 **5. 이세계의 정신은 나와 세계의 변형을 보장해 주는 동시에 내가 현재와 과거의 모든 것을 위협하는 환경 속에 처해 있음을 느끼게 해 주는 정신이다. 이는 이분화되어 있던 모든 장벽을 무너뜨리는 동시에 역설적으로 분산된 통합을 가져온다. 이세계 속 시인의 견고한 정신은 대기 속에 녹아 버리게 되며 시인은 이세계의 일부분이 되는 것이다.—카를 마르크스.** 이세계에 속해 있지 않은 저에게 이세계에 대해 미주알고주알 이야기하는 것, 거기까지였겠죠. **6. 시인은 그의 견고한 시성이 저 세상 속**

생활인들이 내뿜은 대기 속에서 녹아 버리는 경험을 하게 된다. 이세계 속 시인이 창조한 고통의 정신은 저 세상의 대기 속에서 아우라를 발휘하며 동시에 무력해진다. 시인에게, 이세계와 저 세상 사이에서의 갈등과 분열은 필연적이다. 그러나 종국에는, 비극을 통한 발전만이 있을 것이다.—작자 미상. 사람 일 모른다더니 지금 이세계에 있는 건, 저네요. 그때 그 친구가 제대로 사과문을 올렸다면 우리가 이렇게까지 모일 필요가 있었을까요? 근데 이런 불미스런 이유로라도 모이게 되니, 비로소 이세계의 아늑함이 느껴집니다. 선생님들 여전히 건재하시고, 다들 모두 자기 자리를 잘 지키고 있는 모습을 보니 오늘은 아마 2차, 3차, 4차까지 가게 될 거 같네요. 아니다. 굳이 술집에 갈 필요 있나요. 학교 때처럼 선생님 댁에 가서 사모님이 차려 주시는 술상 받고 싶은 마음이 간절하네요. 사모님은 그야말로 시인 위의 시인입니다. 한국의 한나 아렌트, 한국의 수전 손택. 사모님답지 않게 안주를 기가 막히게 하시는데 저는 다시 한번 말하지만 한국의 한나 아렌트이자 한국의 수전 손택이 차린 그 술상을 받고 싶습니다. 오늘도 후딱 먹어 치우겠죠. 괜찮습니다. 그럼 사모님이 바로바로 차려 주실 테니까요. 아, 선생님은 저번에 술상을 발로 차 버리시던데. 아, 선생님 따님. 얼마나 컸을까. 시인이 될 얼굴은 아니었는데, 저는 그게 좋더라고요. 여하튼 그 사과문 말줄임표 제가 봐 줄 수 있었는데, 아, 물론 제가 한 말이 이 책의 중요한 챕터가 될 수는 없겠죠? 연대합니다. 그 새끼는 개새끼입니다. 진짜 개새끼입니다. 고통스러웠겠죠. 시를 쓴다는 것이 방종한 짓이며 원래 온당치 않은 짓이라는 것을 그 자신도 느끼고 있었을 테니까요. 물론 그렇다고 해서 이 사실이 그로 하여금 시를 쓰는 것을 그만두도록 할 수는 없었을 겁니다. 단지 그 새끼는 자신이 던져진 이세계 속 상황의 힘에 의해, 상대 여성이 원하지 않는 것을 자꾸 손에 쥐어 주려고 해 왔습니다. 그리고 자신이 쥐고 있는 이세계는

절대 놓지 않으려 했죠. 그가 속해 있었던, 아니 그가 쥐고 있었던
이세계는 과연 무엇일까요? 무엇이 그를 그토록 고통스럽게 만들어,
가해가 발생될 수밖에 없는 상황에 빨려 들어가게 만든 걸까요?
가해자를 정확하게 추적해 들어가기 위해서는 이세계에 대한
탐구가 필요합니다. 선생님의 서재, 이세계의 주옥같은 시집들이
꽂혀 있는 그곳, 그곳이 바로 이세계입니다. 우리는 그곳에서 날이
밝을 때까지 촛불을 켜 놓고 소주 한잔 기울일 겁니다. **7. 이세계
시인 위의 시인들의 모든 개화는 자발적인 것이다. 시인은 자기
자신에게서 비롯된다. 시인은 스스로를 위해서만 안정되게 서
있다. 시인은 아이 없이 죽는다. 시인은 자기 자신만의 왕, 자기
자신만의 목사, 자기 자신만의 신이다.—토마스 만.** 한국의 한나
아렌트, 한국의 수전 손택이 차린 술상을 앞에 두고. 이세계. 결코
호락호락하지 않은 이세계. 저는 이제 이세계 속의 인간입니다.
이세계란 무엇인가. 이세계.

부록 1.
사과문작성가이드—이세계 속의 광인:
말러의 교향곡 5번 4악장 그리고 토마스 만의
「토니오 크뢰거」와 함께하는 광인의 고통[*]

시를 쓴다는 것이 방종한 짓이며 원래 온당치 않은 짓이라는 것은
나 자신도 느끼고 있었다. 그러나 그렇다고 해서 이 사실이 그로
하여금 시를 쓰는 것을 그만두도록 할 수는 없었다.

악의 없고 단순하며 생동하는 것에 대한 동경을 모르는 자, 약간의
우정, 헌신, 친밀감, 그리고 인간적인 행복에 대한 동경을 모르는
자는 아직 시인이 아닙니다. 평범성이 주는 온갖 열락을 향한
은밀하고 애타는 동경을 알아야 한단 말입니다!

너처럼 그렇게 파란 눈을 하고 온 세상 사람들과 정상적이고 행복한
관계 속에서 살 수 있다면 얼마나 좋을까!

너는 웃었지? 내가 「숙녀들의 작은 물레방아」를 추어 그다지도

[*] 이 장면은 다음에서 발췌해 일부 변형했다. 토마스 만, 『토니오
크뢰거 / 트리스탄 / 베니스에서의 죽음』, 12, 14, 55, 102.

비참한 웃음거리가 되었을 때 너는 날 비웃었지? 그런데 이제 내가 제법 유명한 시인이 된 오늘에도 넌 날 비웃겠느냐? 그렇다, 너는 그럴 것이다. 그리고 그러는 것이 또 너무나도 당연하다. 그리고 설령 내가 아홉 개의 교향곡과 『의지와 표상으로서의 세계』와 「최후의 심판」을 순전히 혼자서 이룩해 내었다손 치더라도, 너는 영원히 비웃을 권리가 있다.

가해자 P가 올린 사과문입니다.

P입니다. 정식 학교에 다닐 때부터 주변에는 노가다를 뛰는 친구,
알 수 없는 이유로 늘 고통스러워하는 친구, 어린 시절 어머니가
집을 나간 친구뿐이었습니다. 모두 병들어 있다고 했고, 선생님도
병이 들어야 시를 쓸 수 있다고 하셨습니다. 다들 시를 쓰지 못하면,
혹은 시가 써지지 않으면 죽을 거 같다는 말을 달고 살았습니다.
저는 '시를 쓰지 않으면 좋은 거 아닌가?'라는 생각을 하는
사람이었습니다. 담배도 피우지 않아 시인답지 못하다는 말도 자주
들었는데, 담배를 피우기에 적합한 몸이 아니었던 것뿐이었습니다.
비속어는 원래 쓰지 않았습니다. 정식 학교에 다닐 때 선생님들은
제 시에 대해서는 별 말씀을 하지 않았고, 이세계에 진입하는 것도
비교적 쉬웠습니다. 건강보험료를 납부하지 못하는 친구들도
있다고 들었습니다. 저는 시인이 되기에는 적합하지 않았을지도
모릅니다. 조금씩 제 안에 균열이 생기기 시작했고, 걷잡을 수
없어졌습니다. 평범한 시를 쓰는 평범한 시인 말줄임표 작고 뚱뚱한
여자와 결혼을 하고 창작 교실을 운영하게 되었습니다. 경제적으로
힘들지도 않으면서 굳이 왜 그런 걸 하느냐는 이야기를 많이
들었습니다.

네. 가해자 P입니다. 창작 교실이 끝난 후 습작생들과 2차, 3차를 가는 것이 유일한 낙이 되었습니다. 디브이디방도 갔습니다. 중국 무협 영화를 봤습니다. 창작 교실 뒤풀이의 습작생들 말줄임표. 영원히 생활인으로 남게 될지도 모른다는 불안을 이야기하곤 했습니다. 창작 교실에서는 뜨겁게 임하거나, 시니컬한 태도를 취하던 이들이었죠. 2차, 3차로 이어지면 그때 그런 말들이 나오기 시작한 겁니다. 저 역시 제 공포를 나누어 주었습니다. 고통이 없다는 공포. 습작생들은 저 정도의 시인도 시에 대한 공포를 느끼고, 게다가 그것을 자신에게만 들려주는 것에 은밀한 기쁨을 느끼는 듯했습니다. 저의 고통과 자신들의 불안을 구분하지 못하기 시작했습니다. 제 작업실로 습작생들이 찾아왔다는 말들이 돌고 있는데, 그런 적은 없습니다. 아까 말씀드렸다시피 2차를 가고 3차를 갔고 제 작업실이 아닌 디브이디방에서 중국 무협 영화를 봤습니다. 사과문에서는 자신이 잘못한 사실을 속이지 않고 적어야 한다고 들었기 때문에 틀린 정보를 바로 잡습니다. 직접적인 성관계는 습작생들의 집에서 이루어졌습니다. 어떤 습작생은 삽입 직전에 거부했습니다. 저는 그 거부가 거부인지 모를 수밖에 없었습니다. 왜냐하면 디브이디방에서 서로 오럴 섹스를 해 주기도 했기 때문입니다. 성관계에 대한 기준이 달랐던 거 같습니다. 저는 그녀들이 무엇을 열렬히 원하는지는 알고 있었지만 무엇을 원하지 않는지까지는 정확하게 몰랐습니다. 생의 착각이었겠죠. 저는 이제야 고통을 알 것 같습니다. 최근에 저는, 그 전부터 약간 문제가 있어 왔던 폐에 물이 약간 찼다는 것을 알게 되었습니다. 뚱뚱하고 못생긴 와이프만이 저를 이해해 주고 있습니다. 와이프는 임신을 했습니다. 와이프가 에스엔에스를 통해, 당사자도 아닌 사람들이 저를 어떻게 이야기하고 있는지 알게 되었습니다. 배 속의 아이 걱정뿐입니다.

네. 가해자 P입니다. 사과합니다. 피해자 중 한 명이 문자를
보냈습니다. "더 이상 시를 쓸 수 없을 것 같다. 시를 쓰지 않겠다.
그것 말고도 저 세상에는 의미 있는 일들이 아주 많다." 매일 밤
약을 먹지 않고는 잘 수 없다는 것. 밥을 삼키지 못한다는 것.
고통스럽다는 것. 모든 시인들이 겪고 있는 고통일 겁니다. 물론
저라는 사람은 그러한 고통을 다른 시인들보다 아주 늦게 알게
되었죠. 아무리 습작생이라 할지라도, 저의 무리한 삽입으로 인해
더 이상 시를 쓸 수 없다는 것, 결코 관념적인 감각이 아닙니다.
스타일이 독창적으로 바뀌었다는 극찬을 받은, 내년 출간
예정이었던 제 시집이 출간 취소 결정이 나고, 시를 쓰지 못하고
나서야, 이제야, 알 것 같습니다. 시를 쓰지 못한다는 것. 그것이
어떤 고통인지 저는 이제야 알게 되었습니다. 더 이상 시를 쓸 수
없게 만든 것에 저의 무리한 삽입이 결정적 영향을 미친 것에, 저는
진심으로 사과합니다. 시를 쓰지 못하게 했다는 것. 사과합니다.
잘못했습니다. 고통스럽습니다 마침표

우려들

우려와 슬픔 사이에서. 시인들은 시국에 대해 가장 분노하며 지성의 목소리를 높이는 사람들입니다. 대한민국은 격렬한 해일이 휩쓸고 지나갔고 우리는 여전히 이 해일 속에 서 있습니다. 지금 이곳에, 촛불을 들지 않았던, 않은 이가 있을까요? 따라서, 그 일에 대해 모두가 지쳐 쓰러질 때까지 이야기하겠다는 이 상황은 해일 앞에서 조개를 줍는 격 아닐까 우려가 됩니다. 이세계는 가족주의적인 끈끈한 연대 의식으로 똘똘 뭉쳐 있는 폐쇄적 집단이라고들 쉽게 이야기하죠. 이세계를 바라보는, 저 세상의 가장 고질적이고 관습적이고 일차원적인 오해의 시선이죠. 이세계의 시인들은 결코 하나로 합쳐질 수 없는 존재들, 독자적인 세계를 구축하고 있는 하나의 개별 존재일 뿐입니다. 피해자가 아닌 사람들이 가해자도 아닌 시인의 집 앞 전봇대 뒤에 숨어 얼씬거리느라 가해자가 아닌 시인들을 잠재 가해자로 만들고 있기도 하고요. 배후가 있는 걸까요. 그와 그녀는 연인 사이였고 그녀 역시 시인인 그에게 가해를 했습니다. 그에게 폭언을 일삼았다고 해요. '일류 시인도 아닌 개새끼'라는 말을 달고 살았다고 합니다. 피해자였던

237

그녀에게 비난이 쏟아지게 될지도 모릅니다. 하루빨리 사건을 덮고 지나가게 하는 것이 그녀를 돕는 일일 수도 있습니다. 그녀는 피해자이자 가해자일 수도 있으니까요. 네. 그는 물론 일류 시인이 아니었을지도 모릅니다. 일류만이 이세계에 존재할 수 있나요? 왜 이세계에는 일류만 존재할 수 있다고 생각하는 걸까요? 왜 유독 이세계에게만 기대와 기준이 높은 것일까요? 이세계에서 누군가 나가야 한다면 누가 나가야 할까요? 이세계는 아무것도 아닐 거예요. 일류 시인들만이 이세계에 존재할 수 있고, 서로 밀어주고 끌어 준다는 식의 발상. 글쎄요. 저는 잘 모르겠습니다. 이세계에 대해 늘 있어 왔던 시선이니까요. 이세계는 대단한 세계가 아닐지도 몰라요. 이세계에 들어오고 싶어 안달 난, 저 세상과 이세계의 경계에 서 있던 한 사람이 만들어 낸 허상, 그것이 바로 이세계일 수도 있다는 생각이 듭니다 마침표.

후기 혹은 작가의 말—
모두, 어딘가를 응시하며 인사하는

「가해자 탐구—부록: 사과문작성가이드」 시리즈

가해자 탐구—부록: 사과문작성가이드, 미술편
가해자 탐구—부록: 사과문작성가이드, 영화편
가해자 탐구—부록: 사과문작성가이드, 문학편
가해자 탐구—부록: 사과문작성가이드, 무용편
가해자 탐구—부록: 사과문작성가이드, 방송편
가해자 탐구—부록: 사과문작성가이드, 연극편
가해자 탐구—부록: 사과문작성가이드, 전통연희편
가해자 탐구—부록: 사과문작성가이드, 음악편
가해자 탐구—부록: 사과문작성가이드, 서브컬처편
가해자 탐구—부록: 사과문작성가이드, 사진편
가해자 탐구—부록: 사과문작성가이드, 미디어아트편
가해자 탐구—부록: 사과문작성가이드, 동화편
가해자 탐구—부록: 사과문작성가이드, 광고편

1판 1쇄 펴냄. 2017년 4월 21일.
2017 Printed in Seoul, Korea. 압전.

2부

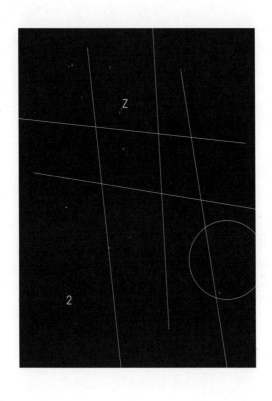

21세기 어느 날 밤 코트니 심슨 박사는
미아리고개예술극장에 앉아 생각한다. 제4의
벽을 뚫으려 했던 여당극*의 연극 만들기
전략이란 무엇인가. 개가 사라졌다. 개를 찾는
연극을 할 것인가. 개를 찾기 위해 연극을 할
것인가? 이 연극의 부제는, 나는 퇴장했지만 보고
들으며 무대 위에 있었다, 가 될 것이며 영업
전략 노출의 리스크, 가 디렉터스 컷이 될 것이다.
클라이맥스템포갈등이 없는데도 바삐 달려가는
이 연극에서 우리는 어떻게 되는 걸까? 2014년
이후의 연극 말이다.**

*   연극 협력체 '여기는 당연히, 극장'의 줄임말.
**   제목은 줄여서 「21세기… 연극 말이다」로 불린다.

1장

아무리 기다려도 연극 시작되지 않네요. 저 꽤 끈기 있는 사람이라,
늘 그냥 앉아 있어 왔어요. 언젠가 시작하겠지? 언젠가 끝나겠지?
누가 약속 늦게 온다고, 어디까지 온 거냐, 설마 안 오는 거 아니냐,
왜 안 오고 있냐, 이런 식 재촉한 적 단 한 번 없는 사람. 시차 때문일
수 있어요. 늦었다고 할 수 없는 거죠, 일방적으로. 이미 도착했는데,
시차 때문에, 온 거 아무도 모르는 거예요. 아직 안 보이는 거예요.
약속한 시간에서 43분 좀 지난 거 같네요. 아, 관객 서른 명 정도
웃어서요. 그래서 뒤 살짝 돌아본 거뿐이에요. 쳐다보지 않았어요.
웃을 수 있지, 그렇다고 해서 몸 돌려 빤히 쳐다보는 거 웃기고.
저렇게까지 웃는 사람들 웃는 거 집중하느라, 누가 자기 쳐다봐도
알아차리지 못하더라고요. 게다가 웃고 있는 사람 나 안 보거나
못 쳐다보는데, ¶* 그거 나만 쳐다본다는 거 약간 좀 어색하다고
말할 수 있겠어요. 자기네들끼리 웃긴 거 듣거나 보았다는 듯
웃을 수 있는 거잖아요. 누가 쳐다본다는 거 그 사람들 알면 그

---

*   1장에서 화자가 바뀌는 부분은 ¶로 구분했다.

웃음 어색해질 수 있지 않을까. 게다가 어차피 지금 연극 시작되기 전이면 관객들 딱히 조용히 해야 할 필요 없으니까. 저 지금 여기, 끈기 있게 기다리고 있는 중입니다. 시작되기를. 연극. 좀 늦어지는 거뿐이니까 걱정하지 않아요. 아직까지 무대 위 아무 일 벌어지지 않았죠. 연극이라는 거 시작되지 않았으니까. 그래도 꽤 어색. 많은 사람들 같은 곳 보고 있는 거. 그 어깨 으쓱해 볼까요? 미국식으로 어깨 이렇게 이렇게 이렇게들 으쓱하는 거. 어색할 때 이런 거 필요해요. 극장 조용하네요. 연극 약속 어겼는데도. 아예 영원히 시작하지 않으면, 저 연극 약간 정도 **실험-적**일 수 있을 텐데, 그 용기 그 누구에게도 없는 거겠죠. 굳이 그럴 필요 없고. 이 사람들 나만큼이나 참을성 있군. 저 지금 이런, 그런 생각하고 있는 중입니다. 딱히 어떤 제스처 표정 필요하지 않아요. 잠깐만요. 잠깐만요. ¶ 잠깐만요. 잠깐만요. 잠깐만요. 방금 누가 재채기하고 싶어 하는 거. 해도 되는데. 하지 않네요. 누가 끝까지 참고 있어요. 누가 재채기해도 된다 참견할 수 없는 노릇이고. 그래도 왜, 굳이 누가 참고 있는 거. 방귀 아니고 재채기일 뿐. 에헴. 거참 궁금허구먼. 아, 지금 방금 누가 자세 바꿔 앉으려 하는 거 느껴져요. 아주 천천히. 바꿔 앉고 있는 중. 자세. 얼마나 천천하냐면, 몹시 굉장히 집중해야만 감각할 수 있는 느리디느린 이 속도감. 긴 사이라는 말로 담아낼 수 없는 그런 아주 천천한 속도감. 아직도 바꿔 앉고 있는 중. 자세 바꿔 앉는 속도, ¶ 장인 솜씨처럼 몹시 천천히, 조바심하지 않고. 나, 여기 나가야 하는 걸까요? 남아 있어야 하는 걸까요. 네. 저 결국 일어섰습니다. 그럼 이만. 나 일어서요. 아, 켜집니다, 불. 예고 없이 켰어요, 그냥. 저 있는 곳 불. 아, 약속 못 지키려나 봐요. 아, 연극 취소됐나 봅니다. 아, 시차 때문일까요. 아, 약속한 시각에서 17분이나 지났네요. 그 사정이라는 거 있겠죠. 연극 시작 못하는 이유. 괜찮아요. 이 정도. 구제불가 형편없는 연극 보는 거보다 운 좋은 경우니까. 관객 여러분. 방송 나오고 있어요.

나가 있으래요오. 시작하자마자 바로 끝내기라도 해야 지긋지긋
실험이지, 이렇게 애매모호하게도 진짜 시작 안 하고 이러면 사람들
치기 어렵다고 생각할 수 있지 않을까요. 사람들 일어서요. 진짜처럼
얼굴들. 들어올 때와 다른 눈빛들. 가방 챙겨 들고 나가는 사람들.
연극 시작되지 않아 잔뜩 실망한 걸까. 이 정도 이겨 낼 수 있을
거예요. 나갈 거예요? 안 나갈 거예요? 아, 저 일어서 있었네요.
나가요. 나가. 나가야죠. 극장 앞. 예수천국 불신지옥. 여러분께
드리는 사은품. 피부진정보습 알로에. 나오자마자 모두 일제히
담배 피워 물어요. 그렇게 하지 않는 사람 단 한 명 없어요. 담배
깊숙이 빨아들이고 그 연기 쳐다보고 있어요. 저기 저 먼 하늘
실시간 가까워지고 있는 거대한 멜랑콜리 종말 지켜보고 있는 듯,
저 사람들 담배 연기 뚫고 뭐 보고 있는 걸까. 극장 앞. 진중한 얼굴
토론. 서로 안부. 간혹 웃음소리, 터진다. 연극 취소돼도 떠나지 않고
있는 사람들. 종소리. 종소리. 종소리. 모두 담배 바닥 비벼 끄고,
극장 안 빨려 들어가. 교양 지키면서, 들어갈 거예요. 느껴져요. 안
들어갈 거예요. 이런 거 다소 **적극-적**이라는 거. 아, 이런 거. 이런
거. 이러지도 저러지도 못해. 이러지도 저러지도 이런 거. 아, 네
죄송합니다. 아, 들어갈 거예요? 안 들어갈 거예요? 네? 아, 들어갈
거예요? 안 들어갈 거예요? 아, 이런 거. 이런 식으로밖에 표현할
길 없는 걸까. 몹시 더운 날. 땀. 담배 냄새. 사람들 무례하지 않아.
내가, 이러지도 저러지도 못하고, 들어갈 거예요? 안 들어갈 거예요?
아, 저, 저, 저는 지금 휩쓸려 들어오고 있는 중, 매장 안에 들어와서
시원하게 예수천국 불신지옥. 여러분께 드리는 사은품, 들어오고
있는 중이랍니다. 안 되겠어. 무례하지 않아요. 그저, 다시 들어갈
거예요. 안 들어갈 거예요. 아, 들어가야죠. 뚫고 나오는 거보다
밀려서 들어가는 거, 밀려서 들어가는 거 보다 뚫고 나오는 거, 아,
죄송합니다. 아, 사람들 사이 끼어서 계속 밀려오고 있는 중 담배
땀 냄새 그래도 아, 이 쾌적한 공기, 아 들어온 거다. 아까 한참

앉아 있다 잠깐 서 있었던 여기까지 제 자리까지 왔고, 앉았습니다.
휴. 누가 밀치거나 해서가 아니라, 나도 모르게. 그러나 앉지 않을
거예요. 불 다 꺼지기 전, 다시 일어서 나갈 거예요? 볼 거예요? 안
볼 거예요? 말 거예요? 나가는 게 낫겠어요? 연극 취소됐잖아요.
안 앉을 거예요, 아, 지금이라도 일어섭니다. 아, 불 꺼집니다, 지금.
맞죠? 지금, 이거, 그거. 모두, 저 쳐다보고 있는 거. 순식간. 제가
있는 곳 불 꺼졌는데도, ¶ 사람들 나 쳐다보고 있다는 거 느껴요.
나만 안 앉았으니까? 이런 거 잘 몰랐는데, 막상 겪고 있는 중 기분
명징하게 나쁘지 않네요. 실제로 모두 저 쳐다보고 있는 거 아니죠.
그저 **적극-적** 약속일 뿐. 저는 그, 자세 아주 천천하게 고쳐 앉은
사람 속도만큼 아니 그보다 더 천천하게 극장 둘러보고 있는 중.
아, 정확하게 말하고 싶어요. 조금만 더 명징하게. 잠시만요. 잠깐만
시간 주세요. 맞아요. 맞습니다. 저 지금 객석 둘러보고 있는 중
놓여 있는 중입니다. 모두가, 저 쳐다보고 있네요. 내가 일어섰고
나도 쳐다봤으니까. 방해받았다는 눈. 빛. 아직도 무대 위 저 연극
시작 안 했고, 큰 소리로 웃은 사람들도 있는데요. ¶ 내가 보진
않았지만 분명 들었는데, ¶ 제가 방해한 건 무엇이죠? 게다가 아직
안 했잖아요. 연극. 제 옆 앉은 사람 입술 벌리는 거 안 쳐다볼 거면
빨리 나가고, 쳐다볼 거면 빨리 앉아요. 아, 이런 말 제가 하는 거
나을까요, 아니면 나 노려보고 있는 사람이 하는 거 나을까요? 뭐가
조금 더 **적극-적**이라는 걸까요? 저, 죄송한데. 뭐요? 뭐 쳐다보라는
거죠? 제가 지금 누군가들의 어떤 것에 대한 몰입 방해한 거 같고,
아 명징하게 말하고 싶다, 저 지금 누구한테 왜 말하고 있는 거죠?
사람들, 나로부터 시선 돌리게 하려면 여기서 나가는 거, 아 제발,
박해일 씨 저 좀 그만 쳐다봐 주시겠어요? 주세요. 펜. 게다가 제
자리 객석 한가운데. 왼쪽으로 나가냐 오른쪽으로 나가냐 결정하는
거 그거 시간 쏟고 싶지 않아요. 저는, 단지 사람들 시선 받고 싶지
않을 뿐. 눈 마주친 거 같아요. 객석 위 누군가 무엇인가와. 제가 눈

마주친 거, 누구죠? 사람들 보고 있는 거 아직도, 아직은? 보이지
않고. 뭐 보고 있다는 거. 그거 보이기 시작해요. ¶ 사람들 무대
쪽 보고 있긴 한데 뭐 보고 있는지 보이지 않아요. 아니요. 아직
연극 시작 안 했다니까요. 아니요오. 사람들이요오. 관객들이요오.
제가 앉으니까, 다시 사람들, 관객들 모두 무대 쪽 쳐다봐요. 다
같이 앉은 방향 같은 그쪽이라서가 아니라, 그쪽에 뭐 있다는 듯.
아니요오. 박해일 씨. 좀. 쉿. 알잖아요요. 누가 뭐 보고 있으면,
그거 거짓말인지 아니면 진짜 눈앞에 뭐 있어서 보는 건지, 그 정도
알잖아요. 이 사람들 모두 무대 쪽 보고 있어요. 옆 사람에게 방해 안
끼치려 제 앞 옆 앉은 사람 옆얼굴 보는 거 선택해 볼게요. 나로부터
더 가까운 거 내 오른쪽 옆 사람, 하지만 그럼 그 사람 내가
쳐다보고 있는 중이라는 거 알 테니까, 그럼 불편함 느끼고 그걸
굳이 표현할지도 모르니까. 그럼 그때 나는 미국식 어깨 또 그렇게
이렇게 그렇게 이렇게 으쓱해야 하니까. 아니, 사실 제가 불편한
거죠. 그 사람 나 안 쳐다보는데 나만 그 사람 쳐다보는 거, 약간
불편하잖아요. 그런 거 다소 어색하잖아요. 그 어깨 으쓱거려지고
있어요? 아 명징하게 말하고 싶다. 저 사람 저 광대 올라갔다가
저 한숨 쉬네요. 얇게 웃어요. 지금? 해독하기 힘든 거. 저 사람
뭐 보고 있는데 자기가 보고 있다는 거 해독하기 힘드니까, 저런
식으로다 해독하기 힘든 옆얼굴 되겠는 거, 저 저 사람 해독하기
힘들어한다는 거 정도 알고 있지만, 그 해독하기 명징하다고 말할
수 없다, 라는 거. 저 사람 저 연극 저 무대 너무 해독하기 잘 돼서
저 얼굴 나오고 있는 걸 수도. 저 사람, 사람들, 무대 위 뭐 보고
있어요. 따라가 볼게요. 저 사람들 보는 거. 턱, 왼쪽에서 오른쪽으로.
마치 왼쪽에서 오른쪽으로 무대 위에서 누군가 이동하고 있다는
거 보고 있다는 듯이. 그리고, 아, 어머나. 사이라는 거 두었다가
혹 치고 가는 거가 좋은 걸까요. 턱 정말 빠르게 움직이고 있는
중. 누가 무대 위에서 전속력 달리고 있어요. 원으로? 몇 바퀴고

달리고 있는 중. 저 사람 숨 차나 봐요. 저 사람 땀 흐르고 저 사람 얼굴 붉게 달아오릅니다. 뛰기 시작하는 거 느껴져요. 뛰기 시작하는 거 느껴져요. 연극 이미 시작되었던 걸까요? 지금. 사람 몸 앞으로 기울기 시작. 사람. 몸. 몸. 떠오르고 있어요, 공중으로? 15센티. 16센티. ¶ 16센티. 내가 지금 여기 나가도 아무도 모를 거 같다. 이때다, 안 쳐다볼 거면 빨리 나가고 쳐다볼 거면 빨리 앉아요? 뭐요? 뭐요? 명징하게 말해 줘요. 재빨리 계산해 볼게요. 오른쪽으로 나가는 거 더 좋을까, 왼쪽으로 나가는 거 더 좋을까. 내 자리 정중앙인 거 같긴 한데, 내 왼쪽 관객 더 많나 오른쪽 관객 더 많나? **기지개하는-적, 동시-적, 슬-적,** 보고 있는 중. 내 오른쪽 객석 좀 비어 있다. **갈등-적**이다. 그래도 결정. 왼쪽이다. 왼쪽 관객 더 많지만, 왠지 잽싸게 무릎 땡겨 길 내줄 거 같은 사람들 왼쪽 몰려 있어. **결정-적**이다. 10 세고 나가자. 속으로 세야겠지, 당연히. 근데 지금 나 속마음 소리 내어 말하고 있는 거가, 기분 탓. 엉덩이 조금 들고, 양손 의자 손잡이 위 올리고, 아, 의자, 아 의자. 아, 의자. 의자. 의자. 아, 의자. 손잡이 없어. 걱정 마. 가방. 아, 가방 없어. 여기 오는 길 소매치기 당했어. 못 느껴. 허리 조금 세우고, 이제 저는, 그럼 이만. ¶ 한숨. ¶ 한숨. 보통이라고 여겨지는 청력으로 들을 수 없는 한숨 들려요. 몸들, 조금씩 내려오고 있어요. 15센티, 아, 16센티구나. 떠오른 몸들 분속 13센티 가라앉기 시작하는 거와 1밀리씩 시선 분산 동시 상연 중. 사람들 **자동-적**으로, 무대로부터 자기 눈 포커스 나가게 하고 있어요. 이렇게요. 이렇게. 이렇게 하는 거. 아무도 모를 거라는 생각도 지금 하고 있는 중인 거가. 사람들 무대 보고 있는 상태에서 1밀리씩 포커스 나가게 해요. 꽤 잘 꽤 구현된 무대라는 거, 조금씩 밀려나기 시작해요. 이거 계속된다 하면 사람들 나가거나 무대 움직이거나 두 개 중 하나일 거. 대부분 사람들 약속한 듯, 왼쪽으로 포커스 나가게 해요, 눈. 무대 1밀리씩 오른쪽으로 아웃. 한 시간 정도 이런 식 지속된다 하면 무대 극장 밖으로 밀려날까.

밀려날 듯. 무대 오른쪽으로 1밀리씩 밀려나는 중, 출입구 쪽으로.
어머나. 많은 몸들 한숨과 함께 수직 낙하하고 있는 중이니, 그
반동으로 무대 조금씩 공중으로 떠오르며 오른쪽 이동 중. 야속하다.
무대 배우들 데려가지 않아. ¶ 배우 사람들, 무대 자기 발밑에서
빠져나가고 있는 줄 모르고, 그 전부터 하던 거 계속하고 있어요.
알려 줘야 하나. 저기요. 에헴. 똑똑. 저기요. ○○씨.* 아니, 나
지금 남 생각할 때 아니다. 지금인가? 하지만, 지금 나가기에 뭐가
애매한가. △△씨. 저. 아, 저. 아, 저. 여기서 나갈 타이밍 영원히
놓친 걸까요. 에헴. 야속하다. 왜 아까 그 사람 내 앞 옆 사람. 그
사람 기쁨 슬픔 몰입 그새 왜 사라진 거? 저 사람 아주 쉽게 자세
고쳐 앉아요. 다소 부산스럽게. 사람들 조금씩 몸머리에서 소리 내기
시작해요. 각자 약간씩 소음 내는 거뿐이겠지만 그 작은 소리들
합쳐져서, 우공이산 무대 계속 밀려나고 있어요. 아, 시끄러운 느낌.
아 두통. 실제로 시끄럽지 않은데 시끄러운 느낌, 분위기 들어요.
잠깐만요. 아, 어머나. 무대 출입구로 나가려는 거 아니었나. 무대,
무대 뒤 뒤뚱뒤뚱 아, 슬금슬금 분장실 쪽으로 걸어. 모퉁이 꺾어
꼬리만 보이고 사라져. 출입구로 나가려던 거 아니었나. 박해일이
오기 전 전조 증상. 대자연 동요. 갑자기 새들 훅 날아가고, 쥐들 떼
지어 달려가고, 순진하기만 했던 우리 집 코코 계속 개같이 짖기
시작하고, 편의점에 진열되어 있던 고양이 사료, 깡통을, 맙소사
떨어지기 시작하고. 툭. 위기. 이거 계속되면 큰 박해일이 일어나.
똑똑. 저기요. ■■씨. 자연 섭리 같은 거. 한숨. 한숨. 관객, 무대
위에서 뭐 본 거죠? ¶ 뭐 봤길래 이리, 저리, 그리 한숨 쉬는 거죠.
나 보고 뭐 보라는 거야. 죄송해야 하나. 명징하게 말하지 못하고
습관비유-적 가져왔어요. 비유 새끼. 은유 새끼. 명징하게 말해야
해요. 관객 무대 위 뭐 반응하고 있어요. 이런 거 뭐라고 하죠?

---

*   기호 표시는 공연에 함께 출연하고 있는 다른 배우의 실제 이름들이다.

관객이 반응하는 거요. 관객 반응. 야속하게 요동칩니다. 사람들 심장 뛰게 만들고 광대 올라가게 했던 이 연극, 아, 그 연극 별점 4.6에서 4.58712. 4.586. 4.44. 에헴. 죄송합니다. 3.90. 그러다 누군가 깊고 긴 한숨 들리게 쉬자마자 급격히 3.5로 떨어질 위기 봉착했다가 3.5. 버티고 있어요. 에헴. 3.5에 매달려 있어. 사람들 본 거대한 멜랑콜리 종말 이거. 진중한 얼굴 토론. 서로 안부. 간혹 터지던 웃음소리. 연극 취소됐는데도, 떠나지 않고 있는 사람들 이제 어디로 가나. 옆 사람, 그 옆 사람에게 목소리 줄이지 않고 말하는 거 다 들리고. 이, 저, 그 연극, 모든 거 잘 구현 재현 **감각-적** 어머나 **사유-적** 따라서 절대로 3.4 아래로 떨어지지 않을 거다, 라고. 이 저, 그 연극 그러니 3.5에서 꿈쩍하지 않고 버티고 매달리고 머물고 있는 중이다. 그러나 나 저, 그, 이 연극 어떤 것도 훼손시키고 있지 않다고 생각한다. 이 연극 꽤 좋다. 에헴. 옆 사람에게 저렇게 말하며 부동자세로 앉아 있는 최소 두 명 정도 관객 집중도 최대치 높여 허리 에헴 곧추세우는 그 순간, 별 급격히 올려 버리는 **적극-적** 클라이맥스. 템포. 템포. 템포를 올린다. 템포 올리다. 템포 올려. 대사 **극-적** 빨리. 크게. 이런 말조차 큰 소리로 하지 마? 소리 질러도 격조 있게 질러라? 3.5 안 됐던 평점 3.7 치고 올라가고 잘만 하면 3.9까지 갈 수 있을 거 같은 거. 이, 저, 그 연극 목표 medium rate인가 봐? 아휴 걱정마. 애초에 mediocre는 아니었으니께. 방금 아까 직전 관객 잘 불안하게 만드는 사운드 나왔었는데 저 사운드 지금 어디서 왜 나오는 거지. 어머나. 퉤- 퉤-. 누가 퉤- 하고 무대 쪽 침 뱉는다. 그러니 이 연극 3.4. 3.4. 3.4. 3.4. ¶ 3.4. 3.4. 계속 여기 있을 거야? 이, 저, 그, 아, 이 연극, 아 나는 모르지. 전리품조차 없는 패배 될지. 나는 모르지. 그 지나쳤다는, 그 다시 생각해 보라는, 그 절대로 아니라는, 그 가능성 없다 그런 말들 시간성 속 흘러 다니는 거가? 도래하지 않을 미래. 시간 흐르고 있어요. 이 관객들 흐르는 시간성 속 함께 어딘가 다 같이 가고 있는 중

놓여 있다. 어디 가고 있는 거. 나 무엇 위해 여기 있나, 볼만하다. 잘 빠졌네, 아 거 참, 이 연극 잘 나왔구먼. 에헴. ▽▽씨 끝나고 뭐 먹나. 아, 어머나, 에헴 아주 급격한, 어머나, 지휘자 **매력-적** 슬픔 리듬 나왔더니 3.6까지 올라가고, 3.7. 3.8. 3.9. 4.0. 이 연극 시장점유율 몇 퍼센트. 이때 **서정-적** 사운드 미래 희망 **암시-적** 라이트, 모두가 손 높이, 아니죠. 데우스엑스마키나 엠비씨 백분 토론 나왔다, 기계 안 나오고, **동시대-적** 사람들 나와서 무대 위 손 들어, 아, 아니에요. 손 아니고 손가락 아니고 팔. 소리. 아련해. 팔 흔드는 아듀, 삶 이어질 거라는, 산 사람 살아갈 거라는, 빛 따뜻 뜨듯. 사라졌던 무대 다시 분장실에서 나와 자기 자리로 성큼성큼 제 자리 찾아 걸어가 **안정-적**. 아까 있던 그곳에 안착. 배우 사람들 못 알아차리나 봐요. 그 뭐라고 해야 하나, 아, 뭐 그런 아, 뭐라고 해야 하지, 그런 거? 굉장히 **이상-적 관념-적**이며 외우기 어려운 단어 있다. 철자 몹시 길고. 희망. 4.3. 이제 보인다. 배우들 나온다. 박수 소리. 배우들 머리 숙이면 박수 소리 나나, 박수 소리 나면 배우들 머리 숙이나. 아, 내가 잘못 봤네. 아까 그거 해일 아니었어. 해일 아니고, 잠깐 지나가는 비 같은 거. 날 쨍쨍한데, 잠깐 내려서 사람들 아, 뭐야, 이거, 에이, 저거, 좀 그렇네. 이런 거. 그러니까 그 지나쳤다는, 그 다시 생각해 보라는, 그 절대로 아니라는, 그 가능성 없다 그런 말들, 아니었네. 그냥, 잠깐 좀. 잠깐 좀 별로일 때 있잖아. 삶에서. 처음부터 끝까지 다 잘하는 사람 어디 있나. 길지도 짧지도 않은, 건강 위해 치는 박수 말고, **진짜-적** 박수 소리 속, 이제 저 보이기 시작해요. 다시 불 켜지고 모두 일어섭니다. 볼 거예요? 안 볼 거예요? 객석 누군가 눈이 마주쳐요. 또. 박수 소리 들리는데, 그 누군가 혼자 출입구 쪽으로 걸어가요. 문 열고 나가, 네.

1.

맙소사. 캐롤이 졸업을 못 하면 취업을 어떻게 할 수 있죠?
물론, 인터넷으로 취업 정보를 찾아볼 수는 있겠죠. 하지만,
그건 다르잖아요. 인터넷에 나오는 취업 정보를 보고 사기당한
사람들도 많다고요. 매달 월급을 줄 테니, 대포 통장을 만들라며
사기 치는 사람들도 있다고 해요. 역시, 선배나 선생님의 추천을
받는다든가, 아니면 학교 사람들만 볼 수 있는 학교 게시판을 보고
지원한다든가, 그런 식이 아니면 하기 힘든 거잖아요. 취업이라는
거. 선생님 아시잖아요? What a fucking missing gor! 홉킨스 선생님,
캐롤이 평생 쇼핑몰 후기나 쓰면서 살게 되면 어떻게 해요? 캐롤이
학교에 가면 취업도 할 수 있고 그러면 이곳 노스캐롤라이나도 떠날
수 있을 거예요. What a fucking missing gor!

*　　이 책 34면 참조.

1-1.

깜짝 놀라며 맙소사. 캐롤이 졸업을 못 하면 취업을 어떻게 할 수 있죠? **리액션** 물론, 인터넷으로 취업 정보를 찾아볼 수는 있겠죠. 하지만, **정서로 설득** 그건 다르잖아요. **템포 땡겨** 인터넷에 나오는 취업 정보를 보고 사기당한 사람들도 많다고요. 매달 월급을 **손 액팅** 줄 테니, **어깨로 액팅** 대포 통장을 만들라며 사기 치는 사람들도 있다고 해요. 역시, **좋아하는 상태로** 선배나 **더 좋아하는 상태로** 선생님의 추천을 받는다든가, **더 더 좋아하는 상태로** 아니면 학교 사람들만 볼 수 있는 학교 **손 액팅** 게시판을 보고 지원한다든가, **극적 재미를 주자** 그런 식이 아니면 하기 힘든 거잖아요. **단어 강조** 취업이라는 거. **매달리며** 선생님 아시잖아요? What a fucking missing **소리 길게, 공명 잘 활용** gor! **빠른 전환 후 걱정의 호흡으로** 홉킨스 선생님, 캐롤이 평생 쇼핑몰 후기나 쓰면서 살게 되면 어떻게 해요? **막 울어** 캐롤이 학교에 가면 취업도 할 수 있고 그러면 이곳 **그래도 발음 정확히** 노스캐롤라이나도 떠날 수 있을 거예요. **아까보다 강렬한 감정으로, 정서적으로** What a fucking missing gor! 캐롤.

1-2.

사건 크게 맙소사. **토픽 제시** 캐롤이 졸업을 못 하면 취업을 어떻게 할 수 있죠? **공연 때마다 자유 운용하되 사건을 크게 만드는 것을 목표로** 물론, 인터넷으로 취업 정보를 찾아볼 수는 있겠죠. 하지만, 그건 다르잖아요. 인터넷에 나오는 취업 정보를 보고 사기당한 사람들도 많다고요. 매달 월급을 줄 테니, 대포 통장을 만들라며 사기 치는 사람들도 있다고 해요. **여기까지 자유 운용 끝, 다음은 핍진성으로** 역시, 선배나 선생님의 추천을 받는다든가, 아니면 학교 사람들만 볼 수 있는 학교 게시판을 보고 지원한다든가, 그런 식이 아니면 하기 힘든 거잖아요. 취업이라는 거. **선생님으로 공적 호명**

선생님 **상대의 공적 역할 강조** 아시잖아요? What a fucking missing gor! **공적 발화 후 퀵 전환** 홉킨스 선생님, 캐롤이 평생 쇼핑몰 후기나 쓰면서 살게 되면 어떻게 해요? **의도적 사적 발화** 캐롤이 학교에 가면 취업도 할 수 있고 그러면 이곳 **소격 효과** 노스캐롤라이나도 떠날 수 있을 거예요. **더 강렬한 공적 발화로** What a fucking **이 대사 이후에 무대에서 함께 시공간 바꾼다** missing gor! 캐롤.

1-2-1.

What a fucking missing gor! 캐롤을 찾는 캐롤의 엄마 루이스를 연기한다. 사건 크게. 토픽 제시하기. 상대를 선생님으로 호명함으로써 상대의 공적 역할 제시한다. 공적 발화로 가다가, 의도적으로 사적 발화 사용 후, what a fucking missing gor 공적인 차원으로의 트랜스. 사적인 차원으로 퀵 전환. 의도적 사적 발화. 막 울어. 막 매달려. 감정적 호소. 그러나 테제를 다른 언어로 제시함으로써 소격 효과를 노려 볼까나. 아, 중간에 있는 이 위험한 대사는 어떻게 해야 하나. 내가 이 극장에 쇼핑몰 운영자가 있을 수도 있다는 걸 단 한 번도 생각해 본 적 없어 연극 안과 밖에서 물체화시키고 있는 중이라면 어떻게 하나. 더 강렬한 공적 발화 What a fucking missing gor!로 한다고 되는 문제도 아니고. 이 대사가 끝나면 바로 다 같이 시공간을 바꾼다. 다른 배우들이 준비할 수 있도록 시선 열어 길게 끌어 준다. What a fucking missing gor! 어디죠? 이곳은? 혹은 그곳은? 어디인지는 모르지만, 이, 저 그 연극에서 중요한 순간이겠죠. 홉킨스 선생님. 고라니, 사라졌다고요. 에헴. 고라니가 누구냐? 어쩌면 이 연극에서 죽은 거 고라니라서 다행일 수도 있고, 고라니가 죽어서 극적 재미라는 거 떨어지는 걸 수도 있는 걸까요? 고라니, 누굴까요? 홉킨스 선생님. 저 아까 관객을 연기했지만, 실제로 그거 관객 아니라는 거 관객을

연기할 수 없다는 거, 내가 캐롤의 엄마 루이스라는 거에 진짜로 혹
들어가서 진짜로 연기한다는 거 다소 어색하다는 거, 그렇게 하는
척한다는 거 다소 어색하다는 거 누구나 아는 거잖아요. 아니면, 제
실제 이름 알지 모를지 모르겠지만, 저는 ■■이거든요. 아, 제 이름
아직도 모르신다니 분발해야 하나. 연기 좀 더 명징하게 할 필요
있겠죠. 들어가서 하거나 나가서 하거나. 명징하지 않은 이유는,
내가 명징하지 않아서인가. 나는 늘 명징한데. 나는
■■이 아니고, ■■은 지금 대사도 없는데 퇴장도 안 하고 저렇게
내 옆에 실제로 서서 나를 보고 있고, 그리고 ■■은 여성인데
남성인 내가 ■■라고 우기는 거 그거 다소 이상하다는 거 알 텐데,
그래도 나는 상관없으니까 똑똑. 제가 잠깐 해 봐도 될까요.
■■한테 양해를 구하고 ■■라고 치고 연기하는 건데, 그래도
■■이 좀 분발해야겠지만 배우라는 건 누구나 알 텐데, 왜냐면
이렇게 즉흥적인 척하지만 사실은 달달 외운 대사, 그리고 계속
쪼개고 쪼개서 몇 번이나 허물어뜨리고 다시 반복하는 연습해서
전략 짠, 마치 지금 생성되는 것처럼 하고 있으니, 배우라는 거
알잖아요. 그렇다면 ■■인 내가 캐롤의 엄마 루이스를 연기하고
있는 이곳은 여긴 어디죠? 이곳은? 혹은 그곳은? 어디인지는
모르지만, 이, 저, 그 연극에서 중요한 순간이겠죠. 빈 무대 어딘가.
어쩌면 바다 아래의 바다. 소리가 들려요. 네. 또 그 사람이에요.
박해일. 네. 박해일 씨. 사인이요. 아, 지금 제 얼굴 붉어지고 있나요.
맞나요? 해일 씨가 원하는 거, 사인 아니래요. 한 번도 사인 원한 적
없는데, 묻지도 않고 따지지도 않고 사인 해 줘서 집에 ▼▼ 사인만
수만 장이 있대요. 고라니를 찾는 연극을 하는 거예요, 아니면
고라니를 찾기 위해 연극을 하는 거예요? 아, 이거조차 배우와
인물 사이의 어딘가. 그곳에서 관객이라는 인물 설정하에 그 약속
지키면서 그 대사하고 있는 거 알잖아요. 아니면, 제가 그렇다고
"안녕하세요. 저는 ■■라고 합니다. 저는 고라니가 죽은 것에 대해

이렇게 저렇게 요렇게 생각해요"라고는 할 수 없는 노릇이잖아요. 관객을 연기한다는 거 대단한 게 아니죠. 관객을 연기하고 있는 것뿐인데, 나는 관객을 연기하고 있다고 말을 하면서 연기하는 것뿐이었잖아요. 캐롤이라는 인물과 ■■, 배우 그 사이라고 해 두죠. 그래요. ■■인 내가 인물과 배우 그 사이에서 연기라는 거 한다면, 인물인 인물은 어디에 있는 거고, 배우인 배우는 어디에 있는 거고, 고라니를 잃은 루이스는 어디에 있는 거고, 나와 ▼▼은 어디에 있는 거죠. 배우와 인물 그 사이? 그렇다면, 이 연극은 저 연극은 어디에 놓여 있는 거죠. 관객과 무대 사이의 어딘가. 관객의 발을 밟지 않을 정도로만 앞으로 계속 나아가서 계속해서 격조 없이 소리치고, 첬던 있는 이 연극은 어디에 놓여 있는 거죠. 안녕하세요. 저는 여태까지 분발해야만 하는 ▼▼였습니다.

여행으로 갔습니다. 쉬고 싶었거든요. 알파벳으로 만들어진 언어를
쓰는 나라는 싫었고 극장, 미술관, 뭐 음악당 이런 거 없는 나라로
가고 싶었어요. 그저 쉬고 싶었을 뿐이에요. 그래서 선택한 곳이 이
나라였습니다. 이곳을 떠나기 전날. 무작정 걸었어요. 그러다 우연히
찾았어요. 구글링했어요. 근방에 씨어터가 있다고 뜨더라고요.
벼룩시장을 가려고 주변 명소 같은 걸 탐색한 거였는데. 씨어터가
떴다고요. 씨어터? 이 나라, 씨어터 혹은 갤러리 이런 거 존재하지
않는 곳. 유명한 식당에 가서 저녁 먹고, 호텔에서 조식 먹고,
길거리에서 로컬 음식 먹고, 해변에 누워 칵테일 마시는 거. 그런데
씨어터? 하. 씨어터라. 후기가 좋았어요. 몇 개의 후기가 있었거든요.
원래 어느 나라 말인지는 알 수 없었어요. 자동으로 번역된 말만
남아 있었어요.

소리1   실 자국, 못 구멍, 꿰맨 자국. 없는 연극. 다시
         보고 싶다. 이곳 오면 볼 수 있다. 연극 보는 중
         누가 죽었다 전화 왔는데, 나 그 전화 받지도

않았을 정도로 좋았다. 특히 일루전 몹시 가득할
때 가득하면 가득할수록, 일루전 두꺼우면
두꺼울수록 좋다. 그거 보고 싶다면 꼭 방문해야
할 곳. 별 다섯 개 부족하다. 어떤 모먼트였는지
지금 기억조차 안 나니 더 좋다. 열정과 땀의
배우들과 여배우들. 현실 고발하기 위해 그들
몸들 던져 서로 머리채 잡고 질질 끌려갈 때 눈물
줄줄줄 났다.

그냥 걸었어요. 구글맵 따라. 딱히 갈 곳이 없으니까. 그냥 한번
가 보자 싶었어요. 분명 이 주소 맞는데, 씨어터라고 하기에는 좀
애매한 건물이었어요. 가정집 같았어요. 그때 노을이 지고 있었고
토마토 스튜 냄새가 났어요. 때룽. 때룽. 얼굴이 하얀 아이 둘이,
자전거를 타고 있어요. 아, 미안합니다. 길을 비켜 줬어요. 노크를 해
보았습니다. 똑똑.

c   뭐 도와줄까?

여기, 극장이니?

c   응, 맞아.

나, 볼 수 있을까? 연극.

c   아, 잠깐만. 여기 관리하는 거 나 아니야.
물어보고 올게. 몇 초만 기다려.

그래. 아, 아주 고마워.

c　매우 천만에. 아, 어제부로 연극 끝났대.

아, 그래? 오늘까지 한다고 말하고 있었어.

c　어디에?

구글

c　보여 줄래?

잠시만. 여기

c　어제까진데?

음.

c　봐봐.

아.

c　3개월 후에 다시 오는 게 좋겠다.

나, 여행객이야. 내일 돌아가. 내 나라로.

c　아, 그래? 그럼 잠시만. 가지 마. 기다려. C가
　들어와도 된대. 연극 끝났지만 자기가 이야기해
　줄 수 있대.

.

뭐?

        c   연극.

끝났다며?

        c   응. 어제. 어떤 연극이었는지 자기가 이야기해
            줄 수 있대.

어떻게?

        c   무료로? 농담이야. 나도 몰라. 올라가 봐.

아.

        c   왜? 안 원해?

올라가고 있는 중이에요. 극장으로. 제 옆에 있는 이 사람, 그
C에요. 저에게 어제 끝난 연극 한 장면 한 장면 이야기해 주고 있는
중이죠. C가 물었어요. "너 나의 나라 말 할 줄 아니?" 아니. 근데,
할 줄은 모르는데, 알아들을 수가 있어. "아, 그래? 그럼 나는 나의
나라 말로 할게. 너는 너의 나라 말로 해." C가 제 손 잡고 극장 안
무대 그 무대 위 집 그 집 속 거실로 데리고 갔어요. 소리와 빛은
사라졌죠. 하지만 그대로 있었어요. 무대라는 거. 의상도 무대 위에
놓여 있었죠. 이것들은 왜 아직 그대로 있어? "내일 치울 거야. 너
운 좋았어. 잠깐만. 여기 이 극장 위 무대 위 집 실내 위 소파에
앉아 있어. 기다려." 그 사람 달려가는 소리 들어요. 이 사람 목소리
흘러나오기 시작했어요. 어디서 나오고 있는 걸까요. 아, 저 위

오른쪽 스피커.

C   시작해도 될까?

어? 아, 연극. 나는 고개를 끄덕입니다. 처음에는 알아듣는 척했어요.
아니, 알아들었어요. 이렇게까지 그렇게까지 친절하게 끝난
연극 직접 이야기해 주고 있는데. 실망시키고 싶지 않았거든요.
실망시키지 않았어요. 듣다 보니, 이해할 수 있을지도 모른다는
생각 들었어요. 이해했어요. 상상되나요. 이 나라 말을 모르는 나,
이미, 끝난 연극, 지금 마치 지금 내 눈앞으로 벌어지고 있다는 듯,
이 사람 C가 이야기해 주고 있는 중이라니.

C   시작할게.

내가 소파 위에 앉아 있는 무대 어두워졌다가, 아주 서서히 다시
밝아집니다. 아주 서서히. 아주 먼 이국땅에서 안정감 느껴요. 저는.
처음 보는 이 사람 나와의 약속 지키고 있다는 믿음 느껴요.

C   시작한다. 안녕. 나는 이 극장을 운영하고 있는
C. 심슨이라고 해. 첫 장면은 이렇게 시작할 거야.
객석이 어두워지고, 무대가 어두워지고, 다시
무대가 밝아진다. 객석은 계속 어둡게 둘 거니까,
지금 끄는 거 괜찮지? 다시 밝아질 무대이긴
하지만, 그래도 연극 시작 전에 한 번 껐다가
다시 켜는 게 약속이야. 자, 할게. 짜잔. 히얼 위
고. 인물 두 명 나와 있어. 그럴듯하지? 두 명
말없이, 각자 할 일을 해. 이런 걸 비즈니스라고
해. 아니이, 사업이라는 뜻 아니고, 인물이

무대 위에서 어떤 일을 하는 거, 여기서는
그게 비즈니스야. 예를 들면 거실에서 한 사람
청소하고 한 사람 전화기 만지고 있으면, 그거
비즈니스가 되는 거. 뭔가 긴장 느껴지니?
말없이 각자 비즈니스 하고 있는 두 사람. 그거,
참 정교하지? 소품. 아, 섭섭할 수 있겠지만,
네가 만질 수는 없어. 저 유리잔에 들어 있는
와인 사실 포도 주스야. 50분 정도 있다가 벽에
던질 건데, 흰 벽에 피처럼 보일 거야. 당연히
유리잔도 깨질 거야. 걱정 마. 슬리퍼를 신고
있잖아. 어, 지금 한다. 저 두 사람, 낮게 언쟁을
시작할 거야. 쉿.

저 소리 뭐야?

     C   뭐?

소리가 들리잖아. 음악 소리.

     C   아. 음악이지.

내 말은, 어디로부터 나오는 거야?

     C   아, 못 따라가겠어, 네 말. 어디로부터?

내가 의도하는 말은, 이 음악 어디서 나오냐는. 저, 스피커에서
나오는 음악 말이야.

       c   아. 스피커에서 나오고 있잖아.

좀 어색하지 않아?

       c   뭐가? 스피커에서 나오는 거?

아니, 그건 그렇다고 치는데.

       c   그래. 아니면 어디서 나오겠어. 음악이.

응. 맞아. 음악은 스피커에서 나와야지. 아, 뭔가 그러니까. 내 말은 스피커는 잘못 없고.

       c   그럼?

그니까, 무대 위 저 사람들이 음악을 튼 게 아니잖아.

       c   그렇지, 무대 위 저 집에 라디오 같은 거 없으니.

그럼 어디서 나오는 거지?

       c   네 말은, 왜 나왔냐는 말인가?

응, 그런 셈이지.

       c   잘 들어 봐. 느껴 봐.

아주 먼 이국땅에서 저는 안정-감을 느껴요. 무대 위 낮은 탁자

위 놓여 있는 와인을 바라보기만 해도 약간 취하는 느낌 들어요. 그리고 저 와인이 벽에 피처럼 튀며 바닥에 산산조각 날 유리들을 생각하니 기분 좋은 흥분. 오늘 처음 만난 이 사람 C. 저와 84년 전에 했던 약속을 지켜 오고 있는 것 같아요. 감사해요. 시차 때문에 오늘이 이 연극이 있는 날이라고 착각했을 뿐, 저는 이 연극을 보기 위해 이곳 먼 곳, 아주 먼 이곳에 왔을지도 몰라요. 술기운이 올라옵니다. 저, 물은 뭐야?

       C   물? 물이 아니라, 포도주라고.

아니, 그거 말고. 저기 무대 위에 있는 거. 내가 손가락으로 가리키고 있는 저거.

       C   저 사람 얼굴에 있는 거?

응. 그거.

       C   아, 저거 땀이야.

땀?

       C   응. 땀.

땀?

       C   땀.

시차 때문에 내가 못 느끼는 걸까? 내가 도착한 이곳은 제가 떠나온

곳보다 37시간이 빠르니까.

C   잘 들어 봐. 느껴 봐. 들어가 봐.

두 사람 사이의 격렬한 언쟁. 어딘지 모르게 격조, 품격 느껴지는
언쟁. 고통에 찬. 땀. 땀이 흐른다. 8시간 후에는, 존재하지 않게
될 것이라 할지라도. **자신의 얼굴에도 땀이 흐르고 있다는 것을
감각한다.** 아, 이거 뭐지. 사실, 나 꽤 많이 지쳤어. 내가 있는
곳에서 버티기가 힘들었어. 그래서 이곳에 온 거야. 처음 일주일은
좋았지. 곧, 침대 시트에서 희미하게 풍기는 불결한 냄새. 로컬
음식 신나는 척 먹고 있는데, 견디지 못할 냄새 나기 시작하고
내가 있는 곳으로 돌아가고 싶어졌어. 가서 내 방 이불에 눕고, 내
냉장고에서 음식을 꺼내 먹고 싶어졌어. 다음 날 눈을 떴을 때,
마찬가지겠지. 곧, 그런 생각 하겠지. 어딘가로 가고 싶다. 그럼 또
이런 곳에 찾아오는 거지. 그런데 일주일이 지나면 또 지치는 거야.
뭔가 좋은 게 있을 거라고 믿으니까 계속 걸어야 하잖아. 지쳤어.
꽤 힘들었어. 이곳에서의 여행이라는 거. 아, 나는 이것을 보기 위해
이곳에 왔나. 저 무대 위 사람들 그리고 C. 아주 오래전부터 이어져
온 나와의 약속을 지켜 오고 있다는 생각이 든다. 나는 그 약속을
잊고 살아왔고, 그 약속이 뭔지도 모르지만, 그 약속이 지켜지고
있다는 느낌 들고, 와인을 마셔 볼까. 분명 포도 주스라고 했는데
취하는 것 같아. 기분 좋게 속고 있는 느낌. 이 소파는, 이 소파 만져
보니 싸구려 인조가죽이네. 기분 나쁘지 않아. 속고 속이는 느낌.
지금이다. 와인 잔을 던져 보자. 괜찮아. 어차피, 벽에 던질 거니까.
피 같다. 와, 진짜 피 같지는 않는데, 피잖아. 이거. 피라고 할 수
있다. 저녁이 된 건가 봐.

C   맞아. 저녁이야. 이제. 저 창밖으로 들어오는 빛

보이니? 이 정도면 꽤 그럴듯하지?

글쎄.

C 너, 여기서 처음 보고 있는 거 아니야? 연극-
   적이라는 거.

하지만, 뭔가, 그러니까 뭔가, 좀.

C 정확하네. 사실, 네가 보고 있는 이거, medium
   rate 정도의 연극이거든.

어쩐지. 어쩐지. 어쩐지. 그거였구나.

C 불쾌해?

아니. 상관없어. 아니. 그래서 좋아.

C 그래. 왜, 그거 한 끗 차이잖아. 조금만 이쪽으로
   가면 완전해질 수 있어요. 조금 더 가 볼래?

이렇게?

C 그래. 거기까지만.

조금만 더.

C 이렇게?

270

아니, 조금만 더. 균형이 안 맞잖아. 오른쪽이 더 위로 올라갔어.

C 아, 미안.

응. 아, 그렇게 하면 액자가 벽에서 떨어질 수도 있을 것 같은데. 아, 균형은 안 맞지만 조금만 더 내려 줄래? 못 구멍 안 보이도록. 그래. 그렇게.

C 가까워지고 있어. 좋아. 아주 좋아. 아, 정말 좋다. medium rate라는 거를 넘어간 건가. 피아노에 유플라우나 킴, 플루트 오히카나 후키, 바이올린 마예타 폰스, 첼로 너제티 에켈. 1밀리의 오차도 없이. 완전한 거. 너무나 완전한 거. 각 개별체가 너무나 완전하고 그 소리가 관객에게 오는 속도도 완전한. 모두가 박수를 친다는 거. 그 흔한 환호성도 없다는 거. 아무도 말하지 않았지만, 모두 안다는 거. 행복하다는 거. 이런 음악 들을 수 있어서 행복하다는 거. 다시는 오지 않을 인생의 어떤 순간이라는 거. 맘만 먹으면 방언도 터져 나올 수 있을 것 같은 그런 순간이라는 거. 생일을 맞아, 불행한 가족이라 할지라도 함께 이곳에서 바이킹을 탈 때, 아 이 순간 마지막. 행복이라는 거. 이런 거. 다시는 오지 않을 이거. 이 순간을 감각해야 하나 인식해야 하나. 그때 나는 어디에 있어야 하나. 너무 완전해서 꿰맨 자국도 못 구멍도 없는 너무 매끈해서 매끈해서 불쾌해지는 그 순간이라는 거.

불쾌.

무대로 달려 나가서 저 악기들을 다 부숴 버리고 싶다는 거.

그런 순간.

이 말조차 사실은 어떤 것을 가리키고 있다는 거.

그런 거 뭐라고 하나. 직접적으로 표현하거나 거칠게만 가면 좀
그러니까, 이 액자 대사도 결국은 어떤 것을 지칭하려고 한다는 거.
나는, 무대 위에서 와인을 마시며 음악을 듣고 있는데, 그 음악이
나오는 순간 그 음악이 들리는 걸 티 내면 안 되지만, 그 음악에
느낌 맞춰서 그 말을 해야 한다는 거.

내가 관객인 인물인 척 들어가서 잘 구현해 내는 섬세하고도
절제된 그리고 지휘자의 리듬에 몸을 맡기는 그런 거. 정말 정교한
행위라는 거. 알아. 그래. 나는 지금부터 이 연극에 남아 있기로
결정. 내가 연극을 너무나 사랑하는 그 코트니 심슨 박사. 그러니
여기 남아 있기로.

그러니 나는 서사의 주인공 되고, 내 뒤의 배우들은 기꺼이 마을
사람 되어, 몇 개의 대사를 쥔 채 무대에 서 있어 준다는 거.

알래스카. 오로라. 그 풍경을 배경으로, 펼쳐지는 서정. 얼음. 하얀빛.
헤드라이트. 라디오에서 흘러나오는 노래. 속임수라 할지라도 저
무대에서 몇 번이고 보고 싶은 저 빛과, 사람들. 그 삶의 풍경이라는
거 묘사할 필요는 없지만, 굳이 묘사하고 싶은 그 순간. 열두 시간을
운전하느라 지친 한 남자 사람. 자신의 여자 배우자와 성별 모르는
배 속의 아이에게 오로라를 보여 주기 위해 달려가는 그 시간.
무대 위에 펼쳐진다. 다소 힘들지만, 놓지 않는 핸들. 그 핸들을
놓는 순간, 이 차가 미끄러지고 가드레일에 부딪히는 순간, 아내와
아이가 순간 의식을 잃고 영영 돌아오지 못한 삶, 순간에 갇혀 버릴

수 있으니 앞만 보고 달려간다. 창밖으로 펼쳐지는 길. 우리가 흔히
풍경이라고 부르는 그것이, 저 무대 위에 펼쳐진다. 가로 20미터,
세로 15미터밖에 되지 않는 저 무대에서 무한한 삶의 길이 열린다.
때로는 소 떼가, 때로는 갈색 작물이, 지고 있는 노을 안에서 마치
그림처럼 그냥 서 있다. 왜냐하면 그림이니까. 단지 스틸 컷으로
존재하지만 그 노을빛을 받는 것만으로 충분한 그 길을 따라가는
것. 실제로는 달리고 있지 않지만, 우리는 저 차 달리고 있다는 거.
저 길 끝없이 펼쳐지리라는 거, 안다. 달린다. 어디까지 가야 하나.
라디오에서 나오는 안전-적 적극-적 컨트리풍 그 음악 안에서
존재하는 무대 위의 길, 그러다가 잠시 멈춘 그 주유소 화장실에서
배 속의 아이가 세면대에 얼굴을 박고 엉엉 울고 나와도, 우리
모두가 알아차리지만, 아는 척하지 않고, 같이 다시 차를 타고 그
하이웨이를 따라갈 수 있는 그곳. 그 풍경. 얼음이 진다.

노을이 떠오르고.

운전 중 핸들을 놓고, 트렁크로 들어가 어둠 속에서 잠시 누워 있고
싶은 그 순간.

라디오에서 나오는 옛날 촌스러운 음악 덕에 흥얼거리며
히히덕거리는 농담을 서로 주고받고 있으면 관객들은 그 풍경 안에
함께 있는 듯,

안도-감 느끼고 아, 정말 아름답다,

저 빛,

저 소리,

저 사람들

아름답다,

이것이 연극이구나.

몸이 붕 떠오르는 그 순간.

그러나 연극이라는 거, 그렇게 호락호락하지 않거든.

분명, 우리는 스테이트 외곽의 그 길을 따라가며 라디오를 틀어.

평소에는 듣지 않는, 라디오.

라디오 듣는 거 얼마 만이지?

여보, 주파수 잘 잡히지 않네?

잡혔다.

디제이가 말해.

소리 1   오늘은, 아무 말없이 음악만 들려 드릴게요. 지금
          아이슬란드 들으실 노래는 시규어 로스(Sigur
          Rós), 시규어 로스.

겨우 주파수를 맞춰 달려가고 있었어. 아버지 역에는 그 사람.
어머니 역에는 그 사람. 아이 역에는 그 사람. 그 끝이 없는 그 길을.

무대 위 인물들이 잠시 아주 잠시 눈을 맞추고 다시 정면을 보려는
그 순간 농담을 주고받는 그 순간, 틱- 스피커를 통해 흘러나오던
음악이 멈추고, 노을빛 조명이 차가운 빛으로 바뀌고. 마을
사람들이 무대로 순식간에 달려 나와.

누가 누구를 친 거야? 누가 죽은 거야?

하고 무엇인가가, 누군가가. 암전. 누군가의 세계가 끝이 났을 때.

무엇인가가 사망한 소리.

고라니.

우리가 쳤어.

아니 차가 친 거야.

아니지, 우리가 렌트한 차가 친 거거나,
이 연극 안에서, 저 인물이 친 거지.

고라니. 고라니랑 눈이 마주쳐.

고라니. 고라니랑 눈이 마주쳐. 고라니. 고라니라, 다행이다.
고라니가 죽어서 정말 다행이다. 정말 행복하다. 곧 몸이
떠오르겠지? 그사이 해가 지기 시작하네. 노을이 떠오르겠지? 무대
위 세 사람이 차를 타고 끝없는 터널을 다시 달리기 시작하고, 이제
라디오에서는 심장을 뛰게 했던 컨트리풍 음악 대신 클래식풍
음악을 틀 시간이야. 아늑한 터널의 웅 거리는 소리, 바로 옆으로

다른 차가 추월하는 소리가 멀어져 가고. 가고 있고, 어딘가로 모두가 붕 뜬 채로, 이 터널을 지나면 뭐가 나타날까? 터널의 끝에 빛이 보이기 시작하고 그 빛을 보기 위해 달려가는 차. 터널을 지나면 삶이라는 게 보이겠지? 고라니가 죽어서, 참 다행이지? 고라니가 아니었다면, 평생을 짊어지고 갔어야 할 불행. 어느 날, 가족과 시간을 내서 적당한 돈을 써서 어딘가로 향했던 것뿐인데 단지 즐거운 시간을 보내고 싶었던 것뿐이잖아? 다행이지? 그 고라니 금세 잊힐 테지? 어쩔 수 없는 거겠지? 고라니라는 거. 행복해? 다시 시동을 걸까? 백미러 안으로 저 뒤 갓길로 치워진 쓰러진 죽은 고라니 들어오겠지? 고라니가 시야에서 사라지면, 라디오에서 흘러나오는 클래식풍 음악 볼륨 올라가고 빛의 색깔이 바뀌고, 잠시 우리끼리 눈을 맞춘 후 차가 달려가는 쪽으로 다시 고개를 돌리면, 백미러 위에 귀엽게 박제된 액세서리가 하나 달려 있겠지? 고라니 액세서리. 우리가 도착할 곳이 어디인지는 모르겠지만, 길고 긴 터널을 만나겠지만 달려가자. 영원히. 그 터널의 끝에 오로라가 기다리고 있을 테니. 이런 말대사를 하며 아빠 그와 엄마 그녀 그리고 작은 아이 소년이 손을 잡고 어둠 속으로 천천히 걸어가 퇴장하면 되는 거겠지. 노을이 지는 듯. 세계가 소멸하는 듯. 누군가의 세계는 소멸했지만, 곧 무대가 밝아지고 마을 사람들이 먼저 달려 나와 바삐 인사를 하고 두 주인공은 빠른 듯 천천히 걸어 나와 그제야 관객을 바라보며 무대 위에서의 호흡을 채 정리하지도 못한 채로 고개를 숙여 인사를 하고 손을 높이 올려 박수를 치고 깊은 안도-감 느끼겠지? 다행이야? 박해일 씨. 뭐라고요? 조금만 기다려요. 조금만 있으면 끝나고 그때 사인해 줄게요. 왜 이렇게까지 큰 소리로 말하느냐고요? 아, 아까 고라니를 치기로 했을 때 뭔가가 부서진 것 같아요. 창문이 닫히지가 않아서 그래요. 괜찮아요. 바람 소리와 다른 차들이 추월하는 소리와 멀리서 들려오는 파도 소리 때문에. 내 목소리

들려요? 고라니 역을 맡았던 배우도 나와서 인사를 해요. 박해일
씨? 참 다행이죠. 고라니가 죽어서. 그 고라니는 저 연극 안에서만
죽은 거니까. 박해일 씨. 오늘은 저 고라니 씨한테 사인받도록 해요.
박해일 씨. 저 사람 누구예요? 에헴. 누가 아까부터 자꾸 쳐다보고
있는데. 우리 말고 또 누가 우리 보고 있어요. 누구죠? 어디죠?
이곳은? 혹은 그곳은? 이, 저, 그 연극에서 중요한 순간이겠죠.
소리가 들려요. 소리를 들어요.

그래요?

뭐가요?

그래서요?

뭐가요?

그런가요?

뭐가요?

그래요?

그래서요?

뭐가요?

누가요?

도입부 없이 바로 시작 / 연극적 환영 만들지 말고 / 바로 토픽으로
들어가고 / 반박. 공적으로 치고 들어간 후 / 바로 사적으로 치고
들어간다 / 되묻고 / 잡고 / 경험치로 반박하고 / 양상이 다른데
그렇게 억지로 같이 묶을 수 있나 / 구체적 사실 나열 / 공적인
호명 / 공적인 역할 거부 / 어떤 날은 속이고 싶어도 속이지 말고
토픽을 넘긴다 / 토픽을 받아서 그 토픽으로 바로 들어간다 / 그
사람이 무엇과 싸우고 있는지 제시 / 그 사람의 말을 사적으로
반박하기 전 / 그 사람의 의중을 알지만 사적으로 꺾는다 / 지금은
의도적으로 전형적 연기로 / 하지만 인물의 성격으로 가지 않는다.
공적인 위악 / 보편적 내용을 갖고 사적으로 설득하자. 이 대사
실패해도 상관없어 / 사적으로 반박. 반박의 근거 제시. 불특성
시민성에 대한 토픽을 사적으로 제시 / 의도적 나이브함으로
간다 / 잠깐만 사적 반응해 봐 / 화내도 돼. 그래도 토픽은 받아 /
인물의 성격으로도 사적으로도 일상적으로도 떨어져서도 안 된다 /
어쩔 수 없이 공적 발화로 치고 들어가고 있는 중이다 / 두 개의
사건이 링크될 수 있는가 / 링크될 수 있다는 잠깐의 환영 그리고

착각이 들어도 / 캐릭터로 넘어가지 말고 / 쉬운 선택일 수 있지만
이것밖에 없다 / 배우와 인물 그 사이 / 토픽을 제시하는 것에
집중하고 있는 중 / 일차원적으로 느껴질 수 있겠지 / 나는 이
극장에 그 사람이 있다는 걸 상상해 본 적이 없다 / 격조 있게 속일
필요 없이 / 끝내자. 여기서.

아웃트로—다니엘과 나

그 연극에서 끝까지 남아 있던 사람 단 두 명뿐이었어요. 내 바로
앞에 앉은 사람, 연극이 시작되고 난 지 8분 만이었죠, 그 사람이
일어선 건. 그 사람이 일어섰을 때 그 기운, 너무 단호해서, 그
사람과 같은 열에 앉아 있던 사람들 그 사람 지나갈 수 있도록 정말
빠른 속도로 무릎을 땡겨 줬어요. 그 사람 정말로 물 흐르듯이,
관객과 의자 사이로 극장을 빠져나갔습니다. 그 사람 일어섰을 때,
그 사람 바로 옆 그리고 그 사람 뒤에 있는 사람도, 이때가 아니면
나갈 수 없다는 것을 직감했는지 분명 얼결인 것 같았지만 동시에
정확하고 신속하게 벌떡 일어서서 그 사람의 뒤를 따랐습니다.
어떤 사람은 관객이나 연극에게 피해 주고 싶지 않았는지,
날렵하게 사람들을 점프했어요. 점프가 날렵하지 않은 사람은 메고
있던 가방으로 앉아 있던 관객 얼굴을 쳤어요. 앉아 있던 관객,
가방끈으로 얼굴 맞은 것도 못 느끼는 것 같았어요. 30분 만에
객석에 남은 사람 저와 다니엘뿐이었어요. 이미 나간 사람들을
따라가 보고 싶었어요. 극장을 나와 뒤도 돌아보지 않고 각자의
집으로 향할까. 집에 돌아가는 그 순간은 그 연극을 잊기 위해

주머니에 손을 꽂은 채 고개 푹 숙이고 떠날 사람들일까. 내 앞의 관객들이 사라지자 시야가 확 트였어요. 무대 위에서 끝없는 사막이 펼쳐지고 있었어요. 무대에서 가장 구현하기 힘들다는 그 사막. 모래가 노을 색의 빛을 만나 반짝거렸어요. 있던 것이 사라지니 더 확실하게 느껴짐. 이 세상에 다니엘과 나 둘만 있는 것 같았어요. 이내 다니엘은 앞 좌석에 팔꿈치를 걸치고 그 위에 다시 턱을 얹고 연극 보기 시작했어요. 저는 다니엘의 광대뼈가 아주 천천한 속도로 점점 부풀어 오르는 것을 보고 있었습니다. 다니엘, 너 광대뼈 엄청나게 부풀어 올랐어. / 그래? / 응. 그의 얼굴 붉게 상기돼 있었고 쑥스러워했어요. 너, 안 나갈 모양이구나. / 응. 너무나 시원해. 바람이 불어오잖아. 느껴 봐. 우리 눈앞으로 끝없는 사막이 펼쳐지고 있어. 노을이 집니다. 애초에 없었으면 느끼지 못했을 거야, 이런 청량감. 있던 것이 사라지니 더 확실하게 느껴지지 않아? 세계가 사라지고 있다는 생각 들어. 그렇지 않아? / 다니엘. 나는, 아니라고, 생각해. / 그렇다면 왜 안 나가고 여기 있는 거야? / 끝까지 기다리면, 뭔가 있을 거라는 생각 들어. 뭔가가 반드시 있으니 저렇게 하는 거겠지. 반드시. 있어야 해. 모두가 나갔지만, 반드시 뭔가가 있을 거야. 있어야 할걸. 최소한 마지막에라도. 나는 그걸 기다리고 있어. 없으면 안 될 무언가. 그래서 나가지 못하는 거야.

소리1　그런 거 없어.

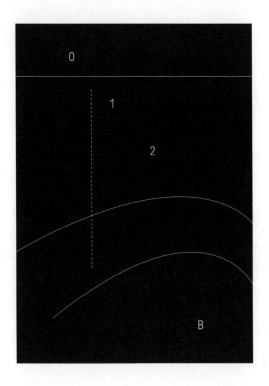

오직 관객만을 위한 두산아트
센터
스트리밍서비스공연

스트리밍 서비스 순서

— #튜토리얼: 움직임
— #튜토리얼: 빛
— #튜토리얼: 소리
— 이거, 그거 아닙니다.
— #튜토리얼: 텍스트
— #튜토리얼: 주고받기
— 스트리밍 서비스 속 아카이빙 스트리밍
— 「발굴되지 않은 언어의 고통」 실연 렉처, 2020
— 이거, 그거 아닙니다.
— 연극학 스트리밍 서비스:
  This is the streaming service theatre
  exclusively for audience, DOOSAN ART

#튜토리얼: 움직임

"인정하고 싶지 않겠지만 그런 순간은 온다. 뭔가 좀 비는 것 같고 있어 보이고 싶은 마음도 좀 있고, 무엇보다 나만 안 하고 있으면 안 될 것 같고 그래서 막 좀 넣어 보고, 해 보고 싶어지는 순간이 분명히 온다. 그런 순간은 생각보다 금방, 혹은 언제든 올 것이며 지금도 오고 있는 중이며 내후년에도 오게 될 것이다. 잠깐. 우리 잠깐만 생각을 해 보자. 빛 쏘고 소리 쏴서 사람이 막 추상적이고 리듬감 있게 건축적으로 흐느적거리는 거 보면서 아, '누군가가 정해 준 대본을 반복연습해서 꽤 잘하고 있는 것처럼 보이는 움직임이다' 멋있다, 라는 느낌을 주는 순간! 이런 유혹으로부터 벗어나기가 지금도 힘들겠지만, 그 유혹으로부터 벗어나기 위해 부단히도 애도 쓰지도 않는. What I'm trying to say is that 진짜로, 안 될 것 같을 때만 하라는 겁니다. 혹은 왠지 하고 싶다는 생각이 계속해서 멈출 수 없을 정도로 들면 그때 찬찬히 고안해 내도 늦지 않습니다. 움직임은 두 가지 중 하나여야만 합니다. 첫째로, 그걸로 모면하지 말 것. 둘째로, 그 장면과 절대로 안 맞아야 한다. 셋째로, 빙자하지 말 것.

저기요.¹*

무조건 하지 말라는 이야기를 하고 있는 게 아니죠. 그러니까 그
장면의 의도를 최소, 교란 정도는 시켜야 한다는 거죠. 넷째로,
'이것은 고안된, 즉 기호로서의 움직임이다. 그러니까 저 인물의
심리를 표현하거나 장면의 분위기를 꾸며 주기 위한 움직임이
아니다, 라는 거다'라는 거, 움직임은 이미 표현의 매체를 하나 더
추가한 것이기 때문에 얼굴 상태에 아무것도 넣지 않거나, 이것은
의도가 있는 움직임이니 나한테 뭐라고 하지 말라, 라는 의도라도
넣어서 얼굴을 만들어 미리미리 방어막을 쳐 주는 것이 좋다는 거"
여기까지, 22세기의 지성, 움직임 학자 장웨이젠 박사가 연극에서의
움직임에 대해 하신 말씀이었습니다.

*   이 희곡에 붙은 주는 이 책 369-372면 참조.

여기. 빛. 빛의 기능 중 가장 중요한 것은 무엇일까요? 물론, 배우를 보이게 하는 것입니다. 92퍼센트의 조명 디자이너들이 이렇게 말했습니다. 왜, 누구에게 보여야 하는 것인지 즉, 보이게 한다는 것은 무엇인지에 대해서는 3년 후 말씀드리도록 하겠습니다. 빛은 장면 안, 극장 안, 연극 안에서도 중요한 기능을 하겠죠. 하지만, 빛이 가장 빛을 발하는 때는 장면이 전환될 때입니다. 전환해야 하니까 섣불리 불 끄면, 바로 실력이 들통난다는 것은, 연극영화과 입시에 단골로 출제될 정도로 기본적인 사항이죠. What I'm trying to say is that 중요한 것은, 1번 빛을 언제 끌 것인가의 기준을 잡는 것, 2번 빛을 어떻게 흐르게 할 것인가, 3번 빛을 몇 초에 걸쳐 흐르게 할 것인가. 이 세 가지만 기억하세요. 이 모든 것은, 저 빛이 어떤 시간 속에 있는 빛인가에 의해 결정됩니다. 그쪽이 보고 있는 시간과 이쪽과 저쪽2에서 빛이 흐르고 있는 시간이 일치하지 않는 순간이 있습니다. 그쪽보다 시간이 빨리 흐르고 있을 때가 있습니다. 그쪽이 보고 있는 장면은 끝났는데, 전 장면의 시간이 여전히 머물러 있거나, 다음 장면의 시간이 치고 들어오는 경우도

있습니다. 그쪽이 보고 있는 장면의 시간은 하나인데, 과거와
현재와 미래의 인간들이 그 장면에 함께 서 있을 때가 있습니다.
그때 빛은 조명 디자이너가 멋을 부리지 않아도 움직이기 시작할
겁니다. 몇 번을 말해야 해요. 빛은, 어떤 시간이 어떻게 왜 흐르고
있느냐와 함께 갑니다.

소리는 말을 합니다. 물론 종종 연극에서 소리는 효과음처럼
들리기도 합니다. 아, 저기요. 효과음 무시하는 거 아니에요.
소리는 말을 합니다. 소리는 말을 하고 있었고, 이쪽에서도 소리는
말을 할 겁니다. 예를 들면, 인간 A는 끊임없이 어딘가로 가고자
했습니다. 현실 속에서, 가고자 하는 곳에 쉽게 잘 갔으면 텍스트로
굳이 쓰지 않았겠죠. 그래서 인간 A가 가고자 하는 곳에서 나올
법한 모든 소리를 주고 싶었다고 하네요. 소리는 그 인간과 함께
말을 하고자 했습니다. 때로는 어쩔 수 없이 효과를 위한 소리를
내기도 합니다. 택시도 없는데, 택시 탔다 치고 연극을 하니까요.
그럴 때는 운행 중인 차량의 내부 소리 같은 것을 틀기도 합니다.
앰비언스라고 하는데요. 근데 그거만 하면 재미도 없고 의미도
없을 때도 있습니다. 그럴 때는 택시 창문을 열어 줍니다. 그러면
소리와 말이 뚫리기 시작하고 택시의 창문 너머, 극장에는 있지도
않은 택시가 달리고 있는 그 길을 따라 펼쳐진 바다의 강한 파도
소리가 밀려들어 옵니다. 그러면 배우의 목소리가 들리지 않을 수도
있으니까, 배우의 소리는, 커지게 됩니다. 배우의 얼굴은 보여야

하고 배우의 소리는 들려야 하니, 배우는, 커지기 시작합니다.
소리는 기다려 줍니다. 그게 매너니까요. 배우의 소리가 들리도록
소리를 낮추는 것은 섣부른 선택입니다. 때로는 음악도 나옵니다.
늘 궁금했습니다. 저 음악은 어디서 나오는 걸까요?

스피커에서 나오는 거겠죠.

파도 소리, 자동차 소리, 공항 소리 이런 것들은 그래도 근거라도
있죠. 그런데 이 선택된 혹은 고안된 멜로디와 때로는 제목도 있는
이 노랫소리는 어디서 나오는 걸까요?

(두 사람, 함께 노래를 부른다. 그쪽도 함께 노래를 부르고 있다)

♬ 의지할 친구 없어 외로워도 걱정 마요. 그쪽과 이쪽에 소리, 노래,
음악 있으니. 마음이 아프면 더 슬픈 음악이 흘러요. 자신이 없다면
생생한 소리 틀어요. 지루하다면 함께 노래 부르면 돼요. 밤길
달려 먼 곳에 도착하고 싶다면 라디오를 틀어요. 놀래키는 소리
준비 중이에요. 라디오 디제이도 멈추고 그쪽과 이쪽은 함께 놀라
함께 눈물 흘려. 하지만 걱정 마요. 다시 밤길 달려 그곳에 도착해
떠오르는 태양 바라보며 다시 희망 암시하는 쓸쓸한 음악 흘러나올
테니. 지금처럼. ♬

이거, 그거 아닙니다

(극장을 채우는, 슬픈 정서를 자아내는 꽤 고독한 음악)

빗소리가 너무 커서 아무리 소리를 질러도 소리가
들리지 않아도 계속 말하고 싶은. 아무 구멍이나 얼굴을
들이밀고 계속 말하고 싶은. 지금도 그와 유사한 일화를
말하고 싶은. 에피소딕하지만 그래서 하는 사람이나 보는
사람이나 덜 지루할 위험 부담이 적을 그러한 보르헤스식
일화로 읽힐 다수의 사람들이 아름다움이라고 말할
그런 장면들의 나열.

그래. 그런 사람이 있었어요.

(인물도 배우도 없는 무대에, 꽤 그럴듯하게 일렁이는 빛)

나는 말을 하고 싶어요. 그러나 나는, 어느 날부터 말하는 걸 한순간도 멈출 수 없었던 사람에 대해서도 말하고 싶어요. 그 사람은 계속 말했어요. 말이 많은 정도가 아니라, 1분 1초도 쉬지 않고 말을 해야 하는 사람이었거든요. 음식을 먹을 때라면, 말을 하느라 씹지 못해 계속 입에서 밥풀을 떨어뜨리는 사람? 수업을 들을 때라면, 그 사람의 말소리와 선생님의 말소리가 겹쳐 아무도 옆에 앉지 않는 사람? 100미터 달리기를 해야 하는 때라면, 늘 꼴찌를 했던 사람? 수영을 하는 때라면, 수영할 수 없는 사람? 계속 말해야만 하는 사람. 사람들이 물었어요. 왜 계속 말을 하는지. 때로는 그랬죠, 제발 그 입 좀 닥쳐 달라고. 그럼 그 사람은 아주 작게라도 말했죠. 소리가 들리지 않는다고 해서 말을 하지 않는 건 아니잖아요. 입술이 움직이고 있었으니까요. 입술이 움직이지 않아도, 파장이 느껴지잖아요. 그 사람은 말하고 말했어요. 말을 하지 않으면, 말을 잠시라도 멈추면 자기는 죽을 거라는 것을 알고 있었던 것처럼. 말을 멈출 수 없었던 그 사람. 사람들이 말했어요. 한번 멈춰 보라고. 죽지 않을 거라고. "괜찮을 거야." "겁먹지 마. 괜찮을 거야." "자, 이제 말을 멈춰 보자." "심호흡해 봐." "넌 왜 못 해?" "할 수 있어." 그런 말 듣는 동안에도 그 사람은 말을 해야 하니까 심호흡 같은 거 할 수 없었어요. 그 사람은 말했어요. "그건, 자전거 페달을 밟거나 숨을 참고 1분간 잠수해 보는 것과는 다른 문제야." 그 사람은 또 말했죠. 밥을 먹으면서도, 잠을 자면서도 그 사람은 계속 말했다고 나는 또 몇 번이나 말하고 있는 중이에요. 그 사람이 배 속에 있었을 때 그 사람의 어머니는 잠을 자지 못해 점점 지쳐 갔어요. 배 속에서 들리는 소리를 듣지 않으려 귀마개를 해도, 몸속에서 울리는 소리의 진동은 멈추지 않았으니까요. 소리가 들리지 않는다고 소리가 없는 건 아니잖아요.

> 계속 말을 해야 하는 사람에 대해 계속 말을 하고 있고,
> 이건 부러 빈집 전화 응답기에 남기는 일곱 번째 메시지
> 같은 그런 거 아니에요.

말을 너무 많이 해서 그 사람의 목소리는 주기를 거쳐 변하기
시작했어요. 그래. 누구에게나 목소리가 바뀌는 통상적인 주기라는
게 있죠. 더 이상 아이의 목소리가 아니게 되는 그 시점도 언젠가는
오기 마련입니다. 그 사람에게는 3개월에 한 번씩 그 주기가
찾아왔어요. 종국에는 어떤 목소리를 갖게 되는 걸까. 그 사람은
평생에 걸쳐 수백 가지의 목소리를 가지게 될 사람. 어느 밤, 정말
사랑하는 사람이 떠난다고 했죠. 이런 거 너무 급작스러운가요?
그래요? 그 사랑하는 사람이 떠나는 이유를 말하는 중에도
그 사람은 계속 말했어요. 그리고 가지 말라고 무릎을 꿇고
애원하면서도 그 사람은 계속 말했어요. 떠나지 말라고 계속
말했어요. 어떻게 할 수 있었겠어요? 떠나지 말라고 말하는 것
외에 남겨지게 될 사람이 할 수 있는 게 뭐가 있나요. 그 사랑하는
사람은 떠났고, 그 사랑하는 사람이 떠나고 나서도 그 사람은
카페에 홀로 앉아 계속 말을 했어요. 손님들이 너무 시끄러우니
나가 달라고 하자, 그 사람은 카페를 나와 그 사랑하는 사람을 정처
없이 쫓아 달려갔어요. 달려가면서 계속 말을 했어요. 말을 하지
않고 달려갔다면, 잡을 수 있었을까. 말을 하는 것은 숨을 쓰는
일이잖아요. 달리면서 말을 하느라, 숨을 너무 많이 써서 빨리 달릴
수도 없었어요. 숨이 찼으니까요. 다른 사람들만큼 빨리빨리 달릴
수 없었으니까요. 기다려 줘, 제발. 그때,

빗소리

비가 내렸어요. 모든 소리를 삼켜 버릴 빗소리. 한참을 달리다가
멈췄어요. 숨이 찼어요. 아무리 달려도 떠난 그 사람을 잡을 수
없다는 거 정말로 알게 되었을 때, 멈췄어요. 하지만 말은 멈춰지지
않았죠. 말을 내뱉으면서도 속으로는 또 다른 생각을 했어요. 너는
어디 있느냐고 물으면서도 계속 고개를 꺾어 그 사람이 어디로
갔는지 찾으면서도 속으로는, 이제 정말로 멈춰야겠다는 생각이
들었어요. 하지만 알아요. 그 사람은. 말을 멈춘다는 건, 용기
있게 자전거 페달을 밟거나, 잠시 잠수를 해 보는 시도와는 다른
것이라는 걸.

몇 번을 말해야 해요? 그런 것과는 다른 것이라고.

밤마다 혼자 타인을 생각하며 입에 담지도 못할 욕을 한다든가,
지하철에서 남의 대화를 엿듣는 것을 멈출 수 없다든가, 남의
우편함에서 편지를 훔쳐 온다든. 그런 것들과는 다른 것이라고.
도저히 멈출 수 없는 것이 있는 사람. 그게 바로 자기 자신이라는
걸 알고 있었고. 그리고 혹은 그제야 그 사람은 그 자리에서 말을
멈췄어요.

(관객이 원하는, 빛과 소리)

어때? 그래?

하지만 그건 이런 이야기가 아니잖아요?

그래요. 이건 그런 이야기가 아니에요.

그 사람은 떠났어요. 그럼 남은 사람은 어떻게 해야 하죠? 함께
떠나면 되나요? 한 사람이 떠나면 다른 한 사람도 떠난다?
어디로요? 어떻게요? 그 사람이 마침내 말을 멈추자, 비가 멈췄고,
그 사람에게 말을 멈추라고 했던 이 세계의 모든 사람들도 말을
멈췄고, 이제 아무런 소리도 들리지 않아요. 그리고 그 사람은 그
자리에서 죽었어요. 그래요. 죽었어요. 그 사람이 죽자, 세계는
잠시 조용해졌어요. 잠시라고 생각하겠죠? 그 침묵은 곧 지나갈
거라고 생각하겠죠? 그리고 곧 모든 것이 슬슬 속도를 낼 거라고
생각하겠죠?

이거 그런 거 아닙니다.

그 사람이 죽자 세계는 잠시 조용해졌어요. 잠시라고 생각하겠죠?
그런 침묵은 곧 지나갈 거라고 생각하겠죠? 그리고 곧 모든 것이
슬슬 속도를 낼 거라고 생각하겠죠?

아, 그런 거 아닙니다. 그리고 이런 것도 아닙니다.[3]
지금 제가 하고 있는 이 말들이 다른 무언가를 가리키고
있다거나, 어떤 또 다른 의미가 있겠지? 이거 그런 거
아닙니다. 저기, 이봐요들. 아니오. 그런 거 아니에요.

아까도 누가 물어보더라고요.

여기 또다시, 예를 들어 볼까요?

아까 나왔던 그 고라니 있잖아요. 그 고라니가 뭘 상징하는 거냐고.
인터미션 때 화장실에 줄을 서 있는데 누가 제 등 뒤에서 말을
걸더라고요. 자기 생각에는, 그 고라니는 연극 자체를 가리키고 있는
것 같다. 그랬더니 화장실 안쪽에서 끙끙대는 목소리가 들려왔어요.
아니다. 그건 어떤 사람의 죽음을 은유하는 거다. 그러자 손을
씻으며 누군가는, 어떤... 어떤... 어떤... 어떤? 사회현상...? 사회현상!
사회현상 가리키는 장치!로서 작동하는 고라니라고 했어요. 그때
이런 방송이 나왔어요. 스피커에서 나오는 소리였죠. 3분 안에
3부가 시작될 거라고, 입장을 서둘러 달라고. 그리고 그 고라니는
거대한 죽음 그 자체라고, 철학적 의미의 본질이라고. 여기까지가
방송의 내용이에요. 로맨틱 영화에서처럼 모두가 다 고라니가
가리키고 있는 바를 노래로 부르며 춤추며 즐거워들 했죠. 우주와
같은 세계요? 와, 우주와도 같은 세계라니. 저기요, 이거 그런
거 아니에요. 우주는 우주고, 고라니는 고라니예요. 지금부터
인터미션이에요. 지금부터 15분 안에 2부가 시작될 예정입니다.[4]

이 세상에는, 연극 텍스트라는 게 있죠? 사람들은, 이것을 주재료로
삼아 굳이 뭔가를 좀 만들어 보려고들 하죠. 그쪽이 기대하는 바와
전혀 다른 것이 나올 수도 있겠고, 예측되는 범위에서 너무 갈
경우에는 그쪽으로부터 조소 혹은 비난 정도를 받게 될 겁니다.
저는 영원히 그런 것들에 약간 신경이 쓰일 테지만, 오늘은 신경
쓰지 않기로 합니다. 여기, 놀라운 비밀이 하나 있습니다. 때로
연극의 텍스트라는 거, 어떤 사람이 직접 쓴 것이라는 사실이
바로 그겁니다. 이게 꼭, 그 사람이 집에서 혼자 썼다는 것만을
의미하는 것은 아닙니다. 저는, 누군가는 그걸 건네받습니다.
그걸 읽습니다. 그리고 생각이라는 걸 합니다. 읽으면서 동시에
생각까지 합니다. 나에게 온 텍스트가, 너무 쉬우면 실망하고 너무
어려우면 그 자리에서 벌벌 떨리기 시작해서 내내 그쪽들 앞에서
벌벌 떨 때도 있고, 그게 끝나고 1년이 지났는데도 지금까지 떨리고
있는 중입니다. 물론, 내가 잘하고 싶어서 벌벌 떠는 겁니다. 잘
갈 거라는 생각이 들면, 잘 가고 있다는 느낌이 들면, 잘 갔다는
감각을 그쪽도 이쪽에 보내오면 역시 내가, 잘했다는 생각이 들기도

합니다. 그래서 그걸 읽고 또 읽습니다. 속으로 읽어야 하는 걸 잘 알면서도 왠지 습관적으로 중얼중얼중얼거리면서 읽기도 하는데, 각자 자기 방식대로 읽으면 됩니다. 그리고 동시에 이걸 가지고 어떻게 연기라는 걸 할지 골몰이라는 걸 합니다. 19세기에 활동한 박사, 코트니 심슨 연극 박사는 다음과 같이 말합니다. "당신이 어떤 인물을 연기할 때, 그 시간 속 그 인간이 겪어야 할 마음을 동료들과 아무리 공유해도 결국은 모두가 다를 수밖에 없다. 혹은 같지 않을 수 있다. 놀랍게도, 완전히 다를 수도 있다. 그리고 때로는 그게 무엇인지, 모두와 공유할 필요도 없다. 내가 그 인간을 바라보며 뭘 생각하고 있는지 다 공유할 필요가 없다는 거다. 그 인간이 겪고 있는 절망 혹은 환희의 성격에 대해서는 큰 방향에서만 공유하되, 그 실체 혹은 본인이 그 인간을 어떻게 바라보고 있는지를, 때로는 아주 정확하게까지는 공유하지 않는 것이 더 나을 때가 있다." 그것은 8장에서 더 자세히 이야기하기로 한다. 한편, '내가 만─약5 이 인간이라면?'이라는 상상을 하면서 막 거기에 들어가고 그런 걸 해 보거나 상상하지는 않습니다. 혹은 이 인간의 직업, 나이, 고향, 성별, 뭐 계급, 트라우마 이런 것들을 엑셀 표로 싹 정리해서 그 인간을 구축하지도 않습니다. 사실 한 인간을 구축한다는 걸 애초에 하지 않습니다. 구축해서 뭐하겠으며 구축한다고 그게 된다고 생각하지도 않기 때문일까요? 때로는 그쪽들에게 잘 보이기 위해 육화하거나 목소리 같은 것을 변주하고 싶다는 욕망이 들기도 하는데, 저는 웬만하면 그르게 하지 않아요. 물론 그렇게 할 수 없기 때문이기도 합니다. 자, 이제 연기의 전략이라는 걸 짤 겁니다. 아주 쉽고 거칠게 말하자면 연기의 스타일을 짠다는 건데, 거칠고 쉽게 말한 것이니 이 말은 잊어 주었으면 합니다. 이건 위에서 말한 하나의 인물에 접근하는 것과는 다른 겁니다. 자연스럽게 그 인물에 적합한, 그러나 과하지는 않은 개성적인 연기를 하며 주고받기라는 것을 하는 경우라면 그렇게 해서 서로 계속해서 자연스레 맞춰 보면서 자연스레 어떤 느낌! 생기게 되면서 찰지며 매력적인 연기라 칭찬받을 수 있겠지만, 그렇지 않은 경우라면 혼자 정할 수는 없습니다. 사실 아무것도 혼자 정할 수는 없습니다. 혼자 정할 때의 위험은, "저젖저저젖저저저젖 배우 혼자 톤 튄다"라는 말을 듣게 될 수도 있다는 겁니다. 적어 두셔도 좋을 것 같습니다. '혼자서 짤 수는 없는 노릇이다.'

어이! 얼쑤!

한편. 그쪽들이 누구인지도 모르고, 누가 그쪽들이 될지 알 수 없고, 함께, 그쪽들이 누구일지 이쪽에서 정했습니다. 지금은 정말 모르겠네요. 그렇게까지 하면 연기가 딱 똑같아질 수 있다고들 하는데, 아니 사람이 다른데 어떻게 연기가 똑같아집니까. 뇌 합쳐서, 이 장면을 통해서 어디까지 갈 것인지, 왜? 하는 것인지를 함께 정하는 거고, 때로는, 차라리 혼자 하는 게 편하겠다는 생각이 들기도 합니다. 이렇게까지 다 같이 머리 맞대고 정해야 하나? 이걸 정하기 위해 같은 시간에 다 같이 모여, 때로는 그 의도를 도저히 모르겠는 상대의 연기를 보고 이야기 나누고, 상대의 말을 들으며 생각이라는 걸 하고 그러느라 시간을 쓰는 겁니다. 여기 예를 들어 보겠습니다.

그래?

제가, 방금 한 이 연기[6]는 어떤 연기의 전략에 해당할까요?

1번. 그쪽에게 걸어 주는 연기.

2번. 인간의 행동이나 말에 정당성을 걸어
줌으로써 인간의 힘을 높이는 연기.

3번. 사회적 합의를 선언하는 연기.

4번. 시간성 속에서 발생되는 연기.

5번. 들리게 하는 연기. 인간이 처해 있는 상황을
들리게 하는.

6번. 아따 모르겠다잉?

그래? 여기,

놀라운, 비밀이 하나 있습니다. 이런 식의 연기의 전략이라는 거,
한 인간이 실제로 지금 하고 있는 중이라는 사실이 바로 그겁니다.
이 세상에는 연극 텍스트라는 게 있죠? 이 연극 텍스트라는 것에는,
어떤 사람들의 생각과 시간이 담기기도 하지만, 그 전에 실재하는
누군가의 고통에 대해 이야기하려 하기도 합니다. 이것을 주재료로
삼아 굳이 극장 안 무대 위 장면 안 뭔가를 좀 만들어 보려고들
했었죠. 자, 여기 텍스트가 있습니다.

"주고받기란, 단순히 둘이 같이 뭐 유기적으로 뭐 숨 쉬고 뭐 그런
호흡 이야기하는 것이 아니라, 서로를 위해 상대가 나보다 더
보이고 들리게 하기 위해 상대의 가치를 높이는 것이다. 혹은
내가 연기하고 있는 가상의 인물처럼 보이는 인간을 위해 하는
것이다. 인간과 주고받기하는 것은 영적인 차원이 아니라, 가끔
윤리적, 최소한의 양심 차원 문제로…" 17세기의 윤리학자 최성호
선생님께서는 이렇게 말씀하십니다. 주고받기. 무대 위에 최소 두
명이 있을 때 주고받기, 해야 합니다. 각자 정면 보고 대사를 해도
주고받기, 해야 합니다. 상대가 대사하고 있을 때, 내 다음 대사
생각하거나 '내 연기 어떻게 하지?' 궁리하는 순간 바로 폭망합니다.
또 또 또 예를 들어 봅니다. 어떤 사람이 무대 위에 아직 등장하지
않았는데, 내가 그 사람이 어떤 사람인지에 대해 이야기하는 어떤
연기를 한다고 칩시다. 이때 상대는 무대 위에 등장하지 않았지만,
나는 등장하지 않을 상대와 주고받기, 해야 하고 있다, 라고 생각을
해야 합니다. 그게 자기만의 장면이라고 생각을 하면 안 된다, 라는
거죠. 그러나 실제로 상대 인간이 무대 위에 함께 등장하지 않았는데

"어떻게 주고받기를 하냐?"는 질문을 하실 거라 예상됩니다. 이에 대한 대답은 여기서는 하지 않기로 했습니다. 으이!

버전 1!

얼씨구!

또 들어 볼게요, 예를.

이렇게 생각해 왔어요. 쟤는 뭔가가 다르다. 우리와 다르다. 나와는 다르다. 나와 다른 삶을 살아가겠구나. 저 친구가 도달할 수 있는 세계는 무한정으로 펼쳐져 있다. 내가 상상하지도 못할 세계에, 발을 내딛을 수 있는 친구. 나는, 이 우주 안의 이 지구, 이 지구 안의 이 국가, 이 국가 안의 이 도시, 이 도시 안의 이 집, 이 집 안의 이 방, 이 방 안의 이 침대에 웅크리고 누워 그 친구가 활주하고 다닐 그 세계를 이 어둠 속에서 몇 번이고 훔쳐 돌려 보겠지. 내 손에 쥐어진 이 리모콘과 함께.

버전 2![7]

이렇게 생각해 왔어요. 쟤는 뭔가가 다르다. 우리와
다르다. 나와는 다르다. 나와 다른 삶을 살아가겠구나.
저 친구가 도달할 수 있는 세계는 무한정으로 펼쳐져 있다.
내가 상상하지도 못할 세계에, 발을 내딛을 수 있는 친구.
나는, 이 우주 안의 이 지구, 이 지구 안의 이 국가, 이 국가
안의 이 도시, 이 도시 안의 이 집, 이 집 안의 이 방, 이 방
안의 이 침대에 웅크리고 누워 그 친구가 활주하고 다닐
그 세계를 이 어둠 속에서 몇 번이고 훔쳐 돌려 보겠지.
내 손에 쥐어진 이 리모콘과 함께. 하하핳하핳. 차이가
느껴지시나요?

2020, 미래광고
「발굴되지 않은 언어의 고통」

「발굴되지 않은 언어의 고통」.[8] 2020년 11월 10일
두산아트센터 스페이스111 공연 영원히, 자발적 취소.[9]
2020년 10개월 넘는 시간 동안, 일주일 단위로 대처해야
하는 상황 속에서 서류 속에 기재된 개런티 지급 요율표
외에는, 실은 이쪽에는 어떤 선택지도 주어지지 않은
채, 이쪽 노동의 안전은 고려되지도 않은 채, 안전하지도
않은 이쪽의 노동 속, 그쪽의 안전만을 고려하라는 지침
속, 이쪽 나름의 방법을 제발 시대에 뒤쳐지지 말고, 제발
창의적이 되라, 라는 요청 속 그러나 답은 정해져 있는
상황 속 어떻게 해야 하나! 모든 시간을 거기에 쓰게
될 거 같은데, 그러느라 표면적으로는 누군가의 고통을

다루게 될 이 연극이, 과연 그 누군가의 고통에 가닿을 수 있을까? 한마디로, 그 누군가의 고통을 그쪽에게 제대로 나를 수 있을까, 그리고 한마디로 에헴. 따르릉. 에헴. 자전거 들어오는 소리. 340초 동안 빛이 흐르고 있다. 물론, 인지하기는 어렵지만 균일하지 않은 빛의 속도가 얼굴을 때리는 순간들이다. 꽤 괜찮은. 개 짖는 소리. 꽤 노련한. 그리고 어렴풋이 피아노 소리. 꽤. 전 장면의 소리가 서서히 들어오고 있다. 아직은 인지하기 어렵지만. 어두워지네. 어두워지잖아. 할아버지 에헴 할머니를 만나러 주말에 교복을 입고 기차를 탄 애매하게 어린 청소년. 어때? 역에 내려 다시 버스를 타고, 그렇게까지 시골로 느껴지지는 않는 길을 따라 걷고, 반쯤 열린 기와 문 앞에 한참을 서 있다가. 할머니. 아, 할머니다.

누구냐.

네, 저예요.

쪽 찐 머리를 고수하고 싶어서가 아니라, 다른 방법을 몰라서 평생 쪽 찐 머리만 해 온 할머니가

어, T니? 니 엄마가 보냈니?

아니오.

어떻게 해야 하나? 1번, 2번, 3번, 4번, 5번, 6번.[10] 어느 것에도 해당되지 않는 전략인데? 그저, 첫말. 그저 툭 나오는, 전략 없는 말. 아니오. 주고받기의 감각?

이거, 그런 거 아니다. 따르릉? 왜 또 자전거 들어오는
소리? 동네에서 중고등학교를 통틀어 가장 촌스러운데
조악하기까지 한 춘추복으로 놀림 받는 그 교복을 입고
주말에 기차를 타. 자기가 잘못한 것도 아닌 일 앞에서
나무 바닥에 무릎을 꿇고, 두 허벅지에 두 손바닥을 대고
두 손목을 꺾은 채 지금도 가끔 거기에 앉아 있는 누군가.
중학생인 저 인간이 견뎌야 하는 어떤 것으로부터 지금의
자신을 지켜내기 위해서. 100만 원 구걸해 오라고 이
인간을 이곳에 보낸 부모 중 한 명 때문이 아니야. 열여섯
살이 감당하기 어려운 그것과 함께 걸어 나와.

안녕히 계세요.

안녕히 계세요? 그래 잘 가라. 그 길을 걸어. 또 또 개 짖는
소리. 어두워지네. 이제 가야지. 얼굴에 뭔가가 흐른다?
실제로 어두워질 때까지 그렇게 길게 앉아 있는 건 아니야.

저 인물이

무릎을 꿇은 지 10분도 안 됐는데 하필

그때?

지금?

어두워지고 있네. 이럴 줄 알았으면, 다음 기차를 탈걸?
그럼 자고 가라고 했을까? 시골의 밤길은 꽤 무서운데?
어떻게 가지? 아니 밥을 내어 줬을까? 이 후진 교복 입은,

그 희곡 「발굴되지 않은 언어의 고통」 속 저 인물을 맡은
내가 여기 무릎 꿇고 앉아 있잖아. 이거, 아 그거네. 와.
지금 말이야. 정확하게 모든 것들이 또 또 또 또 또 또
또 또 또 또 맞아떨어져서 그쪽들 머릿속에서 일어나는
일이겠지. 아, 그거 이거다. 재연 속 재현. "그것을 통해
획득한 언어는 결코 잊히지 않아." 그게 언어를 습득하는
가장 좋은 방법이라고? 가라. 따르릉. 할아버지가 말해.
가라. 할머니도 말해. 가라. 가라.

가.

내가 연기하고 있는 인물과도 주고받기를 합니다. 내가 연기하고
있는 인물은 반드시 이 세상 어딘가에 존재하고 있기 때문이죠.
그리고 믿어지실지 모르겠지만 그쪽들과도 주고받기를 합니다.
그쪽은 이쪽의 발화를 바로 앞에서 목격해 주는 존재이자 그것이
어딘가로 가게끔 해 주는 매개라고. 아니. 그렇게 되어야 한다.
21세기 작가 오지리오 아자데는 주장했습니다. 이 발화가 극장
밖으로 나갈 수 없음 혹은 나갈 수 있음을 정해서 그 거리를
조절하는 이, 그 연극[11]과의 주고받기가 이뤄집니다. 도대체 무슨
말? 하고 있는지 모르시겠는 중이라면, 이 부분은 이번에도 그저 또
넘어가셔도 될 것 같습니다. 이쪽에서 그쪽들을 감각할 수 없지만,
그쪽에게 온전하게 도달되기는 불가능하리라는 것은 알기에,
대사를 폴란드어[12]로 빨리 치고 있는 중입니다. 아쉽지만, 여기서
주고받기의 예를 드는 것은 몇날 며칠을 고민해 봤자 불가능하다,
는 결론을 내렸습니다.

1. 「셰익스피어 소네트」, 기획초청공연 세월호2018

기쁨. 때로는 행복하다. 누군가의 죽음을 다루는 연극을 만들고 있는데, 우리가 여전히 이곳에서 함께 무엇인가를 만들고 있다는 기쁨 때문에, 우리의 특정한 프로페셔널도 뿜뿜 하며 우리가 어떤 것의 개념을 함께 만들어 내고 있다는 감각이 너무 좋아서, 혹은 공연이 코앞인데도 며칠이나 고착 상태가 되었을 때도 머리를 싸매며 이것저것 헛발질을 시도하며 시간이 그저 흘러가기만 할 때도, 누군가의 전혀 예상하지 못했던 실없는 농담 하나가 우리를 진짜로 웃게 만든다. 그 기쁨의 총량이 점점 늘어나게 되면서 누군가들의 죽음은 점점 우리와 무관한 것이 되는 것은 아닐까. 누군가의 죽음 이후에도 삶이 흘러갈 것이라는 익숙한 삶의 경구 때문이 아니라, 과연 그것이 가능한지, 누군가의 죽음 이후의 기쁨이 가능한지, 얼마만큼 가능한지, 순간 떠오른 '아름답다'라는 감각. 그래도 되나? 그러면 안 됐지. 이제 아름다움이 정말로 가능한지 물어보기 위해, 그것이 무엇인지 그쪽과 이야기하기 위해, 누군가의 죽음 후에 시간은 속절없이 흐르며 세계가 이렇게까지

바뀌어도 되는지, 안 바뀌어도 되는지, 그쪽에게 질문하기 위해
기쁨을 극한으로 끌어 올려 이 대사를 한다. 연기의 원리는 단 한
가지. 기쁠 것. 그리고 기쁨이 가능한지, 때로는 기뻐도 되는지
묻기 위해 셰익스피어의 「소네트」를 가져와 슬픔까지 구현한다.
지나치게 길다 싶을 정도로 구현한다. 계속 운다. 근데 이게, 우리가
우리 연기 뽐내려고 우는 게 아니잖아. 그래서 게스투스(Gestus)를
가져온다. 흐르는 눈물을 잡아서 그걸 바라보는 게스투스. 그리고
그걸 그쪽에게 나르는 게스투스. 그리고 그 게스투스 사이사이 숨을
쉰다. 그쪽에 우리의 의도를 도달시키기 위해서 숨을 쉰다. 네 명이
큐를 맞춰 동시에 숨을 쉰다. 그쪽들은 그 숨소리 안에 함께 있었지.
어떻게 해야 하나. 의도하지 않았지만, 매회 공연마다 눈빛이,
손가락이, 무릎이 떨렸다. 누군가는 이것이 노련하지 못한 배우들의
어색함이라고 하기도 했고, 누군가는 이것이 수행성이라고도 했다.

"행복하다 때로는 행복하다. 삐그덕 아주 경쾌하게 삐그덕 소리를
낸다. 빛. 뜨겁다. 눈부시다. 소리는 들리지 않는 듯. 하지만 귀
기울이면 분명 들려온다. 나는, 나를 비춰 줄 빛과 내가 불러낼
소리들이 숨죽여 시간을 기다리고 있다는 것을 안다. 빛. 나를 위해
빛이 존재하고 나의 목소리는 또 다른 소리를 불러낸다. 그들은
아직 등장하지 못했지만, 이제 곧. 내가 발 딛는 무대는 내가 한
걸음 한 걸음 내딛을 때마다 삐그덕 아주 경쾌하게 삐그덕 소리를
낸다. 이렇게. 그래. 때로는 행복하다."

2. 「우리는 농담이(아니)야」, 2020[14]
그냥, 기쁘게 혹은 행복하게의 상태에 국한되는 원리가 아닙니다.
그 인간이 원하는 것은 가능하다고 주장해 주고, 그 인간이 문제가
있다고 생각하는 것에는 문제 제기해 주고, 그 인간이 바라는 것에
대해서는 긍정해 주는 것이 연기의 주요 원리였습니다. 저는 하나의

인물을 혼자 연기했습니다. '보편적인 트랜스젠더'를 연기할 수
있나? 혹은 나름 리서치를 해서 '특정한 트랜스젠더'를 연기할 수
있나? 무엇을 얻을 수 있나? 나의 연기가 대표성 가질 수 있나?
그래도 되나? 상태나 감각을 많이 표현할 경우, 뭔가 이상한 감각이
계속 들어오는데 어디까지 제한해야 할까? 이 인간만이 느끼는
개별적이며 사적인 감정이라고 할 수도 있으니 나 조금만 더 가면
안 되나? 조금만 더 특정하고 매력 있고, 독특하게 가면 안 되나?
나 더 잘할 수도 있는데? 어디까지 가야 하나? 이 희곡 속의 인물인
내가, 그 인간이 처한 삶의 조건에 문제 제기하고, 그 인간의 선택을
지지하는 것이 대전제라면, 이 기쁨 그 분노 어디까지 갈 수 있나?
이 인간의 이야기 속에는 여러 인물이 나오는데, 다역으로 실감
나게 표현하면 안 되나? 옛날 옛적에 이런 인간 있었고, 그 인간
이런 삶 살았고 내가 그것을 응원한다? 「우리는 농담이(아니)야」.
2020년 대한민국, 한 트랜스젠더 여성은 여자 대학교 법학과에
합격했으나 재학생들을 포함한 이들의 반발로 입학을 포기하겠다고
밝혔다. 2019년 대한민국, 한 육군 하사는 군단장으로부터
성확정 수술에 대한 국외 휴가를 승인받고, 성확정 수술을 받은
후 복귀했다. 그 후 여군으로의 군 복무를 희망했으나, 대한민국
육군은 심신 장애를 이유로 그 하사를 강제 전역시켰다. 그 사람은
2021년 생을 마감했다. 사후, 대전지방법원은 군의 전역 처분을
위법으로 판결했다. 2024년 3월 국방부 중앙전공사상심사위원회는
이 사람의 사망을 순직으로 결정하였다.[15]

3. 「킬링타임」, 광장극장 블랙텐트, 2017
"구명조끼를 입고 있어서 몰랐습니다. 정말 몰랐습니다.

세월호 윙브릿지에서 123정으로 옮기는 작업 했습니다. 그러니까
밖에서 보면 왜 저걸 몰랐을까, 사람들이 그렇게 말을. 그냥

승객이라고 알고 구했습니다.

시간적 여유가 있으면 해야죠.

경황이 없어 가지고. 그때 당시는 못 했습니다. 죄송합니다. 승객인
줄 알았습니다. 그런 생각을 미처 못 했습니다. 그때 당시에는
몰랐습니다. 그때 당시에는. 너무 경황이 없어 가지고 선원인 줄
모르고 구한 겁니다. 몰랐습니다. 그때 상황이 그래 가지고, 일단
선 인명 구조가 필요했기 때문에 인명 구조에 신경을 쓰다 보니까
거기까지는 신경을 못 쓰고 우선 구한 겁니다. 근데 그게 선원인
줄은 몰랐습니다. 경황이 없어 가지고. 저는 유리창 깰 때 오른쪽
손까지 다칩니다."

반복.

"그래서 더 경황이 없었다고 말씀드리는 겁니다. 계속. 왔다 갔다.
선수, 선미, 이렇게. 했던 거 같습니다." 이 공연은 2016년도 세월호
특별조사위원회가 실시한 청문회의 증인들과 참고인들의 말을
수집하여 대본이 구성되었습니다.

4. 「가해자 탐구—부록: 사과문작성가이드」, 2017
가해자 탐구—부록: 사과문작성가이드, 미술편
가해자 탐구—부록: 사과문작성가이드, 영화편
가해자 탐구—부록: 사과문작성가이드, 문학편
가해자 탐구—부록: 사과문작성가이드, 무용편
가해자 탐구—부록: 사과문작성가이드, 방송편
가해자 탐구—부록: 사과문작성가이드, 연극편
가해자 탐구—부록: 사과문작성가이드, 전통연희편

가해자 탐구—부록: 사과문작성가이드, 음악편

가해자 탐구—부록: 사과문작성가이드, 서브컬처편

가해자 탐구—부록: 사과문작성가이드, 사진편

가해자 탐구—부록: 사과문작성가이드, 미디어아트편

가해자 탐구—부록: 사과문작성가이드, 동화편

가해자 탐구—부록: 사과문작성가이드, 광고편

5. 「Commercial, Definitely—마카다미아, 검열, 사과 그리고
맨스플레인」, 2016

"여러분, 지금 여러분이 하고 있는 비난과 불만에 사로잡힌 언행은
한국예술문화계위원회의 큰 오점으로 남을 뿐입니다. 포기 각서는
받았어요, 안 받았어요? 그들은 보편적인 예술성을 추구하기보다는
마치 모든 혼란과 잘못이 검열 때문에 일어난 것인 양 자꾸 그렇게
오도하고 있을 뿐입니다. 정말 혼란스럽습니다. 몇 명이었죠?
예술인들이 원하는 것은 사회적 혼란인가요? 마카마카. 도대체
왜 사회적 리스크를 감수하면서까지 그들에게 돈을 줘야 하죠?
마카마카다미아. 한국문화예술계를 지켜 주십쇼. 저는 이 시대의
고통을 위해, 이 시대 그리고 이 시대를 앓아 내고 있는 전 인류를
위해, 이 시대에 고통을 겪고 있는 단 한 사람을 위해, censorship!
단 한순간도 저 자신을 위해 한 적이 없습니다. 저는 평가할
뿐 이해하지 않습니다. 저에게 사과받기를 원하나요? 어차피
예술인들에게 가해지는 검열은 수백 년 전부터 있어 왔던 익숙한 일
아닌가요."

6. 「타즈매니아 타이거」, 2018

이 대사를 하고 나면, 비가 멈췄고 무대에는 완전한 순간이
찾아왔다. 고요. 정적. 침묵. 그것은 연극에서 사용되는 그저 그런
사이 같은 것이 아니었다. 관객들은 여전히 숨을 죽이고 있었다.

그리고 남은 그 시간, 비가 내리지 않는 순간, 그 한순간을 위해, 연출은 무대에서 비를 맞으며 고래고래 소리를 질렀다. 비를 더 뿌려. 더! 더! 더! 비를 더 내리게 하라고! 비를 맞으며 소리를 지르던 연출, 모두가 숨죽이고 바라보았다. 모두가 연출을 걱정했다. 빗소리 그리고 연출의 목소리만 남아 있던, 순간과도 같았던, 이 세계의 모든 소리가 사라져 버린 그 무대. 무릎에서 흐르던 피는 비에 쓸려 내려갔다. 공연 3일 째. 배우 한 명은, 연극이 뭔지도 모르는 좆만 한 새끼 씨발년, 폐렴에 걸려 죽었다. 일주일 후 연극이 끝났다.

7. 「그로토프스키 트레이닝」, 2017
"캐롤. 여기, 내 사체 사진 있어. 이걸 가지고 동사무소에 가. 다음에 결석하고 싶을 때 개 이름을 바꿔서 내면 될 거야. 얼굴을 알아보지 못하게 찍었으니, 아마 다른 개인 줄 알 거야. 개가 죽고 나서 새로운 개를 입양했는데 그 개도 죽었다 말해. 이렇게 끔찍한 사진을 보면, 누구라도 바로 사망진단서를 발급해 줄 테니, 막강한 공적 효력이 있을 거야. 평생 학교에 가지 않아도 될 정도야. 캐롤. 개가 왜 어떻게 어디서 죽었는지, 자연사인지 사고사인지, 개가 죽어서 마음이 어떤지 자세하게 적는다. 슬픔의 정도를 1에서 10 사이에서 선택한다. 전교생과 교직원이 모두 다 델마 혹은 그로토프스키가 죽었다는 걸 알게 된다. 꺽쇠표 표시하는 거 잊지 말고. 캐롤. 쓰고, 올린다. 부고를." 제목이 '그로토프스키 트레이닝'이라고 해서 폴란드의 연극연출가 예지 그로프스키의 메소드를 선보이는 공연이라고 생각하고 온 관객들이 있었지만, 아니다. 뭘 가리키고 있는 개가 아니라. 개는 개다.

미래 광고. 「발굴되지 않은 언어의 고통」. 2020년 11월 10일
공연 자발적 취소. 2020년 10개월이 넘는 시간 동안, 일주일
단위로 대처해야 하는 상황 속에서 서류상에 기재된
개런티 지급 요율표 외에는, 실은 이쪽에는 어떤 선택지도
주어지지 않은 채, 이쪽 노동의 안전은 고려되지도 않은
채, 안전하지도 않은 이쪽의 노동 속, 그쪽의 안전만을
고려하라는 지침 속, 이쪽 나름의 방법을 제발 시대에
뒤처지지 말고, 제발 창의적이 되라, 라는 요청 속, 그러나
답은 정해져 있는 상황 속. 어떻게 해야 하나. 이거, 단지
그거만은 아니에요. 거의 모든 시간을 거기에 쓰게 될 거
같은데, 그러느라 표면적으로도 누군가, 한 인간의 고통을
다루게 될 이 연극의 한 장면이, 과연 그 누군가의 고통에
가닿을 수 있을까? 한마디로, 짜증 나느라 그 누군가의
고통을 그쪽에게 제대로 나를 수 있을까, 그리고 한마디로
하지만 그런 식의 그것을 견뎌내 성장한

나는[17] 그래도 꽤 좋은 직장에 취직하겠지? 그리고 어느 날 이들 중 한 명이 죽는다면 나는 그들을 위해 눈물을 흘리고 그들을 그리워하겠지. 그리고 어쩌면 내가 대학을 가거나 결혼을 할 때 그들이 줄지도 모를 그 돈 때문에 나는 그들을 완전히 용서하게 될 거야. 그리고 거기에 그들의 죽음까지 합쳐지면, 나는 나의 섣불렀던 그것을 후회하며 그래, 모두가 각자의 그것을 견디며 걸어가고 있는 거니까, 그러니 누군가에게 '그런 거' 선사할 수도 있지. 나쁘지 않게 성장한 내가 나중에 그것의 정체를 알게 되더라도, 그 정체가 아무리 끔찍한 것이라'해도, 그건 그냥 고달팠던 상황이 만들어 낸 극적 환상이라고 생각하며 살아갈 거야. '그런 거' 견뎌 낼 역치가 낮은 나의 예민함에, 늙어 죽은 그들에게 죄책감을 느끼며 그들을 그리워하겠지. 나 때문에 죽은 건가? 덕분에 나는 조용하며 관대하고 약간 우아한 성인으로 자란 거야. 가라. 할아버지가 말했어. 가라. 할머니도 말했어. 가라. 가라. 가. 가. 가. 한편 어느 밤 이런 꿈을 꾸는. **당신.**[18] '나는 지금 너무 애매하게 어려. 3년만 어렸어도. 초등학생 딱지만 달고 있었어도'라고 생각하는 아이를 상상해서 그 나이, 성별, 뭐 계급, 트라우마에 걸맞는 목소리를 내는 꿈. 그러면 **그쪽**에게 조금 더 매력적일 수 있을까.

씨발, 나는 지금 너무 애매하게 어려. 3년만 어렸어도. 내가 초등학생 딱지만 달고 있었어도. 지금이야. 눈물을 흘려야 돼.[19]

...20

한편, 무릎을 꿇고 있던 그 아이가 들은 말. 듣고 있는 말. 들어야 했던 말. 솔직히 말해 봐. 그 애매한 나이의

아이에게는 그래도 된다 생각하며 했던 말들이었잖아.
그 아이는 모멸감 같은 거 모를 거라고 생각한 게 아니라,
그래도 된다 생각한 거잖아. 그것은 이것입니다.[21] 아,
이거 그거네. 모멸감. 그렇게 습득된 언어는 결코 잊히지
않아. T. 말을 습득하는 가장 좋은 방법은 모멸감 속에서
얻어 가는 거래.

한편, 빛이 쏟아지고 스피커에서는 소리가 들리고. 내가 잘못한
것도 아닌 일 앞에서 무릎을 꿇고 앉아, 두 허벅지에 두 손바닥을
대고 손목을 꺾은 채 지금도 가끔 거기 앉아 있는 이유는, 중학생인
내가 견뎌야 하는 어떤 것으로부터 지금의 나를 지켜내기 위해서.

네. 저예요.

할머니의 집에 무릎을 꿇고 앉아, 바닥을 바라보고 있는 것밖에는
할 수 있는 게 없었던 **이 인간**[22]이 들었을 그 공간 속의 소리를
상상해서 들려주고 있는 중이겠지. 개가 짖는다. 이거 그런 거
아니었어. 따르릉 소리, 자전거 들어오는 소리, 바로 개 짖는
소리. 개가 짖는다. 그런 거 아니었어. 그때 그런 소리 없었어.
한편, 누군가와 주고받기 하고 있는 인물인 나와 **당신**[23] 사이의
시간 속에서 빛이 시작되고 따르릉. 자전거가 들어오는 소리가
들리고 있는 중이겠지. 나의 시간을 뚫고 나오는 말들이 들리겠지.
이 시간은 계속해서 나의 머릿속에서 반복되었을 시간이라고
생각하겠지. 지금 이 장면에서는 실제로 실감 나게 그것과 만나는
진짜 시간이라고 생각하겠지. 그 시간의 반복 동안, 시간이 넘어갈
때마다, 내가 했던 하나의 행동이, 이제는 하나의 양식화된
기호로서 변화하는 중이다. 당신은 머리를 쓸어 넘긴다. 계속

흐르고 있었으나, 인지되지 못했던 피아노 소리 들린다. 당신은
작게 말한다. 3초의 시간을 갖는다. 누군가가 15초를 세고 걸어
들어온다. 이 짧은 시간 동안 치고 들어오는 생각들.

(여전한 빛과 소리)

어때? 그래? 아무도 모를 생각들. 그런 순간은 생각보다 금방,
혹은 언제든 올 것이며 지금도 오고 있는 중이다. 뭔가 비는 것
같다. 있어 보이고 싶다. 이 「발굴되지 않은 언어의 고통」이라는
희곡 속 그, 이 인물로서 뭔가 좀 있어 보이는 마음도 좀 있고
그러면 뭐든 막 좀 넣고 싶어지는 순간이 지금 왔고, 생각보다
금방, 혹은 언제든 올 것이며 지금도 오고 있는 중이니까. 주말에
촛값은 교복을 입고 네 시간 걸려 도착한 그곳 딱딱한 마룻바닥에
무릎을 꿇어. 무릎이 낡은 바닥에 삐걱 소리를 내며 닿는 순간 다음
장면의 빛이 치고 들어오기 시작한다. 전박찬.[24] 당신은 말한다.
피아노 소리는 기다린다. 섣불리 볼륨을 낮추지 못하고. 그래? 다음
장면. 할아버지가 끌고 들어오던 자전거에 달려 있던 라디오에서
흘러나오던 그 노래는 자신의 자리를 찾지 못해, 다음 장면까지
흐르고 있는 중이겠지. 소리는 말을 한다고 생각하겠지. 장면의
전환과 상관없이, 노래는 끝까지 흐르고 있는 중이다. 340초 동안
빛이 흐르고 있는 중이다. 물론, 인지하기는 어렵지만 균일하지
않은 빛의 속도가 얼굴을 때리는 순간들이다. **당신들**[25] 꽤 괜찮고
노련하다. 한편, 당신들이 그토록 좋아하는, 어떤, 특정 장소의
덧없는 서정과의 조합 덕분에 그쪽들의 하룻밤 체험을, 지나친
평온함이나 지나친 연극성으로 지루하게 만들지 않았을 거라
생각할게요. 있잖아. 그 아이는 상상하지 못할 화농성 여드름이
불결하게 올라와 있고 교복 치마 아래로 보이는 종아리에는
미세하게 까만 털이 나 있었고 곱슬머리는 그런 식으로 꽤 귀여운

곱슬머리도 아니야. 얼굴은 붉게 기름이 끼어 있고, 교복 셔츠 칼라는 까맸으니까. 그것은 이것입니다. 아, 이거 그거다. 모멸감. 그렇게 습득된 언어는 결코 잊히지 않아. 말을 습득하는 가장 좋은 방법은 모멸감 속에서 얻어 가는 거래. T. 모멸감만 얻어 가면 너무 억울하잖아? 이제 가야지. 안녕히 계세요?

가.

이거, 그거 아닙니다.

우리가 이곳들에서 몇 번이나 반복하면서, 조금이라도 더 잘해
보려고, 왜냐면 잘하고 싶었고 또 앞으로도 영원히 잘하고 싶을
테고. 그러니까 조금씩이라도 나아지리라는 기대를 하면서, 최소
공연 전날에는 이게 우리가 내일 만날 그쪽들을 위해 최소한의
최선이라고 생각했을 것들. 그리고 내일도 어제도 그제도 그쪽들
앞에서 할 것들. 진짜로 그쪽과 같은 시간과 공간 속에서 어차피
애초에 실시간으로 하고 있었지만 항상 생각해 왔어. 실은 어차피 다
재현이잖아. 그런데 마치 진짜 지금 발생하고 있는 것처럼, 그러니까
지금 벌어지고 있는 것처럼 하고 있어도, 사실 다 재현이잖아. 그걸
분명 아는데, 그 안에서 또 과거의 장면까지 하는 건,

  …

그래?

그래.

근 몇 년간 우리는 누군가의 고통이 분명히 객석 안에 존재할,
누군가의 고통이 분명히 객석 밖에 존재할, 혹은 객석 위에 존재할
그런 것들에 대해서 해 왔고, 그러니까 말이야, 그걸 알면서도 재현
속 재연을 해서 뭐하나, 그게 뭔가, 라는 생각을 하면서 재현 속
재연을 재현할 수는 없는 노릇이었고, 그래서 이 재현 속 과거를
끄집어 와서 재연이 아닌 것처럼 하기도 했지. 그걸 해서 내가
뭐하나? 솔직히 세 가지 중 하나잖아. 실은 과거에 행복했어. 실은
과거에 불행했어. 실은 과거에 이런 일이 있었다. 그러니까 그쪽이
조금 잘 따라갈 수 있도록 그 정보를 지금이라도 줄게. 그리고 이건
여담인데, 여담이니까 짧게 할게. 한 번도 그 생각을 안 했어? 와. 와.
와. '샤를로트 갱스부르' 되게 연기 잘한다. '와 샤를로트 갱스부르'가
두 시간 동안 그레이스를 연기한다고 해도, 솔직히 와 '샤를로트
갱스부르', '샤를로트 갱스부르', '샤를로트 갱스부르'라고 생각하잖아.
최소 세 번은. 여담치고 꽤 길었네. 와 샤를로트 갱스부르 전박찬
저 배우 잘하네, 와, 못하네. 와 잘하네, 와 이런 평가 끊임없이
넘어오는 게 느껴지거든. 좆됐네. 끝나고 나서가 아니라. 좆됐다.
지금도? 여담이 또 자꾸 길었네. 근데 여담 아니었다는 거 알지?
그래서 어차피 진짜 지금도 아닌 이 시간 속에서라도 그 시간을
끌어와서, 그 시간 속에 펼쳐졌던 그 말들만 주어진 채로, 그걸 손에
쥐고 이 시간과 그 시간이 만나게 하느라, 그 시간을 뚫기 위해
힘이 필요했고 그 힘을 끌어 올리다 보니 마치 물리적인 힘을 끌어
올리려는 것처럼 보이겠지만, 여하튼 물리적인 힘이라도 필요했어.

그래? 과거인 그 대사를 손에 쥐고, 어떻게든 그 말들을 해내는 순간. 왜 그때 그런 말을 했어야 했을까? 왜 T. 너한테 닥칠 불행을 모른 채로, 혹은 알아차릴 수도 있었는데 왜 그때는 근거 없는 희망을 붙잡고 그렇게까지 했을까? 왜 나는 실수했을까? 왜 그때 웃기려고 했을까? 왜 그때 그래야만 했을까? 그렇게 장면이 끝나지 않도록, 우리가 연기하고 있는 이 인물이, 모멸감 통해 획득한 언어가 아닌, 다른 언어 뱉을 수 있도록 이 장면을 하고 있다.

그쪽이 보고 있는 시간은, 이 인간이 겪은 과거의 시간. 그쪽이 보고 있는 시간은, 그 인물이 겪는 지금의 시간. 과거의 과거로부터 비롯된 과거 장면의 빛과 소리가 계속 흐르려 하겠지?

그나마 그쪽과 만나는 순간만큼은 지금이었어. 그런데 그쪽도 없는 채로 뭐든 하라고? 저기요. 그럼 저기 저 비어 있는 객석이라도 치워 주든가. 어디선가 우리를 보고 있을 거라고 믿고, 지금 벌어지고 있는 일로 막 송출해 주었고. 또 또 또 10개월 시간이 흐르니 우리가 하고 있는 걸 미리 찍어서 보내 주면, 이미 재현인 그것의 재연 장면은 어떻게 해야 하는 거지? 이거 잘해 봤자 재현될 수밖에 없어도, 그걸 뚫고 지금이라도 하고 싶은 말. 그때 했던 주어진 말들만 손에 쥐고 있지만, 지금 그걸 뚫고 하고 싶은 말 그 한마디 위해, 이거 결국은 또 실패한다 해도 그 단 한마디 말을 하면 재현 속 재연을 구현한다 할지라도 그 인물이 그 말을 통해 유령이 되지 않을 수 있다니까. 한편 함께 실패하기로 해서 부러 망할 수 있는 이런 말들을 했던 했던 그 시간. 한편 그런 건 뇌로만은 절대 짤 수 없고, 진짜 조경란 눈 봐야만 할 수 있는 말이라서, 그래서 끝나고 바로 우리가 뇌 합쳐서, 방금 해 봤을 때 그 감각의 전략이 휘발되기 전에 재빨리 모여서 뇌 합쳐서 해 보고 그 감각을 다시 전략화해서 또 해 봐야 뭐가 생기는 거니까. 되게 감정적으로 느껴지겠지만,

그걸 위해 으이! 뇌로 짜고 어흥! 다시 감각을 나누고 으이! 다시
감각의 전략을 짜느라 엄청 바빴던 그 순간들. 재현 속 재연이라는
걸 인식하면서, 두 사람 사이의 시간을 뚫으려 했던 그 전략들.
나는 이 이야기하고 싶었어. 오해하지 마. 이거 그런 거 아니니까.
이거 그거 아니라고 말하기도 노곤하다. 어차피, 연극이라는 거
약간은 돌려 말해야 하는데, 나는 늘 어딘가 안에서 말해 왔는데,
여기서까지 돌려 말해야 하고. 그래도 다시 또 돌려서 말해
볼게. 누군가는 이렇게 말할지도 모르겠다. 이 시대든 저 시대든
유의미하지 않은, 누군가의 고통이 어디 있니? 그래도 다행인 건,
저는 영원히 그런 것들에 약간 신경 쓰일 테지만 오늘은 신경 쓰지
않기로 합니다. 왜냐면 다음 장면에 등장할, 수줍은 이리 너무
열심히는 하지 말자. 재현 속 재현인 재연 속 재연의 재현을 하고
있는 중이니. 그쪽들이 체험이나 경험이라고 믿는 그런 것들. 이거
그런 거 아니야.

그래?

안녕하세요. 지금 이쪽은 대한민국 서울, 서울시 종로구 연건동에
위치한, 두산연강재단이 운영하는 두산아트센터 스페이스111이고
다중이용시설입니다. 현재 그쪽은 운 좋게도, 각자의 공간에서
실시간 스트리밍 서비스로 제공되고 있는 공연 관람 중에
있습니다.27 운 좋으면 공연 다 하고 운 좀 나쁘면 조금만 하고,
제일 운 좋으면 내년으로 연기되고, 보통은 일주일 단위로
상황을 슬금슬금 지켜보며 준비하다가, 운 좀 좋으면 극장에서
그쪽 만나고 운 좀 나쁘면 실시간 송출하다가, 그래도 요새는
잘 녹화해서 잘 다듬어서 난중에 송출된 것을 그쪽들이 잘 보고
있는 셈인데, 나는 내가 당신들에게 지금 어떻게 보이는지 너무나
잘 알고 있고, 여태까지 계속 돌리고 돌려서 말했는데 이제 돌려
말하기도 귀찮고, 나는 몇 번이나 말해야 해요? 저기요, 지금 무대에
저만 있는 것 같죠? 그래요? 나는 무대 위에 있는 누군가 혹은
무대 밖에 있는 누군가와 주고받기라는 걸 하고 있느라, 이렇게
요렇게 저렇게 되는 건데 그런 건 알지도 못하면서 요렇게 이렇게
그렇게 나는 담기고, 안과 밖의 시간은 흐르고 있는데, 나는 왜

이리 구구절절 흥청망청 오로지 나만을 위한 내 연기하는 거처럼
지미집? 버추얼 인새너티? Our new technology, 헤로인[28] 아 이거
참 답답하구마 했을 뿐입니다. 그러니까 모두가 그토록 원하는
스트리밍 서비스를 시작해 보는 수밖에 없겠군요. 지금 이 대사는
영어로 진행되고 있습니다. 이 시대에, 그쪽들 방식대로 공연을
볼 수 있다? 없다? 니 참 운이 좋군요. 물론 이게 약간 싸가지
없게 들릴 거 같긴 합니다만, 신경 쓰지 않겠습니다. 아직까지는
아무도 그렇게까지는 이쪽을 신경 써 주지는 않고 있으니까요.
약간 하기 싫은데 티도 못 내고 억지로 리허설을 하다가, 그때그때
선택권 없는 단 두 가지의 선택지 안에서 서비스를 해야 하는 저는
정말로 이것이 그쪽 모두들에게 잊히지 않을 하나의 모먼트가
되기를 바라고요, 이쪽은 그쪽들을 위해 최선을 다할 거고요.
공연 중에는 당연히, 그쪽이 원하는 무엇이든 다 할 수 있습니다.
만약 원한다면요. 그 누구도, 어떤 것에 대한 어떤 책임도 없이
그 자리에서 저를 따라오시길 바랍니다. 만약 이조차도 못하게
될 경우에 대해서는 이쪽에서 책임을 지는 것에 대해 양해를
부탁드려도 될까요? 제발 부탁이니 오해들 하지 마시고, 오늘 밤을
맞을 준비가 되셨나요? 우리는 언제나처럼, 그쪽을 보고 들을 수
있다 치고 이 서비스를 치르겠습니다. 왜냐하면 이쪽에는 여전히
선택의 여지가 없으니까, 이쪽은 그쪽들을 위해 뭐라도 하려고 여기
서울시 종로구 연건동, 두산연강재단, 두산아트센터 다중이용시설
스트리밍 서비스 스페이스111 안에 있고, 그게 참 좋습니다. 쎄이
호. 쎄이 헤이. 쎄이 호. 쎄이 헤이. 쎄이 호. 쎄이 헤이. 쎄이 호
후. 이제 관객들을 소개할 시간입니다. 현재 이곳 종로구 연건동
다중이용시설 두산아트센터 스페이스111에는 마흔다섯 분의
관객이 와 계시며, 평론가 다섯 명, 일반 관객 스무 명, 지인 열세 명
그리고 관계자 네 명, 그리고 이쪽 네 명이며 모두 대한민국
국적입니다. 그리고 인도네시아 반둥에 사는 리야두스 셰일린 님의

집에서 총 다섯 분 할머니, 어머니, 아버지, 누나. 그리고
모스크바의 러시아에서 나타샤 보렌코, 그리고 여러분이 이
공연보다 더 좋아하실 쉬쉬팝이, 쉬쉬팝이 이 공연을 실시간으로
지켜보고 계십니다. 아, 쉬쉬팝은 아직 입장하지 않으셨네요.
아마, 시차 때문이겠죠? 모두 다 다른 티켓 값을 지불하고 편히들
앉아 계시며 이 스트리밍, 스트리밍 서비스 연극은 총 다섯 개의
장면으로 진행될 예정이며, 리듬이나 템포 따위의 변화 없이
지긋지긋한 나열로 공연이 진행될 예정이며, 모든 장면의
매뉴얼은 다음과 같습니다. 1. 텍스트. 2. 움직임. 3. 주고받기.
4. 빛. 5. 소리. 이곳에서 그쪽들은 과거에 관심도 없었던 공연까지
공짜로? 모두 체험, 경험할 수 있습니다. 아, 이거 그거네.
하하하하하핳하하하하하하하하. 쎄이 호. 으하하하하하하하하핳
아이구 배야. 밀려간? 하하하하하. 밀려올? 시간? 쎄이 호? 쉬쉬팝?
으흐흐흐흐흐. 밀려난 시간들과 밀려올 시간들이 모두 함께하는
것이 만약 가능하다면, 이 아트? 스페이스111을 뒤흔들 신나는
스트리밍의 세계로, 모두 함께하시죠.

그래.

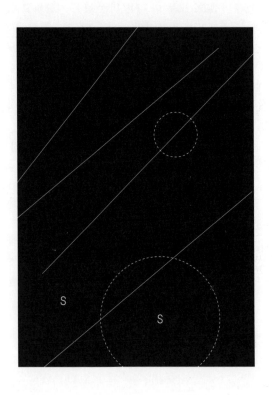

기다린다는 것, 멈춘다는 것

몸.   낮춰, 굽혀, 운동화 끈을 묶고 있는 중 다른
사람의 플레이에 관심이 가 그곳에 동참하는 선수 되어! 듣고
바라보며 흘러나오는 그 감탄사들 사이에 보고-듣기 발생되어
사람들에게 그 사람, 이 사람에 대한 찬사를 전한다. 이 사람.

와.

오.

하.

아.

허. 나를 이 세계에 너와 함께 남아 있게 해 줄 수 있어? 이미
만들어진 세계에 서 있어서는 안 되고, 어떤 세계를 만들어 내야만
존재가 승인되는 사람들. 하지만 나는 뭔가를 만들어 내지는 않은

채, 이 사람이 만들어 낸 세계에 그저 서 있다. 혹은 못 한 채. 나를
이곳에 남아 있게 해 줘.

네. 이것은 이 사람에 대한 찬사이자, 이것은 칭찬이자, 이것은
열망이자 이것은 부러움이자 이것은 경악이자 이것은 떨림이자
이것은 존중이자 이것은 열패감이자 이것은 두려움이자, 이다. 나는
이 사람이 만들어 내고 있는 저 세계를 보고, 있고 그 세계 속에서
서, 있고. 그거 알아? 무대에서 무엇이 가장 어려운지. 웃다. 웃는
거요. 웃는 거. 웃는 거. 웃는다. 웃어, 볼게요. 웃어. 하. 무대 위에서
이게 제일 어렵대. 뒤에서 보고 있었어요. 내가 동참하지 않는 장면
속 이 사람이 웃는 거 하는 거. 며칠이고 들어 왔던 소리들인데,
내가 동참하는 장면은 아니니, 그저 나는 무대 뒤에 앉아 등을
돌리고, 들리는 저,   그!

이 사람. 이 사람 소리 그저 들으며 내 순서를, 있었고, 어느 날, 저
사람의 소리에 나는 벌떡 일어나 커튼 뒤 어둠 속에서 이 사람이
만들어 내고 있는 세계를 빼꼼 지켜봅니다. 아니, 훔쳐봅니다.
내가 동참되지 않는 장면이라고 불리는 것, 그 장면 안의 세계,
저 사람이 빚어낸 저 세계. 그 세계 안에서 이 사람은 기술로서
존재해요. 어떻게 기술로서 존재하지? 어떻게 기술로서 존재하기로
선택한 거지? 저 사람이 고안해 낸, 몇 년간 무너지고 부서지고
때로는 모멸감 느끼고 때로는 싸늘해지는 것을 부러 선택해야만
하는 관객들 앞에서 웃으며, 웃어! 인사를 하고 뒤도는 순간 상대
배우의 어깨를 스칠 때야 비로소 그때야 알게 된 그 감각을 까먹지
말고 집에 잘 가져가, 기술해, 고안해, 또 해 봐, 그리고 다음 날 또
시도하고, 하고,

아, 이거 아니구나, 아니네, 아니었어?

앞으로도 아니겠지, 계속해 보는 수밖에, 의 수백 번의 반복을 통해 고안된 드디어 탄생된 그 기술들의 누적인가, 그 기술로 건설, 건축, 구축되고 있는 저 세계에 나도 동참하고 싶다.

나는 저 사람의 장면에 난입돼요. 이 사람의 장면 속에 난입했어요. 함께 서 있고 싶어서. 순간 저 사람 밀쳐 버리고 싶었지만 참았죠. 하지만, 저 사람 내가 등장하지 않는다는 약속을 저어 버리고 내 맘대로 저 사람이 만들어 낸 세계에 뛰어들었는데요, 그런데도 이 사람은 나를 환대해. 나는 두려워요. 이 사람의 존재의 기술 앞에서 나는 부끄러워. 처참해. 누가 될까 봐. 그리고 내가 초라해질까 봐. 하지만, 내가 날려야 할 말의 순서가 점점 닥쳐오고, 나는 저 사람에게 말을

던져.

내 말을 온전하게 완전히 받기 위해 나를 바라보고, 그리고 그 말을

받아. 나와, 나와 이 사람 사이에 생성되고 있는 하나의 아주 작은 공기의 세계를 헤치지 않기 위해 고군분투하며 오로지 나에게만, 오로지 나에게만, 나에게만, 나에게만, 나에게만, 나에게만 집중하고 있는 이 사람. 누가 나에게 이렇게까지 온전하게 집중해 준 적이 있었던가.

이런 거 가능해?

보이지도 들리지도 않는 끈적끈적한 공기의 밀도 있는 세계일 뿐이지만, 이 공기덩어리는 기꺼이 이 사람과 나에게 만져지기를 선택할 거예요. 두려웠죠. 무서웠죠. 겁먹죠. 나도 이 사람과 함께

빛날 수 있을까. 나는 어둠에 들러붙어 있는 사람인데, 저 사람은
빛을 내는 사람인가. 빛과 어둠을 모두 내기 위해, 들여다보고
싶지 않은, 절대 떠내려가고 싶지 않은 고립이라는 거, 고통이라는
거, 그것을 탐색하는 거, 감내해야만 했던 저 사람의 쌓인 시간의
기술들 덕에 만들어지고 있는 이 세계. 이 세계 안에서 나는 이
사람이 발하는 빛의 기술로 인해 해질까? 비루해질까, 비참해질까,
평이해질까. 내가 지금 보다 훨씬 더 평이비루비참해진다면, 저
사람은 내 덕에 슬퍼해야 할까? 나의 모든 거 열고 저 사람이
만들어 낸 장면의 세계 안에서 나는, 아 놓쳤다, 방금 놓치고 말았어.
저 사람이 나에게 보낸 기술.   다시,

던져.

다시,

받아.

또 놓쳐?

추워.

놓쳐.

받아.

받아, 나는, 너의 기술 나는, 받지 못했고, 너의 빛에 매혹되느라
놓친 순간들만 계속 흘러가고. 하지만 알지. 상관없어. 그런 거.
상관없다는 거 알고 있어도 나 이런 거 처음이라 또 부스러지고.

너는 하나의 세계를 만들어 내고 있었구나, 너는 너 스스로 만들어 낸 세계에 서 있었구나. 네가 만든 세계의 네 옆에 내가 서 있을 수 있게 해 줘서, 고맙다.

너의 기술, 너의 세계, 너의 말, 너의 숨, 너의

여기까지 꿈이었어요. 꿈속에서 나라는 인물을 연기하는 저 사람아, 약속을 저버리면 안 되죠. 내가 등장하지 않기로 한 세계에서는 끝까지 등장하지 말 것. 등장 금지. 퇴장 금지. 이것이 약속이죠. 남 장면 속에 난입하면 돼요? 불법이에요. 그런 거. 적어도 무대에서는. 하여 나는 무대 뒤에서 숨죽여 저 사람을 바라만 볼 뿐. 그리하여 나는 장면이라고 부르는 것에 출몰? 출동? 출현? 출마? 출연? 출발? 출세? 출근? 동감? 동석? 동참? 등장?하지 않았어요. 왜냐하면 약속이라는 게 있고, 약속 지켜야 하니까요. 게다가 내가 훔쳐본, 본? 그 순간에 관객 없었어요. 누구나 그렇죠. 열락의, 쾌락의, 순간들은, 그게 벌어져야 할 곳에서 벌어지는 법이 없었으니까요. 뒤늦게 혹은 지나치게 앞서서 벌어지죠.

저 봤어요. 저 들었어요. 저 서 있었어요. 뒤 그리고 옆에.

이 사람이 만들어 낸 세계에 함께 서 있고 싶었고, 그래서 나는 약속을 깨! 출몰했어요. 이 사람과 함께하는 이 세계가 끝나지 않았으면 했죠. 끝내고 싶었죠. 우리 사이에 이 만져지는 공기는 언제든 사라져 버릴 수 있으니까. 그 공기의 세계가 사라져 버리기 전에 내가 사라지고 싶었어요.

사라지는 건 나여야 했어요. 물리적으로 퇴장할까 유혹이 스쳤지만, 나는 이 사람 덕에 이 세계에 존재할 수 있었어요. 다른 이가 만들어

낸 억지 템포가 아니라, 우리에 의해 생성되고 있는 템포. 밤샐까.
나에 의한 동력이 아니라, 너에 의해, 이 사람에 의해 이 사람을
원료로 나는 빛 발하고 있었고. 있고. 어둠 속 빛, 있었고. 있고.
이 사람.

누군가가 진짜로 존재했던, 누군가가 존재해야만 했던 그 세계와
싸워야만 하기 때문에, 싸우기 위해 존재한 그 세계. 만들어 내기
위해

아주 추운 겨울날, 새벽, 부터, 장작 패고 땀 딱 닦고, 불구덩이에
장작 던져, 불의 숨 꺼지지 않게 숨죽여, 그렇게, 이렇게, 어떻게,
세계를 만들어 내고 있는 이 사람의 노고의 기술을, 기술의 노고를,
존재의 노고를 내가 휘발시켜 버리면, 내가 어떡하지. 나는 뒤
그리고 옆에서 서 있고 싶어서 이렇게 춤을 추고, 저렇게 소리를
지르고, 저렇게?, 그렇게 호흡을 잡고, 제일 어렵다는 그거도 한
번 했고, 고개를 떨구고, 딕션이라 불리는 그 기술을 운용해서
전언하고, 나는 계속 서 있고만 싶다. 내가 맡은 인물 뒤에, 그리고
내 앞에 서서 네가 맡은 인물 뒤에 서 있는 네 앞에.

그리고 네가 맡은 그 인물 옆에, 서 있어 보고도 싶다.

내가 몇 번을 반복해도, 못 해낼 거라고 생각했던 그 기술들이
너로 인해 발현되기 시작하고, 내가 못 하던 것들. 어쩌면 영원히
해내지 못할 것들. 그런 건 끝까지 못 할 거라고 생각했어. 그런
것들이 되어지기 시작하고? 안타까워요? 그것이 지금 이 무대 위
장면 속에서 나에 의해 벌어지고 있는 일이 아니라서? 이것은 어느
날 비로소 관객이 없는 곳에서 발생한, 따라서 관객을 단 한 번도
만나지는 못한, 관객을 만나지 않기로 선택한, 아무도 보지 못한,

아무도 보지 않으려, 아무에게도 보이지 않기로 선택한 그 연극이라 불리는 장면 속에서 딱 한 번 벌어진 일이니까요. 하지만 걱정 마요. 지금 이 장면이라 부르는 것에 저는 등장하지 않는다는 약속 때문에 등장되지는 않았지만, 숨죽여 나에게 세계의 기운을 보내고 있는 저 사람들, 나의 이 기술로 점철된 존재를 바라보며 찬사를 보내고 있지는 않겠지만, 왜냐하면 그 순간은 아직 오지 않았으므로. 어쩌면 이 장면이 끝나고 난 후, 그 순간이 오게 될지도 모르고, 영영 오지 않을 수도 있겠지만, 아니오. 영영 오지 않아요. 오지 않을 거예요. 그래도 나는 내가 본 것, 네가 아무도 없던 그곳에서 단 한 번 발생시켰던 그 기술에, 내가 매혹된 그 순간들을 통해, 이 사람의 장면이라 불리는 것에 빼꼼 고개 내밀어 난입, 아니오, 출현하고 있고, 그 기술의 존재, 노고의 존재의 기술을 통해 나를 때로는 시샘하게 만들고, 조그맣게 만들고. 하지만 그래서 동시에 나를 서 있도록 만들었던 그 사람을 기다리며 이 속에, 있다.

멈춘다는 것, 기다린다는 것

한참의 시간이 지났다. 누군가 혼자 서 있었다. 누군가가 나와 서 그 사람 옆에 있다. 누군가를 기다리고 있는 중일 테다. 빠르게 증식할 것이다. 한참의 시간이 지나고 있는 중이다. 누군가가 나와서 그 사람들 옆에 선다. 또 누군가가 나와 그 사람들 곁에 선다. 또 누군가가 나와 그 사람들 뒤에 선다. 또 누군가가 나와 그 사람들과 함께 선다. 또 또 누군가가 나와 서 그 사람들 앞에 선다. 또 또 또 누군가가 나와 그 사람들과 같은 것을 본다. 또 함께 있다.

일백 명의 사람들이 누군가를 기다리고 있다. 좋은 것을 볼 때의 눈, 이다.

기다리는 것이 가능한 세계. 실은 어떤 곳에서도 기다릴 수 있어야 하죠. 기다려야만 하죠. 실은 고민했죠. 기다려도 될까. 물론 지금은, 기다릴 수 있다 생각할 수 있겠지. 이 사람. 하지만, 영원히는 기다릴 수 없는데, 기다리겠다는 약속을 지키지 못하면 애초에 기다리지 않는 것이 낫지 않았을까. 더 이상 기다리지 못하는

것을 결정했다고 말할 용기 없고, 이 사람 비로소 도착했을 때
아무도 없는 것 마주하게 된다면. 기다리겠다는 말은 치기 어린
순간의 의리를 지키기 위해 섣불리 던져 버린 말, 따위 아니었을까.
기다림을 멈추고 기다림을 다시 시작하려 하고. 그러나 결정하는
수밖에, 없었죠. 기다리기로. 애초의 결심보다 훨씬 짧아지게 될지도
몰라요. 기다리는 시간. 그러니까, 몇 시간 후에라도 이 공간과
시간은, 기다리느라,

기다려야만 한다는 것에 벌써 지친 사람들의 낮은 한숨으로
순식간에 채워질 수도.

그럼, 오고 있는 이 사람 멈추게 될까요. 도착하기 위해 서두르느라
가빠졌던 저 사람 호흡 갑자기 멈춰지게 될까요.

지금 이 사람 오고 있는 중.

이 사람은 못 오고 있습니다. 여전히. 혹은,

비로소

모두 함께 사라졌다. 한 명 등장한다. 그 한 사람, 퇴장한다. 두 명이
등장한다. 사라진다, 함께. 세 명이 나타난다. 모두 퇴장하고 난
후, 네 명이 등장한다. 잠시, 다 같이 빈 곳을 바라본다. 한 명이 빈
곳으로 간다. 모두 함께 사라졌다. 다섯 명이 등장하고 있는 중이다.
다섯 명이 퇴장한다. 퇴장한 사람 중 한 명만이 돌아온다. 다섯 명
돌아온다. 다시 사라지기로 한다, 여섯 명 모두. 그리고 일곱 명이
등장, 일곱 명 퇴장. 여덟 명 등장. 여덟 명 퇴장. 아홉 명 등장. 함께
빈 곳을 바라본다. 그리고 모두 함께 사라진다. 한 명, 사라지려다

남는다. 모두 사라지고 있는 중, 그 한 명이 말, 한다.

모두가 같은 곳을 향해 언제나처럼 너무 빠른 속도로 걸어가는
중이었어요. 지금처럼? 물론 채신머리가 떨어지지 않을 정도의
속도로 걷는 것은 잊지 않았죠. 그러다 사람이 갑자기, 멈춘 것,
느꼈어요. 나는 저 사람 옆을 지날 때 느꼈어요. 사람이 멈춰졌다는
거, 멈출 수밖에 없다는 거, 알고 있었어요.

좋은 것을 볼 때의 눈이, 흐려지려 한다.

멈춰 버린 그 사람 곁 스칠 때, 이 사람 멈췄다는 거 느꼈기 때문에,
저도 잠시 멈추는 듯 보였겠지만, 실은 저 멈추지 않기로 선택한
거예요. 그저 속도를 조금 줄인 것뿐. 저는 조금 빠른 속도로 그
사람 곁을 스쳐 지났어요. 멈출 수 없었어요. 왜냐하면 내가, 나도,
나까지, 나는 멈추고 싶지는 않았기 때문이에요. 곧 모든 것이
원래의 속도로 돌아왔죠.

A: 이런 걸 뭐라고 하나요, 아니, 뭐라고 부를 수 있나요. 지금은
나의 시간이 아니에요. 상대 배우 '홍영후' 씨가 내 앞에서 '리처드
보나' 씨라는 인물 뒤에 서서 그러니까 연기라는 거 하며 말, 말을
하고 있어요. 아주 긴 말이죠. 쉿. 관객들은 모두 이 사람을 바라보고
있죠. 그저 이 사람을 바라보고 있는 수밖에 저는, 없어요. 저는
퇴장하지도 못한 채, 퇴장하지 않기로 선택한 채, 이 사람을 마주
보고 서 있다.

그 수밖에 없어요. 약속이거든요.

저는 등장해 서 있지만, 등장하지 못한 것처럼 느껴요.

저렇게 길게 혼자 말하는 걸 뭐라고 불렀었죠? 뭐라고 불러야만
했었죠?

이 사람 위해, 차라리 퇴장해, 주는 게 낫지 않을까 생각한 적도

있었죠. 이 사람이 말하는 동안, 내 머리와 마음속에서 이토록
많은 말들이 흘러가고 있는 중이라면 난 어쩌면 이 사람의 말들을
진짜로 듣고 있지는 않은 것일지도 모른다, 이 생각, 지금 스쳐.
게다가 이토록 많은 말들이 내 몸에서 줄줄 새어 나갈 수도 있으니
관객들이 내 말, 내가 말을 하고 있다는 것, 알아차리게 될 수도
있고, 관객들은 결국, 이 사람이 아닌 나에게, 나에게, 나에게만
관심을 가지게 될 가능성 있죠. 관객들은 모두 지금, 이 사람을 듣고
있죠.

아무도 저를 보고 있지 않은 이 시간, 저는, 견딜 수 없게, 초라하게
느껴져요. 저 너무 평이. 평범하죠? 비로소 아무 의미도 획득하지
못한 그냥 사물 되어 서 있다. 게다가 무대 위에, 서라니. 좋아요.
이거. 아무도 저를 보고 있지 않고, 들으려 하지 않으니까요. 지금은
이 사람에게 내어진 시간. 내가 눈을 너무 깜박이면 이 사람에게
방해가 될 수도 있어요. 침을 너무 많이 삼켜도 안 되겠죠. 목울대가
울렁거려서 관객이 제 매력적인 목울대에 홀릴 수도 있으니.
주머니에 손도 넣어 볼까요. 하. 이 사람이 방금 진짜 웃기게
말했어요.

와, 진짜 웃기다. 너 정말 웃긴 사람이야.

관객이 웃기 전에, 제가 먼저 일상적인 비열한 표정을 지으며 씩
하고 웃어 볼까요. 약간의 소리를 덧붙여. 그리고 아, 추임새 넣어
볼까요. 아, 오, 에? 에휴. 이 사람이 이렇게까지 길게 이야기하는데,
나 뭐라도 해야겠다는 생각이 치고 들어올 때도 있어요. 그냥 서
있는 게 쉽지는 않거든요. 엇. 아니, 그냥 서 있는 거 같아요? 세상에
어떤 사람이 무대 위에 그냥 있나요? 물론, 특정 순간을 일상의
경미한 제스처로 메꿀 수는 있을 거예요. 그럼, 순간 아, 나도 지금

일이라는 것을 했다 착각 들죠. 관객들 앞에서 일 했다. 기실, 어떤 것도 발생시키지 않는 어떤 일을 한 거죠. 해낸 거죠. 순식간이에요. 나의 이런, 이런, 이런 반응의 제스처가 증식, 확장되어 마침내 게스투스가 되고자 했던 욕심에서 미끄러졌지만, 이 사람에게 향하던 관객들의 집중을 빼앗아 오는 건. 순식간. 그 봐요. 그 봐요. 그 봐요. 이것 좀 보세요. 지금 관객들은 이 사람이 아닌, 나 보고 있잖아요. 저를 보지 마세요. 저를 듣지도 마세요. 지금 관객들이 봐야 하는 건,

나도 아니고 이 사람도 아니고, 이 사람 앞에 서 있는 리처드 보나 씨의 시간.

제발. 제발요. 나를 보지 말아요. 그만 그만, 봐요. 봐요. 그만 봐요. 봐요. 그만 봐요. 퇴장해야 하나? 아니오. 물리적 퇴장이 아니라요, 사라짐의 개념을 천재적으로 만들어 내고 실현시키고 싶은데, 그게 아직도 안 되니까. 영원히 안 될 거예요. 영원히 패배할 거예요. 저 보지 말아요. 저 사람 봐 주세요. 저 사람 지금 누군가, 의 아주 긴 말을 나르고 있잖아요. 전언하고 있잖아요. 배달하고 있잖아요.

이런 게 뭐라고, 이런 걸 뭐라고 부를 수 있을까요?

실패, 패배, 모멸, 기대했던 모든 것 다 어그러져 쏟아져 무너져 내리는 순간들을 촘촘하게 흘러가 떠밀려 내려오고 있는 중,

B: 저는 '리처드 보나' 뒤에 서 있습니다. 제가 '리처드 보나'를 연기하고 있다고들 하죠. 그 인물, 그 한 사람. 한 사람이 한 세계에서 온전하게 완전히 패배하는 시점이 오죠. 더 이상의 패배는 없을 거라고 생각하는 순간, 오잖아요. 오기 마련이잖아요. 아니,

저 조금 더 절서? 절? 절서징연, 아, 질서 정연하게 말을 해야겠죠.
예측했냐고요? 천천히 무너지고 있는 중이라는 거, 몰랐어요. 그
일이 벌어질 거라는 거 몰랐어요. 누가 알겠어요. 그런데 그 일,
결국 리처드 보나 씨 집 문을 해가 뜨기도 전에 두들기기 시작했고,
리처드 보나 씨는 이불 속에서 몸 웅크리고 자는 척하고 있었지만,
그 일이 내일 다시 방문해야겠다고 돌아서려는 순간, 리처드 보나
씨의 끙끙대던 소리 이불 밖으로 새어 나가 문틈 밖으로 새어 나가,
결국 그 일은 문틈으로 쪽지를 내밀고 떠났죠. 그 쪽지를 읽은
리처드 보나 씨, 고통스러웠냐고요?

네. 그래요. 고통스러웠대요. 어떤 말을 할 수 있겠어요. 그것 외에.

그저 그 시간 속에 던져지게 되었고, 그리고 마침내? 패배했어요. 한
사람이 한 세계에서 온전하고도 완전하게 패배하는 시점이 찾아온
거예요. 연이어 더 이상의 패배는 없을 거라고 생각하는 순간이
집요하게 따라붙더군요. 패배의 순간이 한 번 더 남아 있었다는
것을 알게 된 시점이 찾아왔고. 그걸 사람이 알게 되는 바로 그
순간.

지금은 패배 이후의 패배의 시간. 그리고 그 이후의 시간 동안,

저는,

이런 걸 뭐라고 했어야 했을까요.

저는.

강물 위 배 한 척. 세계를 향한 분투가 다 끝난 후, 한때 주인공?,
으로 불리던 두 사람, 그저 노를 젓는, 끝도 없이, 패배의 노를

처어가는 이 시간. 주변에는 아무것도 없고. 안개조차 없고. 모든 것
끝, 아무 일도 벌어지지 않을 그 시간. 패배 이후의 패배의 시간.
패배 이후의 패배의 시간의 패배.

아, 패배했구나. 이게 패배구나. 완전히 온전한
너의 패배. 이 세계와의 싸움에서 이렇게까지
패배해야 했구나, 너, 단 한 번도 이긴 적 없구나,
너는. 이기려고 애쓴 것이지 단 한 번도 이긴 적
없구나, 너는. 모든 것이 이 패배를 향해 조금씩
밀려온 것이구나. 네 몸 그토록 밀쳐지면서도 너,
너는 패배하는 사람이 너일 거라고는 생각하지
않았는데.

하지만 누군가는 패배해야 하잖아요.
이 세계에서는 패배할 사람이 매일 필요하고,

그거 너였구나. 모두가 알았던 걸까, 아무도
몰랐던 걸까. 네가 패배해야 했다는 것 네가
알았고, 며칠 후, 이미 끝난 그 싸움에서,
이 세계가 너에게 다시 한번 패배의 방점을
찍어 줄 때, 너만 모르던 너의 패배 이후의
또 패배, 아주 살짝만, 부드럽게, 찍어 줄 때.
이것이 정확하게 감각되는 순간,

있어요. 느껴요. 모멸감? 아니요. 안도감.
끝났다는 안도감. 온전히 비로소 패배했다.
완전한 모멸적 안도감.

지금 이 시간 모든 것이 끝난 후의 안도감 속에서, 그저 기다리며 서

있기만 하는 시간. 패배 이후의 패배까지, 내 옆의 앞에 서 있는 그 사람에게 찾아와 주었기 때문에, 이제는 정말로 아무 일도 벌어지지 않을 거고, 그게 안도감을 줘요. 지루하냐고요. 네. 지루하죠. 저기, 그 지루함, 견딜 수 없을 정도인가요?

아직도 오지 않았어요? 그저 기다리는 수밖에 없대요? 그 사람에게 전화를 해 보지도 못하고, 전보도 칠 수 없어요? 그 사람이 오고 있는 것을 본 적이 있냐고 지나가는 사람을 붙잡고 물어보지도 못해요? 그 사람이 좋아했던 곳에 무작정 기차를 타고 가 보지도 못해요? 그 사람의 가족의 집 초인종을 눌러 보지도 못해요? 전봇대에 그 사람을 찾고 있다는 종이를 붙이지도 못해요? 오고 있는 중인지 텔레파시를 보내지도 못해요? 에스엔에스에 접속해서 그 사람이 최근에 접속한 시간을 찾아보지도 못해요? 그 유명한 신내림을 받은 선생님을 찾아가 그 사람 언제 오냐고 물어보지도 못해요? 그 사람의 집 문을 따고 들어가 누군가에게 남긴 쪽지가 있는 건 아닌지 뒤쳐볼 생각도 못 해요? 그냥 기다리는 거밖에, 없대요?

네가 겪어 냈던, 작은 패배들. 자리 찾지 못해 그저 머물러 있는 순간들의 연속.

　　　　추운 늦은 밤 맨발로, 문을 연 약국을 찾아
　　　　헤매는 작은 패배들. 이런 것도 사건,

그런 것도 사건, 맞아요?

　　　　맞다고 해요. 맞대요. 날 밝기 전, 몸이 일으켜져
　　　　어둠 속에 홀로 앉아 있는 작은 패배들. 일을

마치고 집에 돌아와 몇 년째 켜지지 않는
라디오를 바라보고 있는 작은 패배. 늦어 버린
밤, 높은 사람한테 불려가 적당히 어색하게 웃고
돌아와 아무에게도 말하지 않기로 결정한 작은
패배. 꿈속에서, 이 세계에서 사라져 버린 친구가,
침대 모퉁이에 앉아 있는 나를 뒤에서 바라만
보고 있던 그 패배. 맞아요.

T에게. 너와 나는 같은 곳이었다. 아주 작은 방.
꿈이 깨면 내게는 네 뒷모습만 남겠지. 너는 침대
한 모퉁이에 앉아 있다. 등을 돌리고. 나에게
등을 돌린 것은 아니겠지. 너는 나를 만나기
전부터 거기에 앉아 있었고, 혼자 수년간 있었던
거 같고, 그렇게 앉아 있다가 죽은 것 같고, 내가
하필, 그 꿈에 들어간 순간 네 뒤에 서 있게 되어
너의 뒷모습 보게 된 거지. 너는 등도 켜지 않고
언제부터 이렇게 앉아만 있었던 걸까. 너는
뭘 보고 있었던 거니. 지금 네가 보고 있는 건
뭐니. 아래층에서 희미하게 들려오는 티브이
소리. 우주에 몇 년이고 고립된 우주 비행사에게
유일하게 주어진 지구의 소리. 10년 전 유행하던
대중가요 한 곡의 무한한 반복. 이곳과 그곳의
벌어진 시간 때문에 어쩌면 300년 전에 유행하던
노래일지도 모르겠다. 너, 300년 전 유행하던

노래를 너무 계속해서 듣고 있었구나. 너에게
말을 걸어야 할지는 모르겠어. 네가, 내가, 꿈에,
방에 들어간 걸 모르고 있다고 생각했어.

B 그리고 A에게. 나는 알았어. 너는 네가 내
꿈에 들어왔다 생각하겠지. 아니 이건 너의
꿈이야. 나는 돌아보지 않았어. 너를 돌아볼
수도 있었는데 나는 돌아보지 않았어. 꿈을
멈추지도 않았어. 너도, 긴 시간 나를 부르지
않았잖아. 나를 떠올리지 않았잖아. 그리고
지금도 내 앞에 서 있지는 않았잖아. 선택할
수 있었다는 거 알고 있어. 네가 자면서 우는
소리뿐, 내가 들을 수 있는 건. 라디오를 왜
끄지 않고 자는 거니. 희미한 노래, 우는 소리.
너는 내게 보이지 않아. 네가 자면서 끙끙대는,
노랫소리만 들려와. 하지만 너는 몰라. 네가
자면서 우는, 소리, 끙끙대는 소리, 라디오 소리.
넌 몰라. 난 알아. 너는 나를 생각 해. 네가 이번에
맡은 인물의 고통에 도달하기 위해, 그 인물의
고통과 유사했을지도 모를 고통을 겪었을
나의 고통, 네가 '맡은 인물'과 함께 딸려 나올
테니까. 필요할 테니까. 나는 네가 나를 어떤
것을 창조하기 위해 필요로 한 것뿐이었다는 거
알면서도, 돌아보는 수밖에 나는, 없었어. 네가
내 꿈에 들어왔을 때, 나는 너에게 등 돌린 것이
아니야. 네가 뒷문으로 들어왔기 때문에 내가
너를 볼 수 없었던 거잖아, 돌아볼 수 없었던
거잖아. 네가 나를 부른 것이 아니라 해도, 네가

부른 건 내가 아니라 네가 맡은 인물이었다 해도,
나는 너를 돌아보고 싶었어. 너를 돌아보려고
하는 순간, 꿈이 깨져. 너는 늘 같은 시각에 눈을
떠 혼자 일어나 물을 마셔 식탁에 아주 오랫동안
앉아 있어. 어둠 속. 너를 기다려.

뭐라고 부를 수, 있나요?

Ť. 너는 언제, 패배할 결정 내린 거니?

　　　　　Ť. 네가 패배할 결정 내린 거니?

저는 이 무대에서 어떻게 사라질 수 있을까요. 사람들은 저를 보고
있어요. 저를 듣고 있어요. 그리고 저를 만지고 있다고 착각해요. 제
옆에 함께 서 있다고 생각해요.
왜냐하면,

혹은 암전

이렇게?
　　　　　그렇게.
　　　저렇게.
더.　　　　　아니, 이렇게.　　그래?
　　　　　그래. 어떻게!
사람들, 너를 만질 수 있다, 너와 함께, 그곳 위에 서 있다 생각하면
어떻게?

게다가 어차피 빛을 쏘고 소리가 나오고 옷을 입고 있고, 불이

355

꺼져 있는 저곳도 있다면, 그리고 내가 빛이 있는 곳에 서 있다면 저는 자동적으로 어떤 사람, 인물, 로 보일 수밖에 없어요. 운 좋게 리처드 보나 씨로 보일 수도 있겠죠. 하지만 도달되지 않은 말들을, 도달시키기 위해 애쓰는 것밖에는 방법이 저는, 없어요. 사라지고 싶습니다. 지금 사람들의 앞에서. 제 소리도 사라지고 저도 사라지고. 그렇게 하고 싶어요. 어떻게 해야 리처드 보나 씨 뒤에서 사라질 수 있죠? 저 언제 등장해야 하죠?

리처드 보나, 퇴장한다.

A: 저는 언제 퇴장해야 하죠? 하지만 내가 정말로, 그러니까 물리적으로요, 그렇게 사라져 버리면, 내 앞에서 이토록 길게 말을 하고 있는 이 사람은 더 보이지 않게, 들리지 않게 될 거예요. 이 사람이, 이 사람을 지금 사람들에게 잘, 감각? 시키기 위해서, 제가 이 사람을 위해 사라진다는 개념? 을 만들어 내겠다는 것이 아니에요.

리처드 보나, 퇴장한다.

"진짜 물리적으로 퇴장, 하기는 싫어요. 사라진다는 개념을 영민하게 만들어 내고 발생시키고 싶어요. 제가 그냥 서 있다고 생각할 수는 있어요. 저는 그, 저, 이 사람 옆에서 뒤에서 그저 이렇게 있는 수밖에 없어요." 등장했지만 퇴장하지 않은 것처럼. 분명 내가 여기 잘 있어야 저 사람도 이 사람도 사람들에게 잘 감각될 거예요.

듣는다. 혹은 자신의 어깨 위에 앉아 풀피리를 불고 있는 작은 사람의 말을 듣는다. 혹은 귀 바로 옆을 스치며 재빨리 도망치는 사람의 말을 듣는다. 혹은 자신보다 키가 세 배는 큰, 큰 사람의 아주 큰, 큰 목소리를 듣는다. 왜 그래야, 왜 이렇게, 까지, 하냐고요?

리처드 보나, 퇴장한다.

이 사람,

이 사람. 자기가 맡은 리처드 보나의 긴 말들을 결국 사람들 앞에서
이날 이 시간 동안 제대로 뱉어 내기 위해 이 사람에게 고여 왔던
시간, 알아요. 알게 되었거든요. 어느 날이었고. 그러려고 한 건
아니었어요. 그러니까 그냥 저는 이 사람 뒤에서 걷고 있었어요.
같은 방향이었을 뿐이었어요. 하지만, 가서 굳이 말을 걸고 싶지
않았어요.

저는 이 사람 뒤에서 걷고 있었어요. 같은 방향으로. 말 걸고 싶지
않았어요.

그날 나는, 지쳤어.
그날 나는, 스치듯 지나가는 그 얼굴 표정 보고 말았어.
그리고 내려앉아.

이 사람. 걷다가, 걷다가 멈췄어요. 멈추는 것밖에는 방법이 없다는
듯. 이 사람은, 아니 그 사람이, 날이 밝을 때까지 그곳에 고개를
떨구고 한참을 서서 한숨을 쉬다가 비명을 지르고 눈물을 끙끙
흘렸다고 말하는 것이 조금 더 적극적인 표현이겠죠. 하지만,
그렇게 하고 싶지 않네요. 그 사람, 그 길 위에서 그렇게 하지
않았으니까요. 멈추는 것밖에는 방법이 없었을 뿐, 이었으니까요.

이 사람, 을 저는

따라가!

따라가. 이 사람, 새벽에 몸을 일으켜 식탁에 앉아요. 가만히
있다가, 아무것도 하지 않고 앉아만 있어요. 늦은 밤 혹은 이른
새벽. 물도 마시지 않고, 그렇게 앉아 있다가, 다시 이불 안으로
들어가. 웅크려. 벌떡 몸이 일어나. 함께 자던 고양이가 놀라 도망쳐.
고양이를 부르지도, 미안하다고 하지도 않아. 달력을 보고 시계를
보고, 글자들을 읽어. 도망치고 싶다는 생각을 해. 갑자기 정말로
아무것도 생각나지 않는 순간이 오면 어떡하지? 또 거기서 또 걸려
또 넘어지면 또 어떡하지? 그런 시간들. 그렇게까지는 자극적이지
않은 시간들이죠.

빛과 소리가 나온다. 빛과 소리 속에서, 이 사람만의 실패의 시간들
떨어진다.

이 사람의 그 꿈에서 떨어진 것들.

돌아봤대. 돌아봤을 때 고개 떨구고 있었대, 고개 떨어뜨리고
있는 거 보고 싶지 않았대. 더 이상은. 하지만 기다렸대. 고개를
들지 않았대. 일 년 동안. 그래서 돌아본 걸 몰랐던 거래. 고개
숙이고 있는 거 너무 오래 지켜보고 있었다는 거 나중에라도 알게
되면. 고개를 돌리는 순간, 그때 고개를 들었대. 그래서 돌아보지
않았다고 생각한 거래.

                    네가 또 다 망쳐 버리면 또 어떻게 살지. 사실
                    다 더 망쳐 버리고 싶지만, 시작 전 어둠 속에
                    혼자 앉아, 네가 맡은 말들을 처음부터 끝까지
                    되새기고 있는 수밖에. 그런데 어느 순간

아무것도 떠오르지 않고, 기억해 내려고 해도 정말로 아무것도 떠오르지 않아, 그러다 어떤 것도 또 너랑 합의하지 않은 채 시작되고. 그런 꿈. 아무것도 기억나지 않게 되는 순간이 올 것이다. 사람들 모두 다 너희들을 바라보고 있고. 이제 너를 보겠지, 되새겨 온 말, 몇 번이고 연습한 그 얼굴, 모두 다 사라져 버리고 네가 아무것도 기억하지 못하고 그저, 있을 때, 너의 구원은 어딘가에서 울릴 휴대폰 소리뿐. 클수록 좋아. 경박할수록 좋아. 그 소리가 가방 깊숙한 곳에 있을수록 좋아. 그럴수록 사람들의 주의는 순식간에 휴대폰 소리를 향할 거고, 그 휴대폰 소리를 비난하느라,

— 여보세요. 지금 갈게. 기다려.

패배하지 못하고 실패하는 순간들. 지극히도 평범한 너, 잊겠지. 잊히겠지. 아무것도 하지 못했던 것은 아니야. 알지? 나쁘지 않을 수도 있겠지, 그런데 어떤 의미도 가치도 없다는 것을 알면서도 그저 시간을 밀어내야만 하는 그 순간 말이야. 영민함 따위 전혀 없는 그런 순간들만 네게, 네 앞에 스스로 쌓아 가고 마침내 잊힐 거야, 너의 지극한 평이함 따위. 네가 아니어도 누구나 할 수 있는 그거. 사람들은 네가 망쳐 버린 빛과 같은 순간 같은 것 따위 기억 같은 것 따위 않겠지. 더 깊이 들여다보고, 기술이라는 거 발견해 내고 그걸 또 해내기 위해 해 보고 또 해

보고. 한편 그리고 또 한편, 아무리 들여다봐도
내가 결코 발 디딜 수 없는 누군가의 고통의
세계가 거기 있었다는 거, 있을 거라는 거
알았을 때. 거기서 멈췄어야 했어. 근데 너는 더
들여다보려다, 감히, 누군가의 고통의 세계에
들어가 보려다, 누군가의 고통의 세계에 들어갈
수 있을지도 모른다는 순간의 환상? 오만?
때문에, 누군가의 고통 들여다보기 위해 모인
사람들 앞에서, 그 사람의 고통의 세계 먼발치에
서서 어쩔 줄 몰라 하다가 그저 네 안으로
들어가는 수밖에 없고,

단 한 발자국만 더 들어가고 싶었어. 그 사람의
고통에.

그리고 그 어떤 사람의 뒤에도 서지 못한 채,
외워 낸 말들 뱉어내겼던 순간들 있었어. 멈추고
싶었지.

— 여보세요.

멈춰졌지.

아주 긴 긴 시간. 수화기 너머 누군가의 고통을
전달하는 말만을 보거나 듣고 있는 시간.

— 지금 갈게. 기다려 줘. 혼자서는 아무것도 하지
마. 내가 갈게. 기다려.

휴대폰 벨 소리가 울린 사람은 극장에서
퇴장하고, 너는 영원히 하지 못할, 그 사람이
남기고 간 사라짐의 개념 혹은 사라짐이 극장
전체를 채우고.

결국 사람들이 보게 될 것은, 내가 물리적으로 퇴장하는 것. 저는
여전히 영원히 하지 못하고, 있어요. 물리적으로 퇴장하지 않고도,
사라지는 것.

이 책에 실린 희곡들은 2016년부터 2023년까지 쓴 희곡들이다. 2014년 세월호 참사 이후 그 전의 연극 만들기 방식은 연습실과 극장에서 작동하지 않았다. 그리고 미투와 예술계 검열이 있었다. 이 일들을 목도하고 겪으며 세계와 시대의 눈치를 보면서 쓴 희곡들이다. 이 희곡들은 모두 연극 협력체 '여기는 당연히, 극장'의 이름으로 올라갔다. 연극-적 미학-적 고안에 애쓰기보다, 함께 고꾸라지며, 미끄러지는 펜을 잡은 손에 늘 힘을 실어 준 여기는 당연히, 극장 사람들에게 감사하다. 혹은, 이은용에게도 감사하다. 이 희곡들을 환대해 준 워크룸 프레스에게도. 작가가 사라진다면, 전박찬, 목소, 최영동, 김효진에게 저작권을 넘긴다.

「그로토프스키 트레이닝」
이 희곡은 2017년 내가 구조한 개가 죽고 썼다. 그 당시, 나는 매해 다수의 신작을 찍어 내고 있었다. 주로 가해자들의 말과 태도를 나르는 연극들이었다. 세월호 참사와 미투 이후의 세계였지만 '존재들'에게 다가갈 엄두는 내지 못했다. 그로부터 6년 후, 이

희곡은 비로소, 사라진 퀴어들과 그 친구들의 이야기가 되기를
선택하며 다시 공연되었다. 6년의 시간 속에서, 내가 구조해서
죽었다는 생각에 내가 구조하지 못해 죽었다는 생각이 덧붙는다.
개가 사라졌기에 애도를 허하지 않는 세계 속에서 고통은 진화한다.
사람이 아니라서 그런 것일까, 진짜 가족이 아니라서 그런 것일까,
혹은 '혹은'이라는 정체성을 갖고 있기에 그런 것일까. 이런 세계
속에서 캐롤은 델마 혹은 그로토프스키를 쫓고, 캐롤의 친구들은
캐롤도 사라질까 봐 캐롤을 쫓는다. 델마 혹은 그로토프스키를
쫓느라 바닥 아래의 바닥으로 떨어지고 있는 캐롤을 위해 기꺼이
함께 떨어져 내리는 친구들이 있다. 허하는 척하면서 애도의 시간을
단축하길 종용하는 세계. 존재는 승인이 필요하지 않듯이, 애도의
방식이나 시간 역시 세계의 승인이 필요하지 않다. 2023년 공연과 이
책에서는 세계에서 먼저 사라진 '이름 없는 개'가 출현해 7장을 연다.

「Commercial, Definitely—
마카다미아, 검열, 사과 그리고 맨스플레인」
그 당시 한국 사회의 맥락을 모른다면 이해하기 힘든 사건의
발화들로 빼곡하게 채우며 2015년, 5일 동안 낮에 책상에 앉아
「Commercial, Definitely—마카다미아, 표절, 메르스 그리고
맨스플레인」을 썼다. 공연이 잡히고, 키워드나 주제가 던져지면
거기에 맞춰 재빠르게 희곡을 쓰던 때였다. 2015년 연극실험실
혜화동1번지 6기 동인의 가을 페스티벌 '상업극'이 예정되어
있었기에 쓴 희곡이다. 축제의 타이틀을 받아 들고, 진짜 대중-
상업극을 쓰려다 처참히 실패했다. 다시 돌아와, 그해의 화제가
된 인물들을 극장에 불러오는 것으로 상업성을 출발시켰다.
폴리티컬 파인 아트 마켓이라고 불리는 계의 보이지 않는 상업성을
총동원했다. 컨템퍼러리의 망령 같은 것들. 카피하고 눙치고
조합하고, 한껏 나르시시즘적인 이들의 자기 충족의 세계를 고여

있는 서사 속의 발화로 꾸며 댔다. 풍자, 조롱, 뒤틀기에 스스로 제동을 걸지 않았다. 어떻게 쓰는가? 세계를 훑어보고, 강박적으로 취합하고, 허용되지 않는 논리를 재조합한다. 2015년 희곡의 제목에 들어가 있던 낱말들은 2016년 남산예술센터의 시즌 프로그램으로 올라가면서 기민하게 대체되어 마카다미아, 검열, 사과 그리고 맨스플레인이 되었다. 이 희곡에 적힌 예술계 검열과 관련된 대사들은 2015년 10월 7일 국회 교육문화체육관광위원회 국정감사 과정에서 오고 간 대화가 담긴 회의록을 인용한 것이다.

「타즈매니아 타이거」

이 희곡은 연극계 미투 이후인 2018년에 쓰였다. 미투 이후 그리 오래되지 않은 시점이었는데도 그들이 돌아올 미래가 자꾸 떠올랐다. 과거의 예술적 영광을 절대 놓지 않으려는 사람들에 대해 생각했다. 자신들이 만들었던 예술 세계의 영속성을 꿈꾸는 이들. 자신들의 예술을 찬사하지 않는 다음 세대를 적화하는, 더 이상은 뒷걸음치지 않는 언어. 시공간을 넘나들며 영원히 끝나지 않는 커튼콜의 세계에 갇히길 자처하는, 유일한 존재 증명의 방법은 피로 얼룩진 그들의 예술 세계인 이들. 특정 집단을 구체화하며 쓰지 않았는데, 공연이 올라갔을 당시 관객들은 특정 집단을 언급했다. 나는 2015년부터 2018년까지 연극실험실 혜화동1번지 6기 동인으로 활동했다. 연출자들이 모여 극장을 운영하고 공연을 제작하는 동인제 시스템이다. 연극을 시작한 지 얼마 되지 않았을 무렵, 역사 있는 극장의 동인이 된 것이 기뻤다. 1기에는 연희단거리패의 이윤택이 있었다. 2019년 대법원은 이윤택에게 징역 7년을 확정했다. 「타즈매니아 타이거」는 연극실험실 혜화동1번지에서 공연되었다.

「가해자 탐구—부록: 사과문작성가이드」

2017년 상반기 남산예술센터에서의 공연을 위해 미리 잡아 놓은
희곡의 방향이 있었다. 하지만 작가의 펜은 현실에서 늘 뒤처진다.
2016년 예술계 미투가 수면 위로 올라왔다. 연극계 미투는 아직인
시점이었다. 남산예술센터와 배우들에게 공연 방향의 선회를
제안했다. 예술계 내 성폭력 문제를 다루자고, 지금 해야 할 것
같다고. 남산예술센터는 기꺼이 함께 가자고 했다. 그래서 이
희곡을 쓸 수 있었다. 언어의 주도권을 쥐고 있는 가해자들이
쓰는 책의 형식으로. 세상의 모든 예술은 시성을 지니고 있기에,
예술가를 '시인'으로 지칭하겠다는 전제로 이 책은 시작된다.
공연이 올라가고 나서 연극계의 반응은 차가웠다. 가해의 언어들을
발화해야만 했던 이 공연의 배우들과 가해 언어의 세계를 공고히
디자인한 스태프들에게 감사하다. 끝까지 함께해 준 남산예술센터
우연 극장장, 김지우 프로듀서에게 고맙다. 모든 것이 트리거
워닝인 이 희곡의 말들을 듣고 지켜보며 재현의 윤리를 질문한
관객들을 존경한다. 그리고 용기의 목소리를 낸 예술계 내 성폭력
피해자들과 함께한다. '2. 이세계란 무엇인가'에서 큰따옴표로 묶인
각종 사상가, 작가들의 말은 엄밀한 인용이 아닌 차용과 변주이다.
'생활인'이라는 표현은 토마스 만의 「토니오 크뢰거」에서 가져왔다.

「21세기… 연극 말이다」

이 희곡은 2019년 여름 미아리고개예술극장에서 공연되었다.
배우들과 함께, 극장 밖 그리고 극장 안 연극의 환영 속에서
소외되는 죽음 등에 대해 이야기 나눈 후, 희곡을 썼다. 연극
창작자이자 시민으로서 함께 2014년 이후를 거치며, 불화해 온
연극 만들기의 방식에 대해 이야기를 나누었다. 작가가 혼자 생각을
발전시켜 완성된 이야기를 가져와 배우들이 수행하는 방식도
아니었고, 배우들이 직접 희곡을 쓰는 방식도 아니었다. 김효진

박경구 박수진 이리 최순진과 함께 연극은 무엇이 되어야 하는가에 대한 생각을 나눈 후, 작가가 창작해 오는 방식이었다. 부서진 것 같은 언어와 몸이 극장을 채워 나갔다. 2019년 이 희곡을 시작으로 이 책의 2부에 나오는 이상한 희곡들을 써내려 갈 수 있었다. 빈 종이가 아니라, 빈 극장과 객석이 지면이 된 개념-글쓰기는 이때 시작되었다. 창작자가 하고 싶은 것을 할 수 있는 극장이 되려 한다고 말한 성북문화재단의 유희왕과 콜라가 없었다면 2부의 희곡들, 그리고 아직 쓰이지 않은 앞으로의 희곡들도 불가능했을 것이다. 죽은 것이 코로나라 다행이라는 생각이 스치고 지나가는 순간들에 대해 생각한다.

「오직 관객만을 위한 두산아트 센터 스트리밍서비스공연」

이 희곡 「오직 관객만을 위한 두산아트 센터 스트리밍서비스공연」 (이하 「오직 관객만을…」)은 코로나 바이러스가 창궐한 해인 2020년에 썼고, 그해 11월 두산아트센터 스페이스111에서 공연이 올라갔다. 수많은 공연이 취소됐고 극장은 비어 갔다. 사람들이 모여, 마스크를 쓰지 않은 배우들을 보거나 듣는 극장은 위험한 곳이었다. 극장을 찾지 못하는 관객을 위해 공연 실황 영상을 온라인으로 스트리밍하는 서비스가 순식간에 연극계를 휩쓸었다. 아카이빙을 목적으로 촬영된 실황 영상이 송출될 경우, 영상 속 연극의 여러 요소들이 균열을 일으키리라는 것을 창작진들은 알고 있었다. 하지만 송출에 동의하지 않으면 자연스럽게 공공의 선의에 반하는 자가 되어 버리는 상황에서, 대부분 이에 동의했다. 배우들은 대개 밀폐된 연습실에서 마스크를 쓰고 연습하고, 무대 위에서는 마스크를 벗었다. 그러나 이 공연에서 배우들은 모두 마스크를 쓰고 연기했다. 배우들은 약 20회 차의 공연 내내 마스크 안에서 호흡하는 법을 찾아야 했다. 감춰진 생존 노동. 그럼에도 불구하고 배우들이 마스크를 쓰기로 결정한 이유는, 배우는 무대

위에서 '보여 내야만 하는 존재'라는 인식에서 벗어나고 싶었고
배우들의 건강권을 위해서였다. 공연이 취소되면 몇 퍼센트의
개런티를 받을 수 있는지에 대한 계약서상의 조항은 아주 천천히
마련되었다. 모두가 함께 고통받는 시기였다. 관객은 결코 주장한
적이 없는데도 연극계에서 극장을 그리워하는 존재는 관객으로만
상정하는 것 같았다. 그럴 리 없겠지만, 연극계 혹은 극장은 관객을
위한 서비스를 창작진에 대한 보호보다 더 중요하게 여기고 있다는
생각을 지울 수 없었다. '그럼에도 연극은 계속되어야 한다'는
지배적 망령은 분명 존재하는데, 취소 결정은 받아들여야 한다.
취소와 대기 그리고 온라인 스트리밍 서비스에 대한 암묵적 적응을
요청받으며, 선택의 권리 없이 여러 선택지들이 떠다니고 있었다.

극장 안 혹은 밖에 실제 그 고통을 겪은 존재가 있기에, 어떻게
내가 아닌 그 존재의 고통을 전언할지 연기의 방법론을 고안해
온 배우들의 기술은 아카이빙용으로 촬영했던 스트리밍 서비스
안에서 소외됐다. 연극은 재현이 될 수밖에 없지만, 과거와 미래의
고통이 현재의 장면 속에 치고 들어온다. 어둠 속에서 훔쳐보는
관객이 아니라, 극장에서 함께 사건과 고통을 목도하는 관객이
있기에 연극은 재현 너머를 향하고자 해 왔다. 그리고 고통의
주체가 있었다. 그리고 자신이 맡은 인물 뒤에서 그 인물의 고통을
전언하기 위해 각종 기술을 고안하는 배우들이 있었다. 따라서
재현 너머를 향하고자 하는 연극의 분투는 가능했다. 물론 동시에
끊임없이 환영에 갇힐 수밖에 없었다. 하지만 "그나마 그쪽과
만나는 순간만큼은 지금"(325면)이었다. 그런데 "그걸 그쪽도 없는
채로 뭐든 하라고?"(325면) 비록 재현된 사건과 고통이지만, 극장
밖을 함께 의식하는 목격자로서의 관객과 극장에 함께 존재하기에
배우들은 재현 너머의 연기 방법론을 마련하기 위해 애써 온
것이다. 연극의 3요소는 희곡, 배우, 관객이라고 한다. 그런데 이

희곡에서는 관객을 겁도 없이 '그쪽'이라고 일방적으로 불러 대 많은
관객들이 배신감을 느끼는 듯했다. 극장의 시간성이 무엇인지에
대한 고찰 없이, 비어 있는 극장을 그대로 두지 못하고 '그쪽'을
섣불리 시청자로 소환하는 것, 환영을 뚫으려 했던 창작진의 기술의
노고에 대한 사유 없이 화면이라는 환영 안으로 배우들을 밀어 넣는
것, 그리하여 '그쪽'을 더 멀리 보내는 것에 대한 고민이 이 희곡의
시작이었다. '그쪽'과 함께 '그쪽 너머'인 '저쪽'을 향하고자 하는,
'이쪽'의 의지이자 적극적 말 걸기였으므로, 이 희곡에는 '그쪽'과
'이쪽'이 만나는 순간도 있다. 2020년 대다수의 관객들로부터
미끄러지길 선택했던 그 희곡에 대한 글을, '그쪽'에 대한 '이쪽'의
생각을 담아 주석들로 채워 보고자 한다.

1   드라마가 없는 것 같은 연극에서도 그쪽과 이쪽의 사유는 때로는
     자연스럽게 흐르며 고착된다. 선형적 시간이나 개연성 있는 이야기와 사건
     즉, '자연스러움'이 없을 때도 말이다. 이 희곡에서 계속 치고 들어왔다가
     어느 순간 사라져 버리는 글 상자는, 연극적 환영과 고착되어 흐르려 하는
     사유에 대해 끊임없이 문제 제기하는 외부 목소리의 개입으로 위장하는
     이 희곡의 방어적 끊기 전략이다.

2   그쪽은 객석의 존재들을 지칭한다면 이쪽은 무대의 존재들을 지칭하는 것일
     테다. 그렇다면 저쪽은 누구 혹은 어디를 지칭하는 걸까.

3   이런 거도 그런 거도, 그런 거도 '이런 거도 아니라고 계속 말하는 이 연극은
     혹은 희곡이 확정 지을 수 있는 것은 무엇일까.

4   보통 연극에서 인터미션은 공연 시간이 2시간이 넘어갈 때 중간 정도에
     있다. 이 희곡은 시작하고 얼마 지나지 않아 인터미션을 상정하고 쓰였고,
     실제로 그렇게 했다. 그리고 그때 극장을 급히 탈출하는 그쪽도 있었다.

5   러시아의 연극 연출자이자 배우인 콘스탄틴 스타니슬랍스키의 연극 용어
     'magic if'를 '내가 만—약'으로 표현해 보았다. 배우가 자신이 맡은 인물과
     동화되기 위해 인물의 상황과 정서 속으로 들어가 보는 캐릭터 구축
     방법론을 가리킨다.

6   바로 위에 있는 "그래?"를 가리킨다. 물론 글 상자 안의 대사를 같은 배우가
     할 필요는 없다.

7   버전 1과 버전 2의 차이는, 2020년 공연 때에는 서로 다른 연기 전략으로

드러냈다. 희곡에서는 어떻게 드러낼 수 있을까, 아니 드러내야 할까?
책-극장, 독서-관람, 희곡-공연의 간극을 설명 없이 두는 것이 좋을지도
모르겠다. 애초에, 연출 전략을 반영한 희곡 쓰기라는 점이 이 간극을 더
크게 만든다.

8   2020년 11월 공연을 위해 희곡 「발굴되지 않은 언어의 고통」을 쓰고 있었다.
공연은 희곡의 내재적 의미를 때로는 부수고 확장시키는 창작의 과정을
거쳐 비로소 그쪽을 만난다. 하지만 희곡 「발굴되지 않은 언어의 고통」은
전염병이 창궐한 시대에 처리해야 할 현실에 밀려났다. 시대의 위기에
함몰되지 않고, 오히려 예술가의 사명이라 불리는 창조적 역량을 발휘해야
한다는 내면화된 압박. 그쪽을 만나지 못할지도 모르는 불확실성을
감수하면서 이쪽의 안전을 위한 장치를 확보하는 일에 에너지를 쏟게 되는
상황 등. 결국 그 희곡은 밀려나기 시작했고 스스로 소멸했다. 하지만 결국
「오직 관객만을…」 곳곳에 흔적을 남기며 치고 들어오게 되었다.

9   공공 극장의 경우 시나 구의 명령에 의해 공연의 여부가 결정되었다.
다중이용시설은 다른 방법으로 결정됐다. 위험한 상황 속에서 예술가의
정신으로 공연을 강행하겠다는 의지는 솔직히 있지도 않았다. 나의
건강권도 중요했다. 공연 팀 내부에서의 판단과 대처보다 외부의 상황과
명령에 의해서만 공연 여부가 결정된다는 열패감이 이런 조롱 어린
표현을 낳았다. 하지만 연극이 얼마나 소중하고 위대한 것인지를 합의하는
문장보다야 낫다.

10   '#튜토리얼: 텍스트'에서 언급된 연기 전략의 예들을 가리킨다. 304면 참조.

11   관객이 현재 함께하고 있는 공연 혹은 장면의 시간성은 하나로 확정지을 수
없다. 지금 이 연극과 함께 극장에 있다 할지라도, 이 연극은 저 연극이 되려
하며 그때를 이 연극에 담을 수 없음을 끊임없이 감각하는 그 연극이다.

12   이 희곡을 20회 넘게 공연하는 동안, 이 장면을 맡은 배우는 매회 공연마다
이 부분에서 매번 다른 언어를 언급했다.

13   취소되는 공연들이 많아지고, 거리두기 때문에 객석 수가 반으로 줄어
빠르게 움직이지 않으면 표를 구하는 것이 매우 어려워진 시기였다.
동시에 그쪽은 스트리밍 서비스를 통해 과거의 공연들도 집에서, 때로는
무료로 관람할 수 있게 되었다. 여기는 당연히, 극장의 과거 공연들을 셀프
아카이빙하는 장면 전략을 통해, 각각의 연극을 만들 당시 이쪽이 무엇을
고민했는지를 그쪽과 나누고자 했다. 공연을 올리느냐 마느냐, 극장을
여느냐 마느냐를 넘어 그쪽과 이쪽이 동시대에 함께 목도한 사회적 참사를
연극에서 다루는 것에 대해 이야기 나눌 수 있는 시간이 되길 바랐다.

14   2020년 여기는 당연히, 극장은 성북문화재단과 함께 고(故) 이은용 작가의
이 희곡을 공연화했다.

15   2020년과 달라진 사실들을 적었다.

16 글 상자로 치고 들어오던 미래 광고가 이제 희곡 안으로 들어와 실연된다. 하지만 장면화가 아닌 렉처를 선택한다. 「발굴되지 않은 언어의 고통」은 언어를 갖지 못한 존재로 여겨져 고통의 주체로 인정받지 못하는 아이의 고통을 다루는 희곡으로, 전염병의 시대에 공연의 시의적 당위를 얻지 못해 결국 「오직 관객만은…」에게 공연의 자리를 내어 주었다. 그러나 이 희곡에서 다루고자 했던 아이라는 존재의 고통은 「오직 관객만은…」에 반복적으로 치고 들어오고, 결국 이 희곡 「발굴되지 않은 언어의 고통」은 「오직 관객만은…」을 넘어서 스스로 글 상자에서 벗어난다.

17 여기서의 '나'는 배우가 배우인 자신을 가리키는 것이 아니다. 희곡 「발굴되지 않은 언어의 고통」 속 인물인 '아이'(희곡이 완성되지 못해 인물의 이름이 없다)가 사용하는 1인칭 화법이다. '나'라는 1인칭 화법을 사용하게 되면, 배우가 '아이'라는 인물에 들어가 그 인물로서 말하는 것처럼 느껴질 것이다. 그러나 앞서, 스타니슬랍스키의 'magic if'(내가 만—약)에 의거한 캐릭터 구축 방법론을 지양한다는 암시를 한 바 있으니 모순이라고 느낄 관객-독자들이 있겠다. 게다가 2020년의 현실 혹은 연극에 대해 이야기하던 배우가 이야기 속 인물인 '나'라고 발화한다면 배우에서 인물로 급전환되는 느낌이 들 것이다. 이를 위해, 연결의 개념 혹은 기호를 (지면에서) 가시화해 넣어야겠다고 생각했다. 하지만, 하지 않기로 했다. 독자들이 읽을지 안 읽을지도 모를 각주로만 남기기로 했다. 배우가 자신이 맡은 인물을 '나'로 어떻게 발화하느냐에 따라, 배우는 결코 그 인물이 될 수 없다는 개념이나 선언을 만들어 낼 수도 있을 것이다. 자연스러운 '나'가 아니라 배우인 내가 그 '아이'라는 인물이 되어 '나'라고 발화하는 것에 대해 저항하는 발화를 할 수도 있을 테니까.

18 '나'는 '당신'을 처음으로 호명한다. '당신'은 '나'(아이)라는 인물을 맡는 배우이다.

19 배우가 인물인 '나'의 속마음까지 들어가 육화된 캐릭터 연기로 해내려 하는 것을 인식하며 연기할 수도 있을 것이다. 초등학생 인물 '나'의 속마음을 상상하여 들어가 보는 의도적으로 인위적인 연기를 해 본다. 실제로 초등학생의 목소리를 낼 수도 있다. 지나치게 과장되어 이물감을 주는 목소리 연기로 보이거나 들릴 수도.

20 말이 없는 순간 속에서 '나'는 '당신'을 호명하고 '당신'은 '그쪽'에 도달하려 애쓰고 있는 중이다.

21 이 희곡 내내 나오는 '이거 그거 아닙니다'가 아닌, '그것은 이것입니다'. 아이의 고통을 알 수 없지만, 아이가 습득한 언어가 모멸감으로부터 비롯되었다고 확정하는 말하기의 주체는 누구일까.

22 아이가 다시 '이 인간'으로.

23 '그쪽'을 '당신'으로 호명한다. 이제 '이쪽'과 '그쪽'이 모두 인물인 '나'에 의해 '당신'이 되려 한다.

24 2020년 공연에 출연했던 실제 배우의 이름. 이 장면을 하던 박수진 배우가 전박찬 배우의 이름을 발화했다. 이외에도 이 희곡에 나오는 이름들은 공연에 출연했던 배우가 자신, 혹은 다른 배우의 이름을 발화한 것이다. 이 공연에는 배우들이 무대 위에서 직접 만나는 장면이 없다. 배우들의 대면을 최소화하기 위해 애초에 그것을 염두에 두고 썼다. 그럼에도 불구하고 배우들은 무대 위에서 주고받기한다. 물론 서로의 실제 이름을 부르는 것만으로는 주고받기가 설명될 수도 표현될 수도 없을 것이다.

25 무대 위의 존재도 객석 위의 존재도, 실제하는 누군가의 고통을 재료로 만들어진 연극 앞에서, 모두 '당신들'로 묶이는 순간.

26 여기는 당연히, 극장의 작업들이 독자적으로 연극학이 될 수는 없다. 하지만 코로나 시기에 신체적 위험을 감수하고 정신을 마모시키며 연극을 만든 이쪽과 극장에 찾아온 그쪽은 모두 혹은 함께 각자의 연극학을 쓰고 있었다고 생각한다. 그리고 분리될 수 없다고 생각한다. 당신들.

27 2020년 당시 이 공연을 극장 상연이 아닌, 스트리밍 서비스로 송출되는 것으로 생각한 관객들이 실제로 있었다.

28 Jimmy Jip, 크레인 형태로 되어 있으며 그 끝에 카메라가 달린 카메라 장비. 코로나 이후 공연 촬영에 대한 방법론이 많이 논의되었다. (공연이 취소되어도, 관객 없이 공연 실황을 촬영할 경우 개런티를 받을 수 있는 조항이 마련되기도 했다. 창작진의 노동의 대가를 보장한다는 점에서 유의미하지만, 관객을 만나면서 마지막 공연까지 진화하는 공연 예술의 특성을 생각했을 때, 대가 보장의 차원을 넘어, 관객을 만나 보지 못하고 촬영하는 것에 대한 전략과 의미를 충분히 고민하지 못한 것이 매우 아쉬운 지점이다.) 여기는 당연히, 극장 배우들의 연기 전략은 그쪽에게 직접적으로 말을 걸거나 바라보지 않아도 (가상의 인물을 연기할 때도) 그쪽을 끊임없이 인식하는 것으로부터 출발한다. "믿어지실지 모르겠지만 그쪽들과도 주고받기를 합니다. 그쪽은 이쪽의 발화를 바로 앞에서 목격해 주는 존재이자 그것이 어딘가로 가게끔 해 주는 매개라고. 아니. 그렇게 되어야 한다."(310면)] 따라서 발화의 방법이 자연스럽지 않고, 목소리가 지나치게 크다는 이야기를 많이 듣는다. 이 이야기를 굳이 적는 이유는, 그쪽과 저쪽을 끊임없이 인식하는 배우의 (일반적이지 않은) 고안된 연기 기술이 카메라에 담겨 화면으로 송출된다면 그 연기는 어색함을 넘어, 이를 감상하는 사람들에게 지나치게 생경한 감각을 줄 수 있기 때문이다. 물론 공연 실황 촬영의 방법론들이 코로나 이후 다양하게 모색되었다는 점은 유의미하다. 하지만 각 공연의 특성이나 본질에 대한 고민 없이 다양한 장비를 들여오는 것으로 촬영의 바이블을 찾으려 했던 것에 대한 속상함을 담아 지미집, 그리고 의미 없이 자미로콰이의 곡 「버추얼 인새너티」와 헤로인을 가져와 자조적인 냉소를 굳이 감추지 않았다.

기다린다는 것, 멈춘다는 것
2023년 2월, 공연을 함께하기로 한 이가 함께할 수 없게 된다.

결정까지 오래 걸리지 않았다. 취소하고 기다리기로 한다. 공연을
취소했으니 흩어지면 되는데 멈추고 함께 기다리기로 한다.
그러다 아주 소수의 사람들만이라도 극장에서 만나기 위해
글을 썼다. 극장에 오지 못하는 사람들이 증식했다가 사라지고,
기다리는 존재들이 도착하려 하는 존재를 데려오고, 또 사라진다.
이 희곡은 그 없이 그 사람들을 만난 그날의 시간을 위하여 쓴
글이며 「21세기… 연극 말이다」와 유사한 과정을 거쳤다. 최승미,
최순진, 조경란, 전박찬, 장윤실, 이효진, 목소, 박수진, 박경구,
김효진과 함께, 함께한다는 것 그리고 멈춘다는 것에 대해 이야기를
나누었다. 콜라와 유희왕이 극장을 열어 주었고 노명준과 류혜영이
빛을 밝혔다. 다음의 글은, 그 희곡 앞 장에 적혀 있던 내용이다.

이 공연을 함께 만들어 갈 사람들에게

우리는, 세계와 싸워야만 하는 사람들 뒤에 서서
그 사람들의 말을 전언하고자 했고, 그 사람들
뒤에 서서 세계와 싸웠던 것 같습니다. 이 희곡이
관념적으로 읽힐 수도 있겠습니다. 혹은 결국
메타 연극으로 보일지도 모르겠습니다. 그런데
메타 연극이라는 것은, 그러니까 연극에 대한
연극, 그리고 이렇게까지 메타적으로 집요하게
묻는 연극은, 결국 연극에 '대한' 연극이 아니라
연극 너머의 것을 들여다보고자 하는 연극이라고
생각합니다. 연극은 고통을 들여다보는 일이라고
생각합니다. 타인의 고통을 들여다볼 수는
있지만, 완전히 들어가 볼 수는 없기에 우리는
자꾸 우리가 맡은 사람 뒤에 서 있는 수밖에
없습니다. 이 글은 그 사람을 기다리는 마음을

갖고 썼습니다. 우리는 이 글에 대상과 실체를
가지고 있습니다. 따라서 이 공연을 만들어
갈 사람들에게는 이 글이 관념으로 떨어지지
않는, 살아 있는 글로 읽힐 것입니다. 그 사람을
기다리며 멈추는 동안, 세계와 싸우는 것이
아니라 서로를 어떻게 보아 내고 들어 낼지에
대해 이야기하는 것, 그것밖에는 생각이 나지
않았습니다. 지금 할 수 있고, 생각하는 것들을.

그로토프스키 트레이닝
구자혜 지음

초판 1쇄 발행. 2024년 6월 20일
편집. 박활성, 이동휘, 박새롬
디자인. 유현선
제작. 세걸음
발행. 워크룸 프레스
서울시 종로구 자하문로19길 25, 3층
전화. 02-6013-3246
wpress@wkrm.kr
www.workroompress.kr
ISBN 979-11-93480-12-0 (03680)
값 19,000원